DUMONT

REISE-TASCHENBÜCHER

Ostfriesische Inseln

und Nordseeküste

W0053542

In der vorderen Umschlagklappe: Ostfriesland

In der hinteren Umschlagklappe: Emden

Claudia Banck

Ostfriesische Inseln
und Nordseeküste

DUMONT

Umschlagvorderseite: Strand von Borkum
Innenklappe vorn: Krabbenkutter
Abb. S. 2/3: Reiter auf Borkum
Innenklappe hinten: Die Zwillingsmühlen in Greetsiel
Umschlagrückseite oben: Auf Langeoog
Umschlagrückseite unten: Spiekeroog, Auritt auf Islandponies

Über die Autorin: Claudia Banck, geboren 1960, studierte Skandinavistik, Geschichte und Germanistik und arbeitet heute als Übersetzerin und Autorin in Schwerin. Bei DuMont sind von ihr bereits die Reise-Taschenbücher »Lofoten und Vesterålen« und »Norwegens Fjordland« erschienen.

Die Deutsche Bibliothek – CIP-Einheitsaufnahme

Banck, Claudia:
Ostfriesische Inseln und Nordseeküste / Claudia Banck.-Köln :
DuMont, 1997
  (DuMont Reise-Taschenbücher ; 2139)
  ISBN 3-7701-3652-7 kart.

Satz und Druck: Rasch, Bramsche
Buchbinderische Verarbeitung: Bramscher Buchbinder Betriebe

Printed in Germany   ISBN 3-7701-3652-7

Inhalt

Inseln und Küste

Die Inseln

Die Küste

Nützliche Tips und Adressen

Land und Leute

»Der Anblick der Meereswogen, ihr Leuchten und das Rollen ihres Donners ... die großen Phänomene der Ebbe und Flut ... alles dies, sage ich, wirkt auf den gefühlvollen Menschen mit einer Macht, mit der sich nichts in der Natur vergleichen läßt als etwa der Anblick des gestirnten Himmels in einer heiteren Winternacht.«

G. C. Lichtenberg (1742–1799)

Geographie, Natur und Umwelt

Das Meer gibt, das Meer nimmt – die Entstehung von Inseln und Küste

Flora und Fauna in Düne, Salzwiese und Watt

Nationalpark Wattenmeer – heile Welt bleibt Ziel

Ein goldener Ring um Ostfriesland – Deichbau und Küstenschutz

Die Landschaft

In der südlichen Nordsee, nur wenige Kilometer vor der niedersächsischen Küste, erstreckt sich der Bogen der **Ostfriesischen Inseln:** von Westen nach Osten Borkum, Juist, Norderney, Baltrum, Langeoog, Spiekeroog und Wangerooge. Diese sind bewohnt, kleinere Sandinseln wie Memmert und Lütje Hörn zwischen Borkum und Juist sowie Mellum und Minsener Oldeoog östlich von Wangerooge sind den See- und Watvögeln vorbehalten. Im Westen, vor der holländischen Küste, schließen sich die Westfriesischen Inseln an. Blütenweiße Fähren ziehen ihre Spur von kleinen Küstenhäfen zu den Inseln, von denen einige, gezeitenabhängig, nur ein- bis zweimal pro Tag angelaufen werden können. In Eiswintern wie 1995/96 und 1996/97 geht nicht einmal mehr das. Dann bleibt nur noch der Flieger.

Der Blick aus der Möwenperspektive auf die fragilen, den Nordseefluten preisgegebenen Eilande offenbart bei allen Inseln einen ähnlichen Aufbau: Im Norden, zum offenen Meer hin, und im Osten, auf einigen Inseln auch im Westen erstrecken sich breite, weiße Sandstrände. Nach Alter gestaffelte Dünen prägen das Inselinnere: Zum Meer hin liegen die jüngeren, noch ganz weißen Dünen, die nach Osten in unbewachsene, endlose Sandplate, zur Inselmitte hin aber in dicht bewachsene, graue und braune Dünen übergehen, in deren Windschatten das eine oder andere angepflanzte Wäldchen gedeiht. Im Schutz der Dünenketten zieht sich im Süden ein grünes Band fruchtbaren, dem Meer abgewonnenen Weidelands, das anders als auf dem Festland häufig nicht eingedeicht ist. Im Sommer grasen dort Kühe und Pferde.

Zwischen den Inseln und dem Festland erstreckt sich das graue, vom gleichmäßigen Rhythmus der Gezeiten geprägte **Wattenmeer.** Bei Ebbe eine öde, leblos wirkende Fläche, bei Flut überspült von trübem, weil sedimentreichem Nordseewasser, das im Schutz der Inseln selten mit großartigen Wellen aufwartet. Die im Verlauf der Jahrhunderte mit der auflaufenden Flut angeschwemmten Sande und Schlicke konnten hier zur Ruhe kommen und absinken. Das auf diese Weise aufgebaute **Watt** hat im Bereich der niedersächsischen Nordseeküste eine Breite von 5 bis 7 km. Die Gezeitenströme bewegen sich durch die sogenannten »Seegats«, die die einzelnen Inseln voneinander trennen. Die Zu- und Abflußrinnen der Gezeitenströme bilden ein weitverzweigtes, flußähnliches System: Vielfach gewundene Priele und tiefe Baljen, also Wasserrinnen, die sich an die Seegats anschließen, durchziehen die amphibische Landschaft.

Die auch bei Ebbe wasserführenden Baljen und Seegats werden als Fahrwasser zwischen den In-

»Steckbrief« Ostfriesland

Merkspruch, um die Reihenfolge der Ostfriesischen Inseln (von Ost nach West) zu behalten:
Welcher (Wangerooge) **S**eemann (Spiekeroog) **l**iegt (Langeoog) **b**ei (Baltrum) **N**anni (Norderney) **i**m (Juist) **B**ett (Borkum)?

Ostfriesland – wo ist das?

Die ostfriesische Halbinsel zwischen dem Dollart im Westen und dem Jadebusen im Osten bildet geologisch und geographisch eine natürliche Einheit, politisch gesehen war sie jedoch immer geteilt: Das historische Ostfriesland umfaßte nur den westlichen Teil, das Gebiet des ehemaligen Regierungsbezirks Aurich, das sich mit dem Territorium der bis 1744 selbständigen Reichsgrafschaft Ostfriesland deckte. Der östliche Bereich der Halbinsel gehörte seit dem 14./15. Jh. zu Oldenburg und bildet heute den Landkreis Friesland, der auch die Insel Wangerooge einschließt. Seit der Gebietsreform von 1978 ist die Region im erheblich größeren Regierungsbezirk Weser-Ems aufgegangen. Ostfriesland als politisch selbständiges, fest umgrenztes Gebilde gibt es nicht mehr. Als Fremdenverkehrsregion hat es dagegen das benachbarte Friesland stillschweigend vereinnahmt. Im Bewußtsein der Bevölkerung aber gelten die historischen Grenzen, ein Bewohner der Ostfriesischen Insel Wangerooge ist Oldenburger und kein Ostfriese.

Die Inseln:

Borkum: ca. 30,6 km^2 (Länge ca. 10,5 km), 5970 Einw., Kreis Leer
Juist: ca. 16,4 km^2 (Länge ca. 17 km), 1630 Einw., Kreis Aurich
Norderney: ca. 26,3 km^2 (Länge ca. 6 km), 6350 Einw., Kreis Aurich
Baltrum: ca. 6,5 km^2 (Länge ca. 5 km), 530 Einw., Kreis Aurich
Langeoog: ca. 19,7 km^2 (Länge ca. 11 km), 2110 Einw., Kreis Wittmund
Spiekeroog: ca. 18,2 km^2 (Länge ca. 9,5 km), 690 Einw., Kreis Wittmund
Wangerooge: ca. 8,5 km^2 (Länge ca. 8,5 km), 1320 Einw., Kreis Friesland

Städte an der Küste:

Emden (ca. 52 000 Einw.), Norden-Norddeich (25 000 Einw., Kreis Aurich), Esens (6400 Einw., Kreis Wittmund).

Bewachsene Dünen auf Spiekeroog

seln und zu den Küstenorten genutzt. Eingesteckte Birkenstämmchen, sogenannte Pricken, markieren die Fahrrinne durch die Schlickbänke und Sandplaten. In dieser Landschaft rasten im Frühjahr und Herbst Hunderttausende von Zugvögeln, um sich für die nächste Reiseetappe auf dem Weg nach Sibirien, in die Arktis oder nach Afrika mit Energiereserven zu versorgen. Das Watt gehört zu den bedeutendsten Feuchtgebieten der Erde und bildet seit Mitte der 1980er Jahre den Nationalpark Niedersächsisches Wattenmeer, der die unbewohnten Teile der Inseln einschließt.

Die **festländische Küste** ist von einem zehn bis zwanzig Kilometer breiten Streifen fruchtbarer Marschen gesäumt, die der Mensch durch systematische Eindeichung und Entwässerung in jahrhundertelangem Kampf dem Watt und dem Meer abgetrotzt hat. Der »goldene Ring« der Deiche bewahrt die Küste davor, erneut ein Opfer der salzigen, zerstörerischen Fluten der Nordsee zu werden. Hinter dem Deich ducken sich vom Wind gekrümmte Bäume, wogen sattgelbe Rapsfelder, weiden wohlgenährte, schwarz-weiße Kühe auf sattgrünem Weideland. Stattliche Bauernhöfe, malerische Windmühlen und mächtige mittelalterliche Kirchen künden von der Fruchtbarkeit der Marschen, die im krassen Gegensatz zur kargen Natur der Inseln steht.

Die Entstehung der Inseln

Das Gebiet der südlichen Nordsee ist geologisch gesehen sehr jung. Während der Weichsel-Eiszeit, die ihre größte Ausdehnung vor etwa 45 000 Jahren erreichte, lag der Meeresspiegel noch etwa 100 m tiefer als heute, die Küstenlinie verlief zwischen dem Skagerrak in Dänemark und Aberdeen in Schottland. Mit dem Abschmelzen der Eiskappen überfluteten weite Teile des Festlandes. Während der Anstieg des Meeresspiegels in den ersten Jahrtausenden nach dem Ende der Eiszeit sehr rasch vonstatten ging, kam er kurz vor der Zeitenwende zum Stillstand und setzt sich seither, mit Unterbrechungen, langsamer, aber stetig fort. Vor etwa 4500 Jahren erreichte die Nordsee den höhergelegenen (ostfriesischen) Geestrand, der heute meist 10 bis 20 km landein verläuft. Vom trockenen Geestrand bis etwa zur Linie der jetzigen Inselkette fiel der durch angeschwemmte Schlicke angereicherte Meeresboden nur leicht ab. Auf diesem Wattsockel konnten sich die mit dem Tidenstrom landeinwärts transportierten Sandmassen ablagern. Es entwickelten sich parallel zur Küste verlaufende Strandwälle. Vögel, Wind und Strömung brachten Samen von hochspezialisierten Pionierpflanzen, die mit ihren langen, hartnäckigen Wurzeln die locker gefügten Sandgebilde festigten. In ihrem Windschatten konnte sich immer mehr herangewehter Sand anhäufen. Diese Dünen wuchsen, festigten sich durch eine zunehmend dichtere Pflanzendecke und bildeten schließlich richtige Inseln. Die Ostfriesischen sind also im Gegensatz zu den Nordfriesischen Inseln kein Rest eines von Sturmfluten auseinandergerissenen Festlandes, sondern neuzeitliche Landbildungen.

Die Entwicklung der Ostfriesischen Inseln ist keineswegs abgeschlossen. Wegen der vorherrschenden Nordwest-Richtung der Gezeitenströme und des Windes wandern sie langsam immer weiter Richtung Südosten. Die von Nordwest heranbrechenden Wogen tragen im Westen der Inseln die Sandmassen ab, Wind und Wellen führen sie dem Ostende zu, das auf

Die Küstenlinie vor 10 000 Jahren

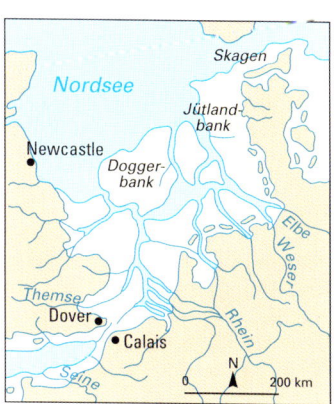

Wellen laufen um die Welt

Ebbe und Flut

Die Gezeiten, an der Küste auch »Tiden« genannt, bestimmen das Leben an der Nordsee. Jeweils innerhalb von 24 Stunden und 50 Minuten läuft das Wasser zweimal ab (Ebbe) und wieder auf (Flut) – Hoch- und Niedrigwasser verschieben sich also jeden Tag um ungefähr 50 Minuten. Diese Auf- und Abbewegung des Wassers entsteht durch die Anziehungskraft des Mondes und die Fliehkraft der Erde. Auf der dem Mond zugekehrten Seite der Erde ist seine Anziehungskraft größer, auf der ihm abgekehrten Seite die Fliehkraft der Erde; auf der einen Seite wird das Wasser also vom Mond angezogen, auf der anderen Seite strebt es von ihm weg. Dadurch entstehen zwei Flutberge und zwischen ihnen Ebbtäler. Durch die Erdrotation wandern diese großen Flutberge entgegen dem Uhrzeigersinn um die Welt, durch alle Ozeane und Randmeere, sofern sie nicht, wie beispielsweise die Ostsee, durch Landengen und Inseln abgeriegelt sind. Die Flutwelle dringt vom Atlantik nördlich von Schottland in die Nordsee ein, läuft entlang der englischen und niederländischen Küste, erreicht etwa 12 Stunden später die deutsche Küste (bei Borkum trifft sie eine Stunde früher ein als in Wangerooge) und wandert dann weiter Richtung Norden entlang der Westküste Schleswig-Holsteins, Dänemarks und Norwegens.

Die **Höhe** des Hochwassers wird durch die Anziehungskraft der Sonne mitbestimmt, wenngleich wegen der großen Entfernung des

allen Inseln aus endlos weiten Sandebenen besteht. So befand sich beispielsweise Baltrums Westseite vor etwa 350 Jahren noch dort, wo heute die Ostseite von Norderney liegt (s. S. 102). Seit Mitte des letzten Jahrhunderts werden die bedrohten Westenden einiger Inseln, die nicht natürlich durch Dünen und vorgelagerte Sandbänke geschützt sind, durch massive Küstenbefestigungen vor Abtragung bewahrt.

Nationalpark Wattenmeer

Das Wattenmeer erstreckt sich entlang der Nordseeküste über eine Länge von 450 km von Den Helder in den Niederlanden bis Esbjerg in Dänemark. Es ist neben den Hochgebirgsregionen der Alpen die letzte großräumige Naturlandschaft Mitteleuropas. Durch Schadstoff-

Zentralgestirns in sehr viel geringerem Maße. Stehen Mond und Sonne auf einer Achse, was bei Neu- und Vollmond der Fall ist, addieren sich die Kräfte der beiden Gestirne, der dadurch verursachte Flutberg wird höher und es entstehen sogenannte **Springtiden.** Bei Halbmond, wenn Sonne, Mond und Erde im rechten Winkel zueinander stehen, wirkt die Anziehungskraft der Sonne der des Mondes entgegen, so kommt es zur **Nipptide,** bei der das Hochwasser niedriger als normal ausfällt. Der **Tidenhub,** das ist die Differenz zwischen Hoch- und Niedrigwasser, variiert von Ort zu Ort und beträgt an der Nordseeküste zwischen 2 und 3 m (auf Borkum durchschnittlich 2,20 m, in Wilhelmshaven 3,60 m).

Die Wasserstände an der Küste werden schließlich auch von den Windverhältnissen beeinflußt. Ablandige Ostwinde drücken das Wasser aus der Deutschen Bucht heraus, das Hochwasser beträgt dann bis zu 1,5 m unter dem mittleren Tidehochwasser. Bei langanhaltendem Ostwind können Schiffe mit großem Tiefgang wegen zu geringer Wasserstände bestimmte Fahrwasser nicht mehr benutzen. Der Fährverkehr zur Insel Juist, die wegen der geringen Tiefe des Fahrwassers nur beim Höchststand des normalen Hochwassers erreichbar ist, muß dann eingestellt werden. Umgekehrt stauen orkanartige Stürme aus Südwest bis Nordwest die Wassermassen in der südlichen Nordsee höher auf. In Verbindung mit einer Springtide können sie zu verheerenden Sturmfluten mit Wasserständen von mehr als 3 m über dem mittleren Tidehochwasser führen. Verhängnisvoller als die Höhe des Wassers ist dann die Gewalt der Brandung, deren Zerstörungskraft mit der Stärke des Windes wächst.

einleitungen und verschiedenste Nutzungsansprüche sind die für eine Vielzahl von Pflanzen und Tieren unersetzlichen Lebensräume Watt, Salzwiesen und Dünen in ihrer Existenz bedroht (s. S. 42). Zu ihrem Schutz wurde die deutsche Nordseeküste zum Nationalpark erklärt (Schleswig-Holstein 1985, Niedersachsen 1986, Hamburg 1990) und in drei Zonen eingeteilt. Die **Ruhezone,** die 54 % der niedersächsischen Nationalparkfläche umfaßt, genießt den höchsten Schutz, sie darf das ganze Jahr über nur auf ausgewiesenen Pfaden betreten werden. Die **Zwischenzone** umfaßt 45 % des Nationalparks und ist ganzjährig zugänglich, allerdings dürfen die Salzwiesen im Deichvorland in der Zeit vom 1. April bis zum 31. Juli nur auf den markierten Wegen begangen werden, um die brütenden Vögel nicht

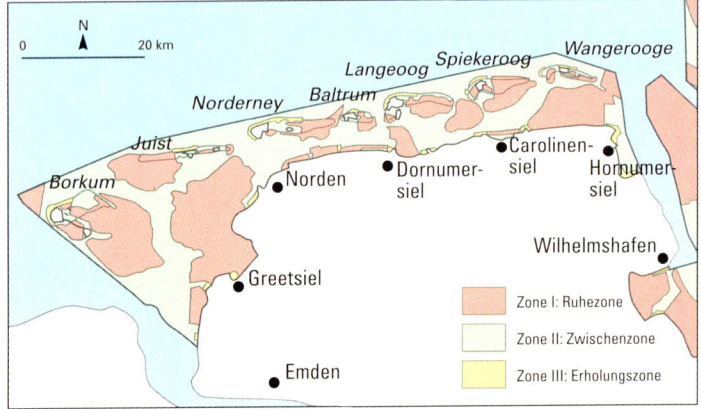

Nationalpark Wattenmeer

zu stören. In der kleinen **Erholungszone** liegen die Badestrände und Kureinrichtungen. Anders als beispielsweise in Schleswig-Holstein gehören in Niedersachsen auch die Inseln außerhalb der Orte zum Nationalpark, obwohl Teile davon seit Jahrhunderten bewirtschaftet werden. Laut Bundesnaturschutzgesetz aber sind Nationalparks Gebiete, die »sich in einem vom Menschen nicht oder wenig beeinflußten Zustand befinden«. So kommt es seit der Gründung des Nationalparks zu Konflikten zwischen Insel- und Küstenbewohnern und Naturschützern.

Die Menschen im Nationalpark sehen sich zahlreichen Restriktionen und Einschränkunagen ausgesetzt. Sie dürfen z. B. in einigen Bereichen nicht mehr fischen, segeln und jagen und ihre Hunde nicht mehr frei herumlaufen lassen. Auf der anderen Seite läßt die Nationalpark-Verordnung Nutzungen zu, die sich nach Ansicht vieler Naturschützer mit der Zielsetzung eines Nationalparks schwer vereinbaren lassen. Sehr zu ihrem Verdruß bleibt etwa selbst die Ruhezone nur »weitgehend« nutzungsfrei: In großen Bereichen sind nach wie vor sowohl die hergebrachte landwirtschaftliche Nutzung als auch die gewerbliche Fischerei erlaubt. Dazu gehörte zunächst auch die Beweidung der Salzwiesen, die Wattenjagd auf Wasservögel und die umstrittene Muschelfischerei. Jedoch konnten bis zum zehnjährigen Bestehen 1996 etwa 60 % der Salzwiesen von der Beweidung ausgenommen und sich selbst überlassen werden, 1993 wurde die gewerbliche Herzmuschelfischerei, Ende 1994 die Wattenjagd eingestellt.

Ökonomische und ökologische Interessen prallen auch im Bereich des Fremdenverkehrs aufeinander. Der Tourismus, Haupterwerbsquelle der Insulaner, belastet die sensiblen Naturräume im Wattenmeer. Zugleich ist aber ein schonender Umgang mit der »Ressource Natur« existenzbestimmend für den Fremdenverkehr. Der Schutz des Wattenmeeres und der Inseln kommt dem Fremdenverkehr zugute und dieser wiederum der Inselwirtschaft. Eine intakte Umwelt ist das Kapital der Küstenregion.

Tiere und Pflanzen

Düne, Salzwiese und Watt bilden die Lebensräume im Nationalpark Wattenmeer. Sie sind die Heimat von Spezialisten, von Überlebenskünstlern, die dem Wechsel von Trockenheit und Überflutung trotzen und Salz ebenso wie schneidende Sandstürme und peitschende Orkanböen ertragen.

Lebensraum Düne – karges, unsicheres Land

Sand und Dünen prägen die Landschaft auf allen Ostfriesischen Inseln. Auf dem flachen, aus losem Sand bestehenden Strand beginnt die Vegetation erst oberhalb des mittleren Hochwasserstandes, wo der Boden durch die Verwesung von Tang, Quallen und Holzresten Nährstoffe erhält. Die Spülsaumvegetation – Meersenf, Kali-Salzkraut und Melden – wird regelmäßig von den Winterstürmen wieder fortgerissen und zerstört. Oberhalb der Flutmarke setzen sich Gräser wie die Binsenquecke fest, die mit ihren langen, weitverzweigten Wurzeln den Boden festigen und den Sand auffangen. Mit ihrer Hilfe bilden sich niedrige Dünen, die sogenannten Vor- oder **Primärdünen.** Nur 2 bis 3 m hoch, müssen sie mehrmals im Jahr höheren Fluten standhalten. Bei größeren Sturmfluten kann es passieren, daß sie ganz abgetragen werden. Wenn die Primärdünen höher geworden sind und das Salz durch Niederschläge ausgewaschen ist, siedelt sich der Strandhafer an, häufig in Gesellschaft des blaugrünen Strandroggen. Sie sind die Leitpflanzen der sogenannten **Weißdünen** (Sekundärdünen), die eine Höhe von 10 bis 20 m erreichen. Mit seinem weitreichenden Wurzelsystem hält der Strandhafer den Sand zusammen und hindert die Düne am Wandern, solange die empfindliche Pflanzendecke unversehrt bleibt.

Den weißen Dünen schließen sich die niedrigeren, flächendeckend bewachsenen, von Tälern durchzogenen **Graudünen** (Tertiärdünen) an. Der Einfluß von Sonne und Wind, je nachdem, ob auf der Sonnen- oder der Schattenseite, der windzugewandten oder -geschützten Seite bildet unterschiedliche

Vegetationszonen aus. An den strapazierten Süd- und Westhängen dominieren Moose, Flechten und Silbergras, feine Akzente setzt das zierliche Dünenveilchen. Auf den Wind und Sonne weniger ausgesetzten Nord- und Osthängen trifft man auf Zwergsträucher in typischer Gesellschaft mit Krähenbeere und Tüpfelfarn. Weiter inseleinwärts dominiert die rotviolette Strauchheide. Neben üppigen, zum Teil hüfthohen Beständen von Kriechweide, Sanddorn und weißblühenden Dünenrosen bieten auch stattliche Exemplare des Schwarzen Holunders und der Vogelbeere Singvögeln Schutz und Nahrung. Endstadium der Dünenentwicklung sind die mit Dünengebüschen und niedrigen Bäumen bedeckten **Braundünen.** Hier ge-

Zwischen Wasser und Land:
Am Billriff auf Juist

für den die Gelege der brütenden Vögel ein lohnender Leckerbissen sind.

Von der Salzwiese zum Watt

Vom südlichen Rand des Dünengürtels schweift der Blick über die vogelreichen **Salzwiesen** zum weiten Watt. Die Abfolge der hier angesiedelten Pflanzengesellschaften ist abhängig von der Häufigkeit und Dauer der Überflutungen. Auf den oberen, rund zwei Dutzend mal im Jahr überfluteten Salzwiesenflächen, wachsen Strand-Wegerich und Strandnelke. Auf beweideten Grünflächen herrscht der Rotschwingel vor. Wattwärts sind die hübsche, im August zartviolett blühende Salzaster und der verbotenerweise immer noch häufig gepflückte lilafarbene Strandflieder zu finden. Im etwa 150 bis 250 mal pro Jahr überfluteten unteren Bereich der Salzwiesen dominiert das Andelgras. Nur auf unbeweideten Flächen gedeiht der angenehm duftende Strandwermut mit seinen silbrigweißen Blättern. Im vorgelagerten, dem Gezeitenwechsel ausgesetzten **Quellerwatt** findet man in hohem Maße salzresistente Pflanzen wie den Queller und das steifblättrige Schlickgras. Der Queller ist die wichtigste Pionierpflanze

deihen nun auch Krähenbeere, Glockenheide, vereinzelte Kiefern und Birken in einem Boden, der durch Humusanreicherung dunkler als der der weißen Dünen ist. Überall anzutreffen sind die scheuen Eidechsen und die (vom Menschen eingeführten) fotogenen Fasane. Auf den meisten Inseln hoppeln Kaninchen durch die Dünen. Nicht immer vertreten ist der Igel,

Salzwiese mit Strandflieder

im Watt. Im Grenzbereich zwischen Meer und Land trägt er wesentlich zur Beruhigung und Ablagerung der Schlicke und Sande bei. Stark zurückgegangen sind die **Seegraswiesen.** Die bei Ebbe freifallenden Bestände des Zwerg-Seegrases bieten eine wichtige Nahrungsquelle für die im Wattenmeer überwinternden Ringelgänse.

Lebensraum Watt – mal trocken, mal naß

»Ich höre des gärenden Schlammes geheimnisvollen Ton«, so beschreibt Theodor Storm das Wispern und Knistern, mit dem das Watt bei Ebbe erfüllt ist. Es wird u. a. von Schlickkrebsen erzeugt: Immer wenn der 8 bis 10 mm lange Flohkrebs bei der Nahrungssuche seine Fühler auseinanderspreizt, platzt das Wasserhäutchen dazwischen mit einem leisen »Zipp«. Er besiedelt mit bis zu 40 000 Exemplaren einen Quadratmeter Schlickboden. Diese hohe Besiedlungsdichte ist ein Charakteristikum für die Tier- und Pflanzenwelt im nährstoffreichen Watt.

Auf den ersten Blick aber ist enttäuschend wenig zu entdecken von der Vielfalt hochspezialisierter Lebewesen, die das Watt bevölkern sollen. Das Auge schweift über die weiten, trockengefallenen Flächen: Nur ein paar angetriebene Algen und Muschelschalen. Doch dieser Eindruck täuscht, denn bei Niedrigwasser zieht sich alles, was im

Watt kreucht und fleucht, in den schützenden Boden zurück. Existenzgrundlage für die meisten Lebewesen im Watt ist zum einen das pflanzliche und tierische Plankton, das die Flut heranträgt, zum anderen die mikroskopisch kleine Kieselalge, die als brauner Belag den Wattboden überzieht. Mehrere Schneckenarten weiden die Algen und Bakterien vom Wattboden ab, darunter die 6 mm kleine spitzhäusige Wattschnecke, deren Siedlungsdichte schon mal bei 100 000 Tieren pro Quadratmeter liegen kann. Die kräftige, 2,5 bis 4 cm hohe Strandschnecke findet man häufig in der Nähe von Buhnen, Molen und Muschelbänken. Die größte unter den Wattmuscheln ist die Sandklaffmuschel, deren weiße Schalen eine Länge von 15 cm erreichen. Sie steckt bisweilen 30 cm tief im Sand und schiebt ihren »Schnorchel«, zwei miteinander verwachsene Schläuche (Siphons), durch die sie das nahrungs- und sauerstoffreiche Wasser aufnimmt, bis an die Oberfläche. Bei Erschütterung ziehen die Muscheln ihre Siphons zurück und spritzen dabei das überflüssige Wasser aus dem Atemloch. Dichter unter der Oberfläche lebt die in Frankreich und den Niederlanden als Delikatesse geschätzte rundliche Herzmuschel, etwas tiefer die zerbrechliche, farbenfrohe Baltische Plattmuschel. Auch die erst Ende der 70er Jahre vermutlich aus den USA eingeschleppte Amerikanische Schwertmuschel mit ihren schmalen, bis zu

16 cm langen Schalenklappen gräbt sich in den schützenden Schlicksand ein. Die schwarzen Miesmuscheln siedeln im relativ festen Sandwatt an Plätzen, wo ein Stück harter Untergrund, beispielsweise eine Anhäufung von Muschel- oder Schneckenschalen, ein Festhalten erlaubt. Mit Hilfe von »Byssusfäden« heften sie sich dann zu großen Verbänden (Muschelbänken) aneinander. Sie gehören zu den Lebewesen im Wattenmeer, die von der Überdüngung des Meeres und dem damit verbundenen Algenwachstum profitieren. Während die als Delikatesse geschätzte Muschel früher noch fünf Jahre zum

Spuren des Wattwurms

Der Seehund

Häufig sieht man sie schon von der Fähre aus auf den Sandbänken in der Sonne dösen. So gut müßte man es haben, denkt man unwillkürlich – doch ist Neid kaum angebracht. Jahrhundertelang wurden die Seehunde wegen ihres Fells gejagt. Als in der zweiten Hälfte des 19. Jh. auf den Inseln Seebäder entstanden, gehörte die Seehundjagd zum Freizeitvergnügen der Badegäste. Auch Otto von Bismarck vertrieb sich den Urlaub mit der Jagd. Seiner Schwester schrieb der zukünftige Kanzler des Deutschen Reiches: »Mit der See habe ich mich überhaupt sehr befreundet; täglich segle ich einige Stunden, um dabei zu fischen und nach Seehunden und Delphinen zu schießen, von letzteren habe ich nur einen erlegt: ein so gutmütiges Hundegesicht mit großen, schönen Augen, daß es mir ordentlich leid tat.«

Anfang der 1930er Jahre stand der Seehund am Rande der Ausrottung, per Gesetz angeordnete Schonzeiten retteten ihn. 1973 wurde die Seehundjagd ganzjährig verboten, und die Population vor der deutschen Nordseeküste stieg erfreulich schnell auf über 8000 Tiere. Im Sommer und Herbst 1988 jagte dann eine Hiobsbotschaft die andere: Algenblüte, Fischsterben, Seehundsterben. Innerhalb weniger Wochen wurde der Bestand der durch Umweltgifte geschwächten Seehunde durch eine ansteckende Viruskrankheit um 80 % reduziert. Die Seehundpopulation hat sich seither erholt, 1994 erreichte sie wieder den vorherigen Stand. Neben den Seehunden ist in den vergangenen Jahren sogar wieder die Kegelrobbe, unregelmäßig auch die kleine Ringelrobbe, in der Nordsee zu finden. Durch die hohe Schad-

Heranwachsen brauchte, ist sie heute schon nach drei Jahren »erntereif«.

Die auffälligsten Tierspuren im Watt sind die Hinterlassenschaften des Pierwurms, auch Sandpier oder Wattwurm genannt. Geringelte Kotsandhaufen und ein dicht daneben einfallender Trichter markieren Ende und Anfang des etwa 20–30 cm tiefen, U-förmig gebogenen Ganges, in dem der Wurm lebt. Mit dem Vorderende nimmt er den durch den Trichter in die Röhre fallenden nährstoffreichen Sand auf, verdaut die organischen Partikel und scheidet nach 40 Minuten die unverdaulichen Anteile als Kotschnüre mit dem Hinterende wieder aus.

Im Bereich der Hochwasserlinie findet man sowohl im Watt als

stoffbelastung in der Nordsee, mit der Immunschwäche und Krankheitsanfälligkeit der Tiere einhergehen, bleiben sie jedoch gefährdet.

Die Seehunde leben die längste Zeit des Jahres in der offenen See. Die warmen Sommermonate verbringen sie im Wattenmeer, wo sie mitunter auch im Winter zu finden sind. Zur Geburt und Aufzucht der Jungen, während des Haarwechsels und der Paarungszeit im Spätsommer sind sie auf die Sandbänke, die bei Niedrigwasser trockenfallen, angewiesen. Zwischen Ende Mai und Mitte Juli bringen sie hier ihre Jungen zur Welt, in aller Regel nicht mehr als eines. Durch ständige Rufe halten die Seehundbabies den Kontakt zur Mutter. Die »Heuler«, wie man sie wegen dieser nebelhornartigen Töne nennt, werden etwa vier Wochen gesäugt. Werden die Tiere dabei auf ihren Sandbänken öfter gestört und müssen sich der – vermeintlichen – Gefahr durch Flucht entziehen, können die Jungen nicht genug Fett ansetzen und damit nicht genug Widerstandskraft sammeln. Auch ziehen sie sich durch das hastige Davonrobben Verletzungen im Nabelbereich zu, die zu eitrigen Entzündungen führen, an denen viele von ihnen zugrunde gehen. Nur etwa 60–65 % der Seehundjungen überleben das erste Jahr.

Die an Land plump und unbeholfen wirkenden Tiere sind gewandte, unermüdliche Schwimmer, auf deren Speiseplan Dorsche und Plattfische stehen. Nach der Paarungszeit ziehen sie sich Anfang September in tiefere Fischgründe zurück. Wochenlang tummeln sie sich im Wasser, das Land brauchen sie jetzt nicht. Alle 3 bis 5 Minuten kommen sie an die Oberfläche, um Luft zu holen, sie können aber auch erheblich länger tauchen. Um auszuruhen, lassen sie sich einfach im Wasser treiben.

auch am Sandstrand häufig gestrandete Quallen. Leicht zu erkennen ist die hübsche Kompaßqualle, deren rötlich-braune Strahlen an eine Kompaßrose erinnern. Wenig beliebt sind die Blaue Nesselqualle und die Gelbe Haarqualle. An den Tentakeln haben sie Nesseln, mit denen sie ihre Beutetiere betäuben. Kommt der Mensch damit in Berührung, kann das ziemlich lange brennen. Die weitaus meisten der gestrandeten Quallen sind aber völlig harmlos.

In den Prielen und tieferen Wasserlachen trifft man außer Garnelen, Krabben und Einsiedlerkrebsen die Seesterne an, die sich vor allem an Muscheln gütlich tun. In leeren Schneckenhausern sucht der zartbesaitete Einsiedlerkrebs Schutz. Zu den Krebsen gehört auch die Seepocke, die auf Muschelschalen, an Buhnen, Hafenmauern, Schiffsrümpfen und Treibgut anwächst. Am Grunde auch seichten Wassers kaum auszumachen ist die sandgraue Garnele, die tonnenweise von Fischern angelandet und unter dem falschen Namen »Krabbe« in die Mayonnaise getunkt wird. Im Gegensatz aber zu den Strand- und Schwimmkrabben, die zu den Kurzschwanzkrebsen zählen, haben Garnelen lange Schwänze. An der ostfriesischen Küste werden sie »Granat« genannt.

Im Priel, der auch beim Tiefstand der Ebbe noch Wasser enthält, tummelt sich eine große Zahl von Stand- und Jungfischen. Zu den standorttreuen Fischen gehören die Aalmutter und der Seeskorpion. Andere Arten wie Flunder, Meeräschen und den Stint trifft man hier nur über Teile des Jahres an. Auch die in ihrem Bestand durch Überfischung stark reduzierten Dorsche dringen ins Wattenmeer vor, das als »Kinderstube« vieler Fischarten, beispielsweise der Scholle, von großer Bedeutung ist.

Vögel im Wattenmeer

Rund hundert verschiedene Arten von Wat- und Wasservögeln bevölkern die Wattgebiete. Etwa zwei Dutzend Arten brüten hier, andere rasten nur ein paar Wochen auf dem Weg zu ihren Brutplätzen im hohen Norden oder zu den Winterquartieren im Süden. Vor allem im Herbst und im Frühjahr sieht man bei Ebbe kleine Trupps oder riesige, wolkenähnliche Schwärme übers Watt streichen. Ihre Schnabelform und -länge bestimmt ihre Nahrung: Nach Schlickkrebsen, Wattschnecken und Würmern picken Kurzschnäbler wie die Sand- und Seeregenpfeifer und der gedrungene kurzbeinige Knutt, ein dynamischer kleinerer Watvogel, der im Wattenmeer nur zwischenlandet, um die Energiereserven für die Weiterreise zu seinem Brutplatz in Sibirien, Alaska oder Grönland bzw. seinem Winterdomizil in Südafrika aufzufüllen. Die schwarzweißen Austernfischer, die man leicht an ihren roten Beinen und dem geraden roten Schnabel erkennen kann, sowie die Alpenstrandläufer, deren Schnäbel leicht nach unten gebogen sind, stochern auf der Suche nach wirbellosen Tieren, Würmern und Herzmuscheln im Boden. Auf langen Beinen stelzt der zierliche rotschnäblige Rotschenkel über Watt und feuchte Marschwiesen auf der Suche nach Muscheln, Schnecken und kleinen Fröschen. Mit seinem aufregend langen, abwärtsgebogenen Schnabel zieht der Große Brachvogel fette Borstenwürmer, aber auch große Muscheln aus dem Schlick.

Zum Speiseplan der Eiderenten gehören die Miesmuscheln, die von ihnen als Ganzes geschluckt und im kräftigen Kaumagen zerrie-

Austernfischer

ben werden. Während das Männchen mit seinem schwarz-weiß-braunen Gefieder kontrastreich gefärbt ist, wirkt das tarnfarbene Weibchen eher unscheinbar. Fast immer zu zweit sieht man die Brandenten, wegen ihrer Gestalt auch Brand-Gänse genannt. Auffällig ist ihr mit fuchsrotem Brustband gezeichnetes schwarz-weißes Gefieder. Wie auch einige Möwenarten trampeln sie, auf der Stelle laufend, »Wannen« ins Watt, bis Würmer und anderes Wattgetier zum Vorschein kommen. Wintergast im Wattenmeer ist die Ringelgans, die allerdings weniger im Watt als auf den angrenzenden Salzwiesen zu finden ist. Die bis auf einen weißen Halsring und weißen Unter-

schwanz dunkelgefiederten Gänse sind Vegetarier, die die Wiesen am Watt bis auf die gepflegte Kürze eines englischen Rasens abweiden. Zum Verdruß der Landwirte machen sie sich jedoch auch über Winterweizen und Winterraps her.

Überall entlang der Küste, in Häfen ebenso wie im Kielwasser der Schiffe, sind die Möwen zahlreich vertreten. Die dominierende Silbermöwe ist an ihrem roten Schnabelfleck und den fleischfarbenen Beinen zu erkennen. Wie auch die kleinere braunköpfige Lachmöwe und die seltene Sturmmöwe präsentiert sie sich, was ihre Nahrung angeht, als wenig wählerisch. Sie ist ein Allesfresser und schlingt hinunter, was sie erbeuten kann – von Fischen über Abfälle zu Vogeleiern, die sie in den Nestern anderer Möwen, Seeschwalben und Watvögel raubt.

Ein Vergnügen ist es, Seeschwalben mit ihren Gabelschwänzen zu beobachten, wenn sie über Priele, Watt und Strand jagen, blitzschnell kopfüber ins Wasser stürzen und mit einem silbrigen Fisch im Schnabel wieder auftauchen. Die fast taubengroße Brandseeschwalbe ist wie auch die zierlichere Küstenseeschwalbe an ihrer schwarzen Kopfhaube zu erkennen. Die zarte Zwergseeschwalbe, deren Bestand akut bedroht ist, brütet auf den Inseln in den sandigen Ruhezonen des Nationalparks.

Klima

Die Ostfriesischen Inseln sind vom Küstenklima geprägt, dessen herausragendes Merkmal das Fehlen extremer Temperaturen ist. Juli und August sind mit durchschnittlich 17° C die wärmsten Monate. Das Meer speichert die Wärme und kann die Luft noch bis in den Oktober hinein warmhalten. Die Winter sind mild. Sogar im Januar, dem kältesten Monat, liegen die Durchschnittstemperaturen mit etwa 0–1° C verhältnismäßig hoch. Die ausgleichende Wirkung des Wassers verhindert nicht nur extreme Temperaturschwankungen zwischen den Jahreszeiten, sondern auch zwischen Tag und Nacht. Die Luftfeuchtigkeit ist das ganze Jahr über relativ hoch. Die Inseln verzeichnen deutlich weniger Niederschläge als der größte Teil Ostfries-

lands. Wenn über dem Festland finstere Regenwolken hängen, erstrahlen die Inseln häufig in hellstem Sonnenlicht. Regenreichster Monat ist der August, ein weiteres Maximum fällt in die Herbstmonate Oktober/November. Am niederschlagsärmsten ist die erste Jahreshälfte von Februar bis Mai. Vor allem im späten Frühling und im Frühsommer entstehen durch die Abkühlung der Luft über kühlerem Wasser Seenebel, die für Wattwanderer lebensgefährlich sein können. Werden diese Nebelfelder landein geweht, verschwindet die Sonne schlagartig in dichtem Grau.

Ein Charakteristikum des Insel- und Küstenklimas sind die Winde, die auf dem Meer und den Inseln stärker als im Binnenland sind. Die Windgeschwindigkeit beträgt im »Normalfall« etwa Stufe 4 der Beaufort-Skala. Mai bis Juli sind die windärmsten, Oktober bis Dezember die stürmischsten Monate. Dank der überwiegend staub- und keimfreien Luft sowie der vom Seewind ständig fein zerstäubt herangeführten Mineralstoffe des Meeres wirkt ein Urlaub am Meer heilkräftig und gesundheitsfördernd.

Mit dem Wasser leben: Küsten- und Inselschutz

Als in den letzten Jahrhunderten vor Christi Geburt Volksstämme der Friesen und Chauken in das

Auch Eis bedroht die Küstenbefestigung

Gebiet zwischen Weser und Ems zogen und den fruchtbaren Marschboden entlang der Küste weitflächig besiedelten, war das Gebiet – bedingt durch den damals niedrigeren Meeresspiegel – noch sturmflutsicher. Mit dem Ansteigen des Wassers und den häufiger werdenden Überflutungen begannen die Menschen, ihre Häuser auf künstlich aufgeworfenen Hügeln, sogenannten Warf(t)en, Wurften oder Wurten, zu bauen. Der römische Historiker Plinius der Ältere, der die Nordseeküste im 1. Jh. n. Chr. bereiste, zeigte angesichts der armseligen Lebensumstände der Warfenbewohner mitleidiges Erstaunen: »Dort bewohnt ein beklagenswert armes Volk hohe Erdhügel, die man so hoch aufgeworfen hat, wie erfahrungsgemäß die höchste Flut steigt. In den darauf errichteten Hütten gleichen sie Seefahrern, wenn das Meer das Land ringsumher überflutet, und Schiffbrüchigen, wenn das Wasser zurückgeflutet ist.«

Um die Jahrtausendwende aber galt bereits der stolze Spruch »Gott schuf das Meer, der Friese die Küste.« Mit der Einführung des **Deichbaus** griff der Mensch erstmals aktiv in die Küstenentwicklung ein. In der ältesten überlieferten Satzung aus der Zeit um 1100 heißt es: »Das ist ein Landrecht, daß wir Friesen eine Seeburg zu stiften und zu stärken haben, einen goldenen Ring, der um ganz Friesland liegt … Wir Friesen wollen unser Land verteidigen mit drei Werkzeugen, mit dem Spaten und mit der Schiebkarre und mit der Forke.« Um 1300 konnte die schützende Deichlinie geschlossen werden. Aus dieser Zeit stammt der Rechtsgrundsatz: »De nich will dieken, de mut wieken!« (Wer nicht deichen will, muß weichen). An der Küste wirtschaften durfte nur, wer sein Stück Deich in Ordnung hielt. Erst im Laufe des 18. und 19. Jh. wurde die Organisation des Deichbaus und der Deichpflege allmählich auf den Staat übertragen.

Die Arbeit am Deich war und ist bis heute ein Wettlauf mit dem Meer, das gerade in den vergangenen Jahrzehnten erheblich schneller gestiegen ist als erwartet. Im Verlauf der Jahrhunderte machten gewaltige **Sturmfluten** die Arbeit immer wieder zunichte. Keine hundert Jahre vergingen, ohne daß sich die Küstenlinie drastisch veränderte. So schufen u. a. die Julianenflut von 1164, die Marcellusflut von 1362 und die Dionysiusflut von 1374 die tiefen Einbrüche von Dollart und Jadebusen, Harle- und Leybucht. Bei der Weihnachtsflut von 1717 kamen im Bereich der heutigen Störtebekerstraße 11 000 (anderen Schätzungen zufolge 22 000) Menschen ums Leben, einige der Inseln wurden in mehrere Teile zerschnitten, viele Überlebende verließen das verwüstete Land.

Im Gegensatz zur Festlandküste wurde auf den ostfriesischen Inseln mit dem **Inselschutz** erst in der Mitte des 19. Jh. begonnen. Um den vor allem auf den Westseiten bedrohlichen Abbruch zu verhindern, wurden massive Schutzwerke gebaut und Buhnen angelegt, bis zu 1,5 km lange Dämme aus Stein, Mörtel und Beton, die quer zum Ufer ins Meer hinauslaufen. Sie sollen die Sandabtragung in die strömungsstarken Seegats zwischen den Inseln verhindern, zugleich aber die Sandanlandung fördern.

Allen technischen Entwicklungen und verbesserten Küstenschutzwerken zum Trotz richteten Orkanfluten auch in diesem Jahrhundert große Verwüstungen an, forderten aber bei weitem nicht mehr so viele Menschenleben. Die Februarflut von 1962 tobte sich mit ganzer Kraft an den Ostfriesischen Inseln aus, die als Wellenbrecher das Festland schützten. Die Inselschutzwerke von Norderney, Baltrum, Spiekeroog und Wangerooge wurden in Trümmer gelegt. Als Folge der Orkanflut von 1962 wurden die Deiche nochmals erhöht. Aus den niedrigen Erdwällen des Mittelalters sind mittlerweile breite Deichkörper mit flachen Außen- und Innenböschungen geworden, die die Macht der heranbrechenden Wellen nicht plötzlich stoppen, sondern sie allmählich auslaufen lassen. Im Zuge der letzten Deicherhöhungen gestaltete man auch die landzugewandte Böschung flacher, damit überlaufendes Wasser ruhiger ablaufen kann – ohne die gefürchteten »Kappstürze«, die den Deich von hinten her annagen. Die Deichaußenseite ist an besonders gefährdeten Abschnitten durch eine Steinböschung oder Asphaltdecke befestigt, an bestimmten Partien wird der Wellenangriff durch Buhnen gemindert.

Die letzten großen Sturmfluten im Januar 1976, im November 1981 und im Januar 1994 brachen alle bisherigen Pegelrekorde. Der Meeresspiegel steigt, die Häufigkeit der Orkanfluten nimmt zu. In welchem Umfang der Mensch durch Industrie- und Autoabgase die Erwärmung des Erdklimas und damit das Schmelzen der Polkappen forciert, ist umstritten. Im Moment sieht es danach aus, daß irgendwann auch die auf 8 m über N. N. erhöhten Nordseedeiche nicht mehr ausreichen, um Land und Inseln zu schützen.

Neben Deichbau und Küstendeckwerken dienten jahrhundertelang auch die **Landgewinnungsmaßnahmen** dem Schutz vor dem Blanken Hans. Während die Küstenbewohner bis ins späte Mittelalter ausschließlich auf die Sicherung ihres Landes bedacht waren, gingen sie ab etwa 1500 zur Landgewinnung über. Dabei handelte es sich zum großen Teil um die Rückgewinnung des durch Sturmfluten verlorengegangenen Landes. In den ins Land gerissenen ruhigen Buchten konnte das schlickreiche Wattwasser besonders viele Sink-

stoffe absetzen. Der Prozeß der Verlandung wurde und wird durch künstliche Dämme und Lahnungen unterstützt. Regelmäßige Grüppelarbeiten, das heißt das Ausheben von parallelverlaufenden Gräben und Erhöhen der dazwischenliegenden Wattbeete, tragen zur Entwässerung bei. Sobald sich Queller und Andelrasen ansiedeln, kann das neugewonnene Land als Schafweide genutzt werden. Schritt für Schritt wurde auf diese Weise die Harlebucht und große Teile der Leybucht eingedeicht und überall entlang der Küste neue Landflächen – Groden oder Polder genannt – dem Meer abgerungen und wieder urbar gemacht.

Seit den 70er Jahren ist die Eindeichung der artenreichen Vorlandflächen und verlandenden Buchten seitens der Naturschützer zunehmend unter Beschuß geraten, denn die Salzwiesen vor dem Deich sind Brut- und Rastplatz vieler Vogelarten – im Bereich der noch offenen Leybucht befindet sich beispielsweise mit etwa 1000 Paaren eine der größten Brutkolonien von Säbelschnäblern Mitteleuropas. Die ursprünglich geplante vollständige Eindeichung der Leybucht konnte erfolgreich verhindert werden (s. S. 178). Die Erhaltung ökologisch wertvoller Naturräume soll fortan bei allen weiteren Küstenschutzmaßnahmen berücksichtigt werden.

Geschichte, Wirtschaft und Kultur

Krabbenkutter sind an der Küste noch ein
alltägliches Bild

Daten zur Geschichte

600 – **700 n. Chr.**	Die Friesen wandern von Westen her in das Gebiet des heutigen Ostfriesland ein. Um 700 n. Chr. entsteht unter König Radbod das friesische Großreich, das bis in die Niederlande reicht.
Um **775 n. Chr.**	Auf Befehl Karls des Großen beginnt die Christianisierung des Nordens durch die Missionare Willehad und Liudger. Dem hartnäckigen Widerstand der Friesen fällt der Missionar Bonifatius zum Opfer, der 775 in Dockum den Märtyrertod stirbt. Im Jahre 785 gliedert Karl der Große Friesland ins Frankenreich ein. Die »freien« Friesen sind unmittelbar dem karolingischen König untertan, es bildet sich kein Stammesherzogtum. 802 läßt Karl der Große die *Lex frisorum*, die friesischen Grundrechte, aufzeichnen.
9. Jh.	Unzählige Überfälle der Normannen, die sich in der Küstenmarsch festsetzen. 884 werden sie in der legendären Schlacht bei Norden vernichtend geschlagen (s. S. 181). Nach dem Sieg teilen die Sieger das zurückeroberte Land zwischen Norden und Dornum neu auf: Gründung der sogenannten »Theelacht«, einer der ältesten heute noch bestehenden Bauerngenossenschaften Europas (s. S. 183).
Um 1000	Bis zum 9. Jh. siedeln die Küstenbewohner noch einigermaßen sicher auf künstlich aufgeworfenen Erdhügeln, den sogenannten Warften oder Wurten. Das Ansteigen des Meeresspiegels sowie die Senkung der Küste sorgen für zunehmende Überflutungen. Der gemeinschaftliche Deichbau zum Schutz des Landes beginnt. Der **Goldene Ring** um Friesland entsteht.
13. Jh.	Um 1200 führen die Niederländer das Verfahren zur Backsteinherstellung in Ostfriesland ein. Im Verlauf des Jahrhunderts entsteht eine große Zahl mächtiger Kirchenbauten. Ab Beginn des 13. Jh. entwickeln sich autonome ostfriesische Landesgemeinden. Im Schutz der Deiche blühen Wirtschaft und Handel, Ackerbau und Viehzucht. Um 1250 schließen sich verschiedene ostfriesische Gebiete zum *Upstalsboomverband* zusammen. Einmal im Jahr entsenden sie ihre Abgesandten zum Upstalsboom (bei Aurich). An dieser Thingstätte wurde – im Gegensatz zum feudalistischen Resteuropa – Demokratie praktiziert: Gesetze beschlossen, Streitigkeiten geschlichtet, Verträge ausgehandelt.

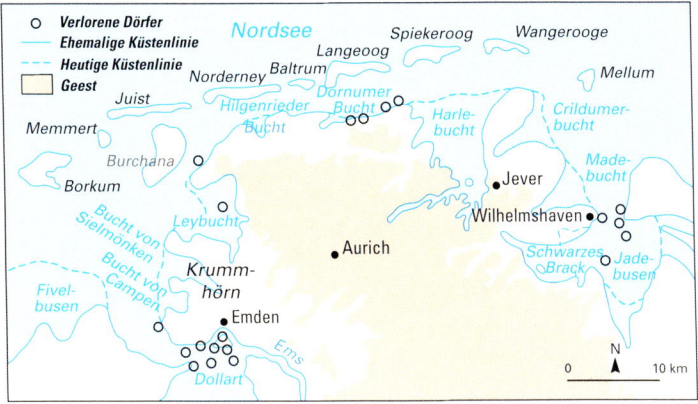

Ostfriesische Küstenlinie im Mittelalter

14. Jh. Ab Mitte des Jahrhunderts gewinnen einzelne Bauerngeschlechter an Einfluß. Die auf politischer Gleichheit basierende Ordnung der landesgemeindlichen Freiheit zerbricht, die Herrschaftsgewalt geht auf Häuptlinge, die Vorstände mittlerweile mächtiger Familiendynastien, über. 1362 verwüstet die zweite Marcellusflut, auch die »Große Manndränke« genannt, die Küste und zerreißt die Großinsel **Bant**, die zur Zeit Karls des Großen die heutigen Inseln Borkum, Memmert, Juist und die Westspitze Norderneys umfaßt haben soll. Der verbliebene Rest war spätestens ab 1667 nicht mehr bewohnt und existiert heute nur noch als Sandbank. 1376 übernimmt Ocko I. tom Brook die Herrschaft über Brookmerland und Aurich. Die Ostfriesischen Inseln »Borkyn, Iust, Burse, Osternde, Balteringe, Langoch, Spiekeroch ende Wangeroch« werden 1398 in einer Aufzählung der Besitztümer des ostfriesischen Landesherrn Widzel tom Brook erwähnt.

15. Jh. Wegen zunehmender Seeräuberei vor der ostfriesischen Küste greifen die geplagten Hansestädte ein. Sie senden Schiffe aus, um die »Vitalienbrüder«, eine Kampfgenossenschaft von Piraten, zu bekämpfen. In den Jahren 1400 und 1401 erleiden die mit ostfriesischen Häuptlingen verbündeten Seeräuber schwere Niederlagen gegen die Hanse. Einer ihrer Hauptleute, Klaus Störtebeker, wird vor Helgoland geschla-

35

»Anfangs rauschte das Meer...«

Ostfriesland zur Zeit der Römer

Nachdem Julius Cäsar im Jahre 59 v. Chr. zum römischen Konsul ernannt worden war, machte er sich sogleich an die Eroberung des Landes, das ihm als Basis für seine politischen Ambitionen in Rom dienen sollte. In den Jahren 58–51 v. Chr. unterwarf er ganz Gallien, nur ein kleines Dorf – so will es ein berühmter Comic – hielt dank seiner beherzten Bewohner und eines stärkenden Zaubertrankes den römischen Truppen stand. Eine nicht zu verachtende Leistung, zumal ganz Europa unter Cäsars Eroberungswut erzitterte. Bis zu seinem gewaltsamen Tod im Jahre 44 v. Chr. waren ganz Gallien, das heutige Belgien und Südholland bis zum Rhein römische Provinzen geworden.

Unter seinem Nachfolger Augustus lagen die germanischen Feldzüge u. a. in der Hand des Drusus Germanicus. Der griechische Geograph und Schriftsteller Strabo berichtet um 7 v. Chr. über dessen Erfolge: »Zwischen Saale und Rhein fand Drusus Germanicus nach glücklichen Kriegszügen sein Ende. Er überwältigte aber nicht nur die meisten Völkerschaften, sondern auch die Inseln, an denen man vorbeifahren mußte. Unter diesen war auch Byrchanis, das er nach einer Belagerung eroberte.« *Byrchanis,* später auch *Burcana* genannt, bildete den nordwestlichsten Vorposten des unbesetzten Germanien. Da sich Byrchana seinem Bericht zufolge ungefähr an der Stelle befand, wo ehemals die Großinsel Bant, heute aber die Insel Borkum liegt, ließen sich die Borkumer die Gelegenheit nicht entgehen, im Jahre 1993 sehr werbewirksam ihr 2000jähriges Inseljubiläum zu zelebrieren.

gen und im Oktober 1401 in Hamburg hingerichtet (s. S. 176). 1464 wird Ulrich I. Cirksena von Kaiser Friedrich III. mit Ostfriesland als Reichsgrafschaft beliehen, womit das Land erstmals in die feudale Hierarchie des Deutschen Reiches eingegliedert ist.

16. Jh. Zu Beginn des Jahrhunderts werden weite Teile der Küste durch Flutkatastrophen verwüstet. Dollart und Jadebusen reichen tief ins Land. Im Gefolge der Reformation kommt es in Ostfriesland ab 1520 zum Zerwürfnis zwischen Calvinisten und Lutheranern: Im Westen, vor allem in Emden, setzt

Nach dem Tod des Augustus um 14 n. Chr. übernahm Tiberius die Nachfolge. Er befahl die Wiederaufnahme der Angriffe gegen die freien Germanen, u. a. die Volksstämme der Cherusker (nördlich des Harzes, zwischen Weser und Elbe), der Friesen (westlich der Ems an der Nordseeküste) sowie der Chauken (zwischen Ems und Elbe an der Nordseeküste). Wiederum bildete die Ems das Einfallstor nach Germanien. In einem triumphalen Siegeszug konnte der Stiefsohn des Imperators, Drusus (der Jüngere), im Jahre 15 n. Chr. die Friesen und Chauken im Mündungsgebiet zwischen Ems und Weser unterwerfen. Dieses Mal stellten die Inseln vor der Küste kein Hindernis dar. Die Chauken wurden sogar in den römischen Heeresverband aufgenommen, um im folgenden Jahr den Hauptschlag gegen das freie Germanien zu unterstützen. Tacitus schildert die umfangreichen Vorbereitungen auf den geplanten Feldzug ebenso wie den kläglichen Untergang der riesigen römischen Flotte vor Borkum im Herbst des Jahres 16 n. Chr. »... Anfangs rauschte das Meer vom Ruderschlag der tausend Schiffe und man fuhr unter Segel. Bald aber ballte sich schwarzes Gewölk zusammen und schüttete Hagel aus. Zugleich brachen rings von allen Seiten Regenböen los ... hierauf kam ... das ganze Meer in des Südwindes Gewalt. Dieser packte die Schiffe, warf sie auseinander in die offene Nordsee oder nach den Inseln hin. ... Vernichtend war jene Niederlage, da sie in dem Umfange noch nie dagewesen.« Nach diesem Fehlschlag gab Rom den Plan einer Unterwerfung Niederdeutschlands erst einmal auf – gedankt sei in diesem Fall weniger dem Kampfgeist der Küstenbewohner als vielmehr der Wetterlage vor Borkum. Mit dem Ende der römischen Macht versank dieses Gebiet für fast ein Jahrtausend im geschichtlichen Dunkel.

sich unter dem Einfluß niederländischer Immigranten die calvinistische Ausprägung des Protestantismus durch, weiter im Osten gilt die lutheranisch geprägte Kirchenordnung. Emden profitiert von den Freiheitskämpfen der Niederländer gegen die katholischen Spanier: Dank zahlreicher Glaubensflüchtlinge, die neben ihren Schiffen auch Kapital und Handelsbeziehungen bringen, gelangt die Stadt zu einer wirtschaftlichen Blüte. In der Emder Revolution 1595 lehnen sich die reichen Städter gegen den schwachen Landesherrn auf, Emden erlangt die Unabhängigkeit.

17. Jh.   Um 1600 gewinnen die Cirksena, Landesherren in Ostfriesland, auch die Herrschaft über das Harlingerland. Im Jahre 1678 verleiht der Kaiser den ostfriesischen Landständen ein eigenes Wappen, das Upstalsboomwappen. Im 17. und 18. Jh. heuern viele Insulaner, allen voran die Borkumer, auf Hamburger und holländischen Walfangschiffen an (s. S. 64 f).

1717   Die Weihnachtsflut überschwemmt die Nordseeküste, die geschätzte Zahl der Opfer liegt zwischen 11 000 und 22 000.

1744   Carl Edzard, letzter Cirksena-Fürst, stirbt ohne Erben, Preußenkönig Friedrich der Große ergreift Besitz von Ostfriesland.

1797   Das erste deutsche Nordseebad wird auf Norderney gegründet.

Herren-Badestrand auf Norderney um 1860

1807–1813   Als im Verlauf der Napoleonischen Kriege der eroberungslustige Kaiser der Franzosen die Kontinentalsperre über England verhängt, die allen Handel und Verkehr mit der Kolonialmacht unterbindet, verdienen die Insulaner gut am Warenschmuggel zwischen dem damals britischen Helgoland und Hamburg. Nach der Niederlage Preußens gegen Napoleon gelangt Ostfriesland zunächst unter holländische, dann vorübergehend unter französische Herrschaft.

1815   Preußen tritt Ostfriesland samt sechs der Inseln an das Königreich Hannover ab (Wangerooge bleibt oldenburgisch). Der Regierungsbezirk Aurich entsteht. 1866 fällt Ostfriesland erneut an Preußen.

Ab 1856   Mit dem Ausbau der Eisenbahn bis Emden (1856), Norden (1883) und Norddeich (1892) steigt die Zahl der Badegäste auf den Inseln rasch an. 1856 nehmen zwei Raddampfer den regelmäßigen Fährverkehr zwischen Emden und Norderney auf. 1888 wird der Ems-Jade-Kanal zwischen Wilhelmshaven und Emden fertiggestellt. 1899 erhält Emden durch den Dortmund-Ems-Kanal Verbindung mit dem Ruhrgebiet und erlebt einen gewaltigen wirtschaftlichen Aufschwung als Massenguthafen.

1914–1918 Nach Kriegserklärung und Mobilmachung müssen alle Badegäste die Inseln verlassen, die Insulaner bleiben ohne Verdienstmöglichkeiten zurück. Noch vor Kriegsausbruch beginnt die militärische Befestigung von Wangerooge und Borkum. 1914 wird auf Wangerooge der alte Westturm, der feindlichen Fliegern als Orientierung dienen könnte, gesprengt. Die Inseln bleiben vor feindlichen Angriffen verschont.

1933–1945 In der Nacht vom 9. zum 10. Nov. 1938, der sogenannten »Reichskristallnacht«, werden jüdische Schulen und Synagogen in Brand gesteckt. Anfang der 40er Jahre werden die letzten Juden vertrieben oder deportiert, Ostfriesland wird für »judenfrei« erklärt. Wer nicht vorher emigriert ist, verschwindet in der Anonymität der Vernichtungslager. Ab 1940 werden Tausende von ausländischen Zwangsarbeitern zum Ausbau militärischer Anlagen auf die Inseln gebracht. Durch britische Bombenangriffe wird Emdens Altstadt im September 1944 völlig zerstört. Im April 1945 gehen auf Wangerooge fast 6000 Fliegerbomben nieder.

1946 Die Briten gründen das Land Niedersachsen, zu dem u. a. Ostfriesland gehört. Zwei Jahre später wird der Institution der »Ostfriesischen Landschaft« in Aurich, ursprünglich eine ständische Vertretung mit maßgeblichem staatlichen und politischen Einfluß, eine Verfassung als »Kulturparlament« gegeben. Die Aufgaben der 49 gewählten Abgeordneten liegen in den Bereichen Kultur, Natur und Umweltschutz. Wichtiges Ziel ist der Erhalt friesischer Traditionen und Bräuche.

1978 Im Zuge der Gebietsreform werden Ostfriesland und Friesland zum Regierungsbezirk Weser-Ems mit Sitz in Oldenburg zusammengeschlossen. Mit der Auflösung des Regierungsbezirks Aurich erlischt die traditionelle politische Eigenständigkeit Ostfrieslands.

1986 Gründung des Nationalparks Niedersächsisches Wattenmeer.

Wirtschaft

Die traditionellen Wirtschaftszweige in Ostfriesland sind die Fischerei, der Handel und die Landwirtschaft, die im Mittelalter zu bemerkenswertem Wohlstand einer Region führten, die heute zu den strukturschwachen Gegenden Deutschlands zählt – die Arbeitslosenquote liegt etwa ein Drittel höher als im Bundesdurchschnitt. Während auf den Inseln seit dem 19. Jh. alle traditionellen Wirtschaftszweige zugunsten des Fremdenverkehrs aufgegeben wurden, prägen entlang der Küste noch Fischkutter die idyllischen Sielhäfen, weiden Kühe und blühen Rapsfelder hinterm Deich. Landwirtschaft und Küstenfischerei sind trotz erheblicher Krisen neben dem Fremdenverkehr wichtig für die Wirtschaft an der Küste, nebenbei tragen sie wesentlich zur Attraktivität der Region als Urlaubsgebiet bei. Die Randlage Ostfrieslands, durch die der Region viel ursprünglicher Charme erhalten blieb, bedeutet zugleich schwerwiegende Standortnachteile für die einheimische Wirtschaft; die industrielle Revolution ging seinerzeit an Ostfriesland vorbei.

Wichtigster Industrieort ist Emden, das sich durch den Bau des Dortmund-Ems-Kanals, der den Seehafen mit dem Ruhrgebiet verband, ab Ende des 19. Jh. zum wichtigsten, deutschen Umschlagplatz für Kohle und Erze entwickelte. Größter Arbeitgeber der Region ist heute das Volkswagenwerk, dessen Beschäftigte fast die Hälfte der Industrieumsätze von ganz Ostfriesland erzielen (s. S. 150).

Fischerei

Den Kern der Fischerei im Wattenmeer bilden Krabbenfang und Miesmuschelfischerei. Die Zahl der Krabbenkutter ist, verglichen mit früheren Jahren, stark zurückgegangen (etwa 200 Schiffe im Bereich des ostfriesischen Wattenmeeres), dafür ist die Fangmenge der neueren Kutter erheblich gestiegen. Zum Fang werden die an etwa 8 m langen Eisenbäumen befestigten Schleppnetze beiderseits der Bordwände ausgelegt und in langsamer Fahrt ein bis zwei Stunden über den Boden der Wattströme gezogen. Zwar wird die Bodenfauna durch die relativ leichten Geschirre nicht wie beispielsweise bei der Herzmuschelfischerei zerstört, doch in dem engmaschigen Netz verfangen sich viele Jungfische – Schollen, Flundern und Seezungen. Solcher Beifang konnte durch schonende Fangmethoden in den letzten Jahren erheblich reduziert werden. Seither kommen z. B. selektiv fischende Netze zum Einsatz, in die grobmaschige Trichter eingenäht werden, durch die alle größeren Fische wieder herausgeführt werden. Die Muschelfischerei (1996 waren es sechs Schiffe im Bereich des ostfriesischen

Fischkutter in Greetsiel

Wattenmeeres) ist wegen ihres Schadens für die Wattenmeerfauna umstritten. Der »Muschelfarmer« nimmt Muschelbrut von Wildbänken und verpflanzt sie auf Kulturbänke. Dreijährig werden die Miesmuscheln mit Fangkörben (Muschelkurren) geerntet. Daß die Miesmuscheln samt der im Bereich der Muschelbänke lebenden Tierwelt in weiten Bereichen des Wattenmeeres verschwunden ist, wird der Überfischung ebenso wie Umwelteinflüssen, eis- und sturmreichen Wintern sowie dem Fraß von Eiderenten, Möwen und Austernfischern zugeschrieben. Völlig unvereinbar mit dem Nationalparkgedanken ist der Fang von Herzmu-

scheln. Die Fangschiffe pflügten den Wattboden mit schweren Stahlbügeln und Dredgen (Schleppnetzen) bis zu einer Tiefe von 5 cm regelrecht um. 1993 wurde der Herzmuschelfang im Bereich des Nationalparks eingestellt.

Landwirtschaft

»Ostfreesland is as ne Pannkoek, der Rand is't Best« (Ostfriesland ist wie ein Pfannkuchen, der Rand ist das Beste). Der dem Meer abgewonnene Marschgürtel ist extrem fruchtbar und hat seit Anbeginn der Küstenbesiedlung zu Wohlstand und einer gesunden großbäuerlichen Agrarwirtschaft geführt. Während bis zur Mitte dieses Jahrhunderts noch etwa die Hälfte der Erwerbstätigen Ostfrieslands in der

Tatort Nordsee

Die Nordsee ist ein vergleichsweise flaches Randmeer mit geringem Wasseraustausch. Von acht Industriestaaten umgeben, dient sie nicht nur als Schiffahrtsstraße, hochwertiges Fischereigebiet und Erholungszone für die Menschen, sondern auch als Ansiedlungsgebiet für Industrie- und Kernkraftwerke, als Müllkippe, Öl- und Gasförderungsfeld, militärisches Übungsgebiet, als Straße für den Transport von Öl und giftigen Chemikalien. Mit dem Ziel, der Zerstörung des Ökosystems Nordsee entgegenzuwirken, haben sich die Anrainerstaaten (auch die Schweiz als Land am Rhein, der in die Nordsee fließt) am Verhandlungstisch zusammengefunden, um im Rahmen internationaler Nordseeschutzkonferenzen (1984 in Bremen, 1987 in London, 1990 in Den Haag, 1995 in Esbjerg) darüber zu befinden, wie die Nordsee zu retten sei. Die bisherigen Beschlüsse, zu denen in der Bundesrepublik die Beendigung der Dünnsäure-Verklappung und der Abfallverbrennung auf hoher See zählen, werden von den Umweltschutzorganisationen überwiegend als »wertlose Absichtserklärungen« kritisiert. Beispielsweise sind Bestimmungen über Grenzwerte für Einleitungen von Giftstoffen mit unzähligen Fußnoten über Ausnahmeregelungen versehen, außerdem sind bereits einige Termine, zu denen Beschlüsse umgesetzt werden sollten, ergebnislos verstrichen.

Gifte wie Blei, Cadmium und Quecksilber reichern sich über die Nahrungsketten in den Organismen der Fische und Vögel an. Als im Eiswinter 1986/87 große Teile der Nordseeküste mit einer dicken Eisschicht bedeckt waren, verendeten Tausende von Austernfischern nicht nur durch Hunger, sondern auch, weil sie durch die beim Abbau ihres eigenen Fettgewebes freigesetzten Schadstoffe vergiftet wurden.

Landwirtschaft beschäftigt waren, sind es heute unter 10 %. Die Zahl der Höfe schrumpft, vor allem die kleineren Betriebe geben auf, und die verbleibenden Bauernstellen bewirtschaften größere Flächen.

Das Vieh ist seit altersher das Kapital der Marschbauern. Bereits vor dem Bau der ersten Deiche betrieben die Friesen und Chauken im Gebiet zwischen Weser und Ems Rinderzucht. Ostfrieslands »Schwarzbunte« steht heute bei Züchtern in aller Welt hoch im Kurs. Die Kühe weiden im Deichvorland, auf den Deichen grasen Schafe. Sie tragen zum Küstenschutz bei, indem sie das Gras

Eine enorme Gefahr für die Weltmeere geht von Chemie- und Öltankern aus. Im März 1989 lief der Tanker Exxon Valdez vor Alaska auf ein Riff und verlor 42 000 t Öl; aus dem im Februar 1996 vor der walisischen Küste leckgeschlagenen Tanker Sea Empress flossen 70 000 t Öl ins Meer. Die Gewässer der Deutschen Bucht, der Elb-, Weser- und Rheinmündung gehören zu den meistfrequentierten Schiffahrtsstraßen der Welt. Statistisch gesehen ist also eine Katastrophe im Wattenmeer, das von der Schiffahrtslinie zum Ölhafen Wilhelmshaven geschnitten wird, längst überfällig.

Für die alltägliche Ölverschmutzung verantwortlich ist das permanente Einleiten von kleineren Ölmengen. Unter Umgehung hoher Entsorgungskosten lassen Schiffe ihre Ölreste auf See ab. Den Preis zahlt die Tier- und Pflanzenwelt. Öl schädigt Fischeier, vergiftet Tiere mit kleineren Wunden, verklebt das Gefieder von Seevögeln, die unrettbar verloren sind. Auch zum biologischen Kreislauf gehörende Stoffe wie beispielsweise die Nährsalze Phosphat und Nitrat, die das Algenwachstum fördern, stören das empfindliche ökologische Gleichgewicht in der Nordsee. Die Algen dienen zwar vielen Tieren als Nahrung und produzieren Sauerstoff, bei ihrem Absterben werden sie aber von Mikroorganismen aufgezehrt, die ihrerseits jede Menge Sauerstoff verbrauchen. Das Phänomen des totalen Sauerstoffverlustes, des »Umkippens«, aus Binnenseen hinlänglich bekannt, bedroht die Nordsee. Sogenannte »Schwarze Flecken«, auf denen sämtliche höhere Bodenlebewesen abgestorben sind, breiten sich schon jetzt im Wattenmeer aus. Die Schuld ist nicht nur den Landwirten mit ihrer Gülle-Einleitung und dem übermäßigen Gebrauch von Dünger, der über die Flüsse in die Nordsee gelangt, zuzuschreiben. Von den etwa 400 000 t Stickstoff, die jährlich allein durch die Luft in die Nordsee gelangen, stammen über die Hälfte aus den Abgasen unserer Autos.

kurzhalten und die Deichböschung festtreten. Durch die Beweidung, die sowohl auf den Inseln wie auch an der Küste mit systematischer Entwässerung einhergeht, ist jedoch der Artenreichtum der Salzwiesen gefährdet. Naturschützer fordern dort aufgrund der akut bedrohten Bestände seltener Pflan-

zen- und Tierarten ein Weideverbot.

Zur Milch- und Viehwirtschaft kommt der Ackerbau, der allerdings nicht einmal ein Viertel der Fläche einnimmt. Angebaut werden hauptsächlich Raps, Weizen, Gerste, Mais und Hafer. Ein Großteil der Getreideproduktion findet

»Ja, wat is een Minschenleben!«

Strandräuber und Rettungsmänner

Seit alters her spielte die Bergung von Strandgut eine wirtschaftlich wichtige Rolle. Der Ruf »Schip up Strand« versetzte eine ganze Insel in helle Aufregung. Kein Wunder: Jahrhundertelang herrschte hier große Armut, und selbst in seltenen Zeiten des Wohlstands blieben viele Güter für einen Großteil der Insulaner unerschwinglich. Welch ein Glückstreffer, wenn ein hochbeladenes Handelsschiff auf die Sandbänke vor der Insel geworfen wurde. Aufgabe der seit dem Mittelalter von den jeweiligen Landesherren eingesetzten Strandvögte war es aufzupassen, daß das geborgene Gut rechtmäßig geteilt wurde: Ein Drittel der Beute sicherte er für die Obrigkeit, ein Drittel erhielten die Berger, ein Drittel stand dem Eigentümer der Ware bzw. des Schiffes zu. Freilich wurden angeschwemmte Güter auch gelegentlich ohne Wissen der Behörden geborgen und heimlich weggeschafft. Diese Strandräuberei galt unter den Insulanern keineswegs als unehrenhaft.

Was aber, wenn sich noch Überlebende an Bord der gestrandeten Schiffe befanden? Das Interesse der Insulaner konzentrierte sich in erster Linie auf die Ladung des Schiffes – die Schiffbrüchigen waren auf sich allein gestellt, es gab nicht einmal Rettungsboote. Ein Umdenken setzte erst wirklich ein, als beim Untergang des vollbesetzten Auswandererschiffes »Johanne« im November 1854 77 Menschen ums Leben kamen (s. S. 128). Weniger opferreich, aber nicht minder erschütternd war der Untergang der Brigg »Alliance« vor Borkum im September 1860. Während die Besatzung auf dem Schiff erbärmlich um Hilfe schrie, sammelten die Insulaner eifrig das herantreibende Strandgut ein. Als ein durch die Hilferufe alarmierter Badegast entsetzt fragte, warum sich niemand um die Rettung der Seeleute bemühe, erhielt er die saloppe Gegenfrage: »Ja, wat is een Minschenleben!« Mit den letzten Wracktrümmern trieben neun Leichen an den Strand. Die Berichte über den Untergang der »Alliance« in den deutschen Zeitungen, die sich auf den Badegast als Augenzeugen beriefen, erschütterten das ganze Land. Allerorten wurde der Ruf nach Errichtung von Rettungsstationen laut. Oberzollinspektor Georg Breusing schritt zur Tat, er gründete den »Verein zur Rettung Schiffbrüchiger in Ostfriesland«, der 1865 mit anderen Rettungsvereinen zur »Deutschen Gesellschaft zur Rettung Schiffbrüchiger« (DGzRS) vereint wurde.

Schock und Erschütterung
nach einem Schiffbruch
(Altarbild von Hermann
Buß in der Langeooger
Kirche)

Vorrangige Aufgabe der von Bremen aus arbeitenden DGzRS war die Stationierung von Rettungsbooten und -gerätschaften in Strandnähe. Von Anfang an finanzierte sich die Gesellschaft aus Spenden und freiwilliger Mitarbeit. Aus Strandräubern wurden Lebensretter, die oft genug ihr eigenes Leben aufs Spiel setzten. Zwar waren die eisernen Ruderboote durch eingebaute Lufttanks unsinkbar, aber die Männer waren doch der offenen See, den hereinbrechenden Wellen vollkommen ungeschützt ausgesetzt. Viele Rettungsmänner verloren bei den Einsätzen ihr Leben, selbst auf den heutigen modernen Seenotkreuzern, zuletzt bei einem Unglücksfall im Januar 1995, als das Borkumer Rettungsschiff »Alfred Krupp« auf dem Weg zu einem Notfall in einer Grundsee durchkenterte. Zwei der Rettungsmänner, Vormann und Maschinist, wurden dabei über Bord geschlagen, zwei weitere Besatzungsmitglieder konnten später verletzt geborgen werden. Seit Bestehen der DGzRS wurden rund 50 000 Menschen – Seeleute und Passagiere – aus Seenot gerettet.

als Futter in der Viehzucht Verwendung. Verschiedene Getreidesorten hochspezialisierter Saatgutveredler beispielsweise aus der Krummhörn genießen auch auf internationalem Gebiet hohes Ansehen.

Fremdenverkehr

Ab Ende des 19. Jh. entwickelte sich, zunächst nur auf den Inseln, der Fremdenverkehr zum wichtigsten Wirtschaftszweig. Den Anfang machte Norderney, wo bereits anno 1797 das erste Nordseebad gegründet wurde. Das zweite Seebad folgte 1804 auf Wangerooge, als letzte Insel wurde Baltrum, das Dornröschen der Nordsee, im Jahre 1876 »wachgeküßt«. Der Erste Weltkrieg versetzte dem Badebetrieb einen herben Rückschlag, und auch nach dem Zweiten Weltkrieg blieben die Gäste aus. Stattdessen fanden Tausende von Flüchtlingen aus dem Osten vorübergehend Unterkunft in den weitgehend vom Krieg verschon-

ten, nun aber leerstehenden Inselhotels und Pensionen. Erst allmählich nahm die Zahl der Gäste wieder zu, wurde auf allen Inseln das Kurangebot systematisch erweitert. Der Bauboom der 60er und 70er Jahre trug nicht überall zur Verschönerung des Ortsbildes bei, den ›rückständigen‹, spät entdeckten Inseln wie Spiekeroog und Juist kommt das damalige Desinteresse inselfremder Investoren heute zugute. Alle sieben Ostfriesischen Inseln sind mittlerweile staatlich anerkannte Nordseeheilbäder mit Meerwasserhallenbädern und Kurmitteleinrichtungen.

Seit den 60er Jahren haben sich auch die zum Teil sehr malerischen Küstenhäfen Greetsiel, Neßmersiel, Dornumersiel, Bensersiel, Neuharlingersiel und Carolinensiel zu beliebten Urlaubszielen gemausert. Auch sie sind fast alle staatlich anerkannte Nordseebäder (Bensersiel und Neuharlingersiel Nordseeheilbäder) mit entsprechender touristischer Infrastruktur, Kurangeboten und aufgespülten Sandstränden.

Für alle Bedürfnisse der Feriengäste gerüstet

Kunst und Architektur

Kaum jemand erwartet großartige Kunst- und Kulturschätze im kargen, von Sturmfluten geplagten, ganz und gar abgelegenen Ostfriesland. Zugegeben, einheimische Maler, Musiker, Schriftsteller oder Architekten, die über die Grenzen des Landes hinaus bekannt wurden, sind rar. Doch die Fülle kunsthistorischer Zeugnisse der glanzvollen, von hartnäckigem Freiheitswillen bestimmten ostfriesischen Geschichte ist überwältigend. Im Mittelalter nämlich konnte sich Ostfrieslands wirtschaftlicher und kultureller Reichtum durchaus mit dem der blühenden Landschaften im Südwesten Deutschlands messen, und die eigenwilligen Ostfriesen konnten es sich leisten, mächtige Kirchen zu errichten und sie mit Kunstschätzen auszustatten. Bezeichnend ist ihre Offenheit für Arbeiten auswärtiger Künstler, sei es aus den Niederlanden, aus Westfalen oder vom Niederrhein. Durch die abseitige Lage Ostfrieslands gelangten neue Stiltendenzen, die sich in Mitteleuropa bereits durchgesetzt hatten, mitunter fast um ein halbes Jahrhundert verspätet in den Nordwesten, vermischten sich bisweilen Elemente verschiedener Epochen miteinander.

Seit dem Mittelalter, ab etwa 1200, entstanden überall im Lande imposante steinerne **Kirchen** im romanischen Stil. Als Baumaterial nutzte man zunächst die großen Eiszeitfindlinge, aus denen man klobige Granitquader schlug. Später verwendete man für den Kirchenbau auch den leichter zu bearbeitenden Tuffstein, der per Schiff aus der Eifel herangeschafft wurde. Der Backstein, dem das rauhe, feuchte Küstenklima weit weniger als dem Tuff zu schaffen machte, setzte sich erst im Laufe des 13. Jh. durch. Dieses Jahrhundert gilt denn auch als der Höhepunkt des ostfriesischen Kirchenbaus. Die massiven, auf dem höchsten Punkt der Warfen errichteten Gotteshäuser boten den Menschen Schutz vor Sturmfluten und anrückenden Feinden. Viele dienten den Seeleuten jahrhundertelang als Orientierungspunkt. Der vorherrschende Bautypus war die Einraumkirche mit Kuppelgewölbe und einem freistehenden, zwei- oder auch dreigeschossigen Glockenturm. Ein integrierter Glockenturm hätte mit seinen Schwingungen auf Dauer wohl so manches Gotteshaus ins Wanken gebracht, da die künstlich aufgeworfene Warf kein massives Fundament bot.

Eine nennenswerte weltliche Baukunst entwickelte sich erst im späten Mittelalter, als einzelne Häuptlingsfamilien an Macht gewannen. Aus den schlichten Steinhäusern der Häuptlinge im 14. und 15. Jh. entwickelten sich im 16. Jh. repräsentative **Wasserburgen,** ein- bis vierflügelige Anlagen mit Vorburg und Park, die, nachdem ihre Wehrhaftigkeit Bedeutung verlor, teilweise zu hoheitsvollen **Schlös-**

Trachten aus Purpur, Gold und Edelsteinen

Im Mittelalter war (Ost)Friesland durch Viehzucht, Schiffahrt und Fernhandel so wohlhabend, daß es sich, der Überlieferung nach, mit den reichsten Gegenden Europas messen konnte. Nicht nur die Kirchen präsentierten weithin sichtbar Reichtum und Macht der ostfriesischen Bauern. Seit dem Mittelalter finden sich auch Hinweise auf ein in seiner Art einzigartiges Gold- und Silberschmiedekunsthandwerk. In Ost- und Westfriesland bildete sich im 14. und 15. Jh. ein Schmuckbedürfnis der bäuerlichen Bevölkerung heraus, wie es im übrigen Deutschland, möglicherweise in ganz Mitteleuropa nicht zu finden war. Bereits Karl der Große soll die »gemeinen Friesen« privilegiert haben, »Gold an ihren Häuptern und bis zu ihren Füßen herab zu tragen, so viel ein jeder bezahlen könne«. Im Verlauf der Jahrhunderte gerieten die Friesen in einen regelrechten Goldrausch. Dem Chronisten Eggerik Beninga zufolge sollen die Schwestern des Häuptlings Ocko tom Brook bei einem Besuch in Neapel im Jahre 1376 mit ihrem prachtvollen Schmuck die Bewunderung der Königin von Neapel geweckt haben. Nur drei Jahre zuvor war bei der verheerenden Dionysiusflut das reiche Marktdorf Westeel mit fünf Goldschmieden von der Nordsee verschlungen worden, in dem Dorf Torum im Bereich des Dollart sollen zu Beginn des 16. Jh. nicht weniger als acht Goldschmiede ansässig gewesen sein. Die Frauen dieser Gegend trugen nicht nur an Feiertagen kostbaren Schmuck. Sie schmückten sich auch im Alltag mit goldenen Spangen, Ketten, Ohrringen und Armbändern.

sern umgebaut wurden. Nur wenige der Prunkbauten sind noch erhalten, so beispielsweise in Dornum, Groothusen, Lütetsburg und Pewsum. Im 16. Jh. wurden in blühenden Handelsstädten wie Emden prächtige, stark durch die niederländische Baukunst geprägte **Bürgerhäuser** aus Sandstein und Backstein errichtet. Die üppig verzierten, fensterreichen Fassaden demonstrieren den Reichtum eines Standes, der durch Handel zu Macht und Ansehen gelangt ist. Doch auch von diesen Bauten haben nur wenige die Jahrhunderte überdauert. Zu nennen sind das Pelzerhaus in Emden sowie das Schöninghsche Haus in Norden (s. S. 153 und 185).

Aus der Mitte des 16. Jh. ist ein regelrechtes »Modejournal« überliefert, das uns eine lebhafte Vorstellung davon vermittelt. Der ostfriesische Häuptling Unico Manninga ließ damals in seiner »Lütetsburger Hauschronik«, auch unter dem Namen »Manninga-Buch« bekannt, eine Reihe von Trachten farbig abbilden, denn er stellte zu seinem Bedauern fest, daß sie zunehmend aufgegeben wurden. Was für eine Pracht! Die Gewänder der Frauen aus den vornehmen Familien waren über und über mit Goldplatten besetzt, so daß sie fast einem Panzer glichen, der auch dann noch aufrecht stand, wenn man ihn abgelegt hatte. Auf rotem, bisweilen auch grünem Kleid trugen die Frauen einen goldenen Brustschild sowie ein als »Schersson« bezeichnetes Geschmeide, runde oder eckige Goldplatten, mit denen die Kleider in vier bis zehn Reihen von oben bis unten besetzt waren. Ein diademartiger, mit Edelsteinen verzierter goldener Stirnschmuck, »Pael« genannt, vervollständigte die kostbare Ausstattung. Über den Schultern hingen schwere Goldketten, und sogar Strümpfe und Schuhe waren mit Silberschmuck, Perlen und Edelsteinen verziert. Die Frauen trugen ihr Vermögen bzw. das ihrer Männer für jeden (auch mögliche Freiern) sichtbar auf dem Leibe. Diese ungewöhnlich aufwendige Kleidung diente auf diese Weise also gleichermaßen der Repräsentation wie der Kapitalanlage.

Erhalten geblieben ist nichts von dieser Pracht, das Manninga-Buch aber zählt zu den frühesten Zeugnissen überlieferter Volkskunst. Seit Anfang der 80er Jahre trägt die Volkstanzgruppe Krummhörn eine Nachempfindung der im Manninga-Hausbuch abgebildeten Tracht, die Goldplatten sind allerdings durch golddurchwirkte, reichverzierte Borten ersetzt. Auch der Auricher Heimatverein beschwört mit dieser Kleidung Erinnerungen an goldene Zeiten herauf.

Ostfriesland ist Windland, ist Mühlenland. Die **Mühlen** wurden genutzt, um Korn zu mahlen, Öl zu pressen, Muschelkalk zu zerkleinern und Holz zu sägen. Kleinere Mühlen bewegten (nach niederländischem Vorbild) als Wasserhebewerke sogenannte archimedische Schnecken zur Entwässerung tiefgelegener Ländereien. Viele der mächtigen, in den letzten Jahren aufwendig restaurierten, zum Teil noch funktionstüchtigen Bauwerke erfreuen sich großer Beliebtheit als Museen, Teestuben oder auch als Unterkünfte. Urkundliche Erwähnung finden ostfriesische Mühlen erstmals im 15. Jh., ohne Zweifel hat es hier aber schon weit früher die ersten den Wind nutzenden

Windmühle auf Norderney

Schöninghsches Haus in Norden

Bauwerke gegeben. Die Mühlen dieser Zeit gehörten zum Typ der sogenannten Bockwind- oder Ständermühlen, bei denen das ganze Mühlenhaus um einen Ständerbalken in den Wind gedreht werden mußte. Erst in der ersten Hälfte des 18. Jh. verbreitete sich von Holland her ein neuer Typ mit feststehendem Mühlenkörper, auf dem nur die Kappe mit den Flügeln in den Wind gedreht wurde. Ihre größte Zeit hatten die Mühlen Ostfrieslands gegen Ende des 19. Jh. Zu dieser Zeit sollen fast 500 Exemplare allein im Regierungsbezirk Aurich ihre Flügel in die Luft gestreckt haben. An der Stellung des Flügel-

kreuzes konnte man übrigens schon von weitem erkennen, ob eine Mühle betriebsbereit war, ob eine längere Arbeitspause, Reparaturarbeiten oder der wohlverdiente Feierabend anstand, sogar freudige Ereignisse in der Familie, Trauer und Protest kann es signalisieren.

Auf dem Land hat sich bis in unser Jahrhundert ein Gebäudetyp erhalten, der vor allem in der fruchtbaren, landwirtschaftlich geprägten Marsch gewaltige Dimensionen aufweist. Die sogenannten **Gulfhöfe** wirken wie mächtige Residenzen und spiegeln den Wohlstand einer Zeit wider, als ein Großbauer noch Herrscher eines wahren Imperiums war. Die stattlichen Höfe bergen Wohn-, Stall- und Scheunenbereich unter einem Dach. Auf beiden Seiten bis fast zur Erde hinuntergezogen, gewährt es Mensch und Vieh Schutz vor den Stürmen, die im Herbst und Winter über das platte Land fegen. Den Mittelpunkt des Hofes bildet der sogenannte Gulf. Zwischen vier ein Rechteck bildenden Ständerbalken befinden sich zum Dach hin offene, hohe Räume, die der Lagerung von Heu und Futtermitteln sowie der Unterbringung des Viehs dienten. Der Erhalt der riesigen Höfe ist kostspielig, der Bau eines neuen Maschinenschuppens oder Stallgebäudes kommt heute billiger als die Bewahrung der alten Bausubstanz. So entdeckt man auf der Fahrt durch die fruchtbaren Marschgebiete auf dem Festland nicht selten verfallene Höfe mit offenen Dächern, die den Blick freigeben auf ein ausgebleichtes Gerüst verrottender Balken.

Auf den Inseln standen jahrhundertelang fast nur niedrige **Fischerhäuser** mit tiefgezogenen Dächern und winzigen Fenstern. Manche Inselhäuser waren für den Fall einer Sturmflut mit einem Schwimmdach ausgestattet, das sich nach dem Lösen der Verbindungen zum Unterbau mit steigender Flut hob und Mensch und Vieh als Rettungsfloß dienen konnte. Die malerischen Fischerhäuschen sind selten geworden, sie fielen dem Tourismus zum Opfer, der größere, modernere Wohneinheiten erforderlich machte.

Sprache, Bräuche und Traditionen

Die Ostfriesen, die jahrhundertelang mehr der See und dem niederländischen Nachbarn als den deutschen Landen verbunden waren, haben viele merkwürdige Bräuche und Sitten. Zuallererst aber wird der Besucher sich über die Sprache wundern, in der man sich so herzlich wie in keiner anderen Gegend Deutschlands einen Schönen Tag wünschen kann. Fremdländisch und höchst eigenwillig klingen die Namen, wobei man in vielen Fällen nicht einmal sagen kann, ob es sich um eine Frau oder einen Mann handelt.

Platt am Watt

Bis ins 14. Jh. sprach man in Ostfriesland friesisch, das dann durch das Niederdeutsche verdrängt wurde. Das Friesische hat sich nur noch in Teilen der Niederlande erhalten, im ostfriesischen Raum ist es ausgestorben. Das Niederdeutsche wurde seinerseits in der Reformationszeit – zunächst nur als Amts- und Schriftsprache – zugunsten des Hochdeutschen aufgegeben. In den südwestlichen, calvinistisch-reformierten Bereichen Ostfrieslands ging man zum Niederländischen über, in Emden wurde sogar noch bis 1879 niederländisch gepredigt. Aus dem Niederdeutschen entwickelte sich das ostfriesische Platt mit vielen friesischen und niederländischen Wörtern und Wortformen. Vom Hochdeutschen an den Rand gedrängt, wird es heute von Kulturvereinen und Volkshochschulen wieder bewußt gepflegt und in Sprachkursen angeboten. Viele plattdeutsche Wörter gehören zum Leben an der Küste einfach dazu. Auch wer erst ein paar Tage an der Nordsee ist, bringt lieber ein munteres »Moin, Moin!« als ein artiges »Guten Tag« hervor. »Moin« hat übrigens nichts mit »Morgen« zu tun. Es entstand aus dem Gruß »Ik wünsch Di een moien Dag!«, *moij* bedeutet also schön.

Ostfriesisches Sonntagsvergnügen: Boßeln

Klootschießen und Boßeln

Lüch up und fleu herut! – »Nimm auf und laß fliegen« – heißt das Motto beim Klootschießen, wenn Mann gegen Mann, Dorf gegen Dorf, Land gegen Land zum Klootschießen, dem ostfriesischen Nationalsport, antreten. Es ist ein reines Wintervergnügen, wie überhaupt die meisten der traditionsreichen Sportarten in der kalten Jahreszeit ausgeübt werden, wenn die Bauern über Freizeit verfügen. Die Mannschaften versammeln sich möglichst direkt hinterm Deich, von dort geht es über hartgefrorene Marschwiesen querfeldein. Das Ziel des Spiels besteht darin, den *Kloot,* eine dreimal durchbohrte, mit Blei ausgegossene, knapp 6 cm große und fast ein Pfund schwere Hartholzkugel von einem Ab-

sprungbrett soweit wie möglich zu schleudern. Ein geübter Werfer wirft gut 80 m. Nach dem Aufschlagen »trüllern« die Kugeln noch 50–80 m weiter. *Flücht un Trüll*, der Flug und das Ausrollen, ergeben zusammen die Wurfweite. Der Ursprung des Klootschießens liegt im Dunkeln. Eine Urkunde aus dem Jahre 1510 berichtet von einem Unfall, bei dem der Kloot einen Zuschauer ins Gesicht traf und ein blaues Auge hinterließ.

Die Zuschauer, die »Käkler un Mäkler«, sind heute wie damals in großer Zahl dabei, um ihre Mannschaften anzufeuern und die Würfe zu kommentieren. Sie sind auch beim Boßeln auf der Landstraße dabei. Bei diesem Spiel wird eine Holz- oder Hartgummikugel mit einem Durchmesser von 9,5–12 cm vorwärts getrieben. Jede Mannschaft besteht aus vier oder fünf Spielern, die die Kugel dort wieder aufnehmen, wo sie liegenblieb, und weiterwerfen. Die Wurftechnik ähnelt der des Kegelns. Die Mannschaft, die die wenigsten Würfe für eine bestimmte Strecke braucht, hat gewonnen.

Erklärungen für die ostfriesische Wurflust gibt es einige. Vermutlich waren es zunächst einfache, aus Lehm geformte Wurfgeschosse, mit denen Angreifer vertrieben wurden. Möglicherweise haben die Küstenbewohner aber auch an langen Leinen befestigte Kugeln dazu benutzt, im Meer treibendes Gut an Land zu ziehen: Ein triftiger Grund, das Weitwerfen zu üben.

Die Kunst des Müßiggangs

Der Tee ist das Nationalgetränk der Ostfriesen. Während der Bundesbürger im Durchschnitt 220 g Tee pro Jahr konsumiert, sind es fast sieben Pfund pro Kopf in Ostfriesland. Das Teetrinken ist eine Lebenseinstellung, ein Grundrecht, eine Zeremonie. Man trinkt nicht irgendeinen Tee, vor allem nicht irgendwie. Alte Sprichwörter lassen keinen Zweifel daran, wie der Tee sein muß: »Tee as Öllje, een Kluntje as'n Sliepsteen und Rohm as'n Wullkje«: So dickflüssig und goldbraun wie Öl muß er sein, das Stück Kandis so groß wie ein Schleifstein und obendrauf Sahne wie eine hingetupfte Wolke. Nicht nur die Zutaten zählen, es kommt auch auf die richtige Reihenfolge an. Zuerst gibt man ein Stück Kandis in eine Tasse aus feinem Porzellan. Darüber wird der heiße Tee gegossen, so daß der weiße Kristall knisternd und knackend zerspringt. Es folgt die Sahne, die sich einer Wolke gleich spielerisch verbreitet. An dem Drang, die ganze Herrlichkeit zu einem süßen Nichts zu verrühren, erkennt man den Banausen, denn – das weiß jedes Ostfriesenkind – Umrühren ist Todsünde und vernichtet den Genuß. Teetrinken ist ein Fest der Sinne in mehreren Etappen: zuerst die milde, kühle Sahne, dann der heiße, bittere Tee und schließlich die aufsteigende himmlische Süße. Auf den verbliebenen Kandis wird wieder Tee gegossen, im Idealfall reicht er für

Traditionelle ostfriesische Teekanne

rung von Knechten, Matrosen und Mägden in die benachbarten Niederlande stand zu befürchten. Sie waren nicht bereit, auf eine der »wahren Bequemlichkeiten des Lebens« zu verzichten.

Zu den Ursachen für die leidenschaftliche Liebe zum Tee zählt sicherlich die schlechte Qualität des Trinkwassers. Das Wasser in den häufig von Salzfluten überspülten Marschen stammte aus mit Torf verkleideten Brunnen und Zisternen und mußte abgekocht und ›aromatisiert‹ werden – aus der Not machten die Ostfriesen eine Tugend. Heinrich Heine beschreibt sie als eigenwillige Menschen, die »wohlverwahrt in wollenen Jakken, herumkauern und Tee trinken«, während draußen die Nordsee gegen die Küste tobt.

Als die Nationalsozialisten während des Krieges die Lebensmittelrationen einführten, genehmigten sie den Ostfriesen ohne lange Debatten drastisch höhere Teerationen als dem Rest der Nation. So sind sie auch in Notzeiten immer hartgesottene Teetrinker geblieben. Die alteingesessenen Tee-Importeure in Emden (Thiele & Freese, gegründet 1873), Leer (Firma Bünting, seit 1806) und Norden (Onno Behrends, seit 1887) komponieren hochgepriesene Teemischungen. Typischer Ostfriesentee ist dunkel und recht herb. Kräftige Assams aus Indien bilden die Grundlage, die – je nach Sorte – mit blumigen Tees aus Darjeeling und Ceylon (Sri Lanka) gemischt werden.

alle Tassen. »Dree ist Ostfreesenrecht« – und drei Tassen Tee werden einem mindestens angeboten. Erst danach ist es erlaubt, den Löffel in die Tasse zu stellen.

Über die Niederlande, die im 17. Jh. mit ihren Handelsschiffen die Weltmeere bis nach Fernost befuhren, kam der Tee aus China nach Ostfriesland. Als im Jahre 1777 der Preußenkönig den Ostfriesen das gesundheitsschädigende »Drachengift«, das die Küstenbewohner in »barbarischen Mengen« schlürften, per Erlaß untersagte, tadelte er unter anderem, daß das Teetrinken Männer wie Frauen dazu verleite, stundenlang dem Müßiggang zu frönen. Zwei Jahre später mußte das Verbot wieder aufgehoben werden, die Abwande-

Inseln und Küste

»Ich liebe das Meer wie meine Seele«
Heinrich Heine (1826 auf Norderney)

Die Inseln

Borkum

Juist

Norderney

Baltrum

Langeoog

Spiekeroog

Wangerooge

Am Strand von Wangerooge

Borkum

Spaziergang über die Strandpromenade zum Neuen Leuchtturm, dem Wahrzeichen der Insel • Auf den Spuren der Walfänger ins »Dykhus« und zu den Gräbern am Alten Leuchtturm • Wanderung durch die Greune Stee, Besichtigung des Feuerschiffs Borkumriff • Zum Vogelparadies Tüskendörsee und zu den Bauernhöfen im Ostland.

Zwei Stunden ist die tideunabhängige Fähre von Emden nach Borkum unterwegs zur westlichsten und größten Ostfriesischen Insel, die als einziges Eiland in der südlichen Nordsee Hochseeklima bietet. *Mediis tranquillus in undis –* »Ruhig inmitten der Wogen« heißt es in ihrem Wappen, das neben einem roten Leuchtturm zwei Wale schmücken. Sie erinnern an die Blütezeit Borkums im 18. Jh., als auf der Insel wohlhabende Kommandeure ihre schmucken Häuser mit Zäunen aus mächtigen Walknochen umgaben.

Inselgeschichte

Zunächst machte Borkum nur als Teil einer wesentlich größeren Insel namens *Bant* Schlagzeilen. Durch die Berichte griechischer und römischer Geschichtsschreiber, die um die Zeitenwende Truppen der Römer auf ihren Eroberungszügen gegen Britannien und das freie Germanien begleiteten, tritt Bant – von den Römern *Burchana* genannt – das erste Mal ins Licht der Weltöffentlichkeit. Der Geograph und Schriftsteller Strabo beschreibt um 7 v. Chr. den Kriegszug des älteren Drusus, der Burchanis »nach einer Belagerung eroberte« (s. S. 36). Kaum zu glauben, daß sich ein römischer Feldherr die Mühe gemacht haben soll, eine der Sandinseln vor der Küste zu erobern. Doch auch der Schriftsteller und Geograph Plinius der Ältere (23–79 n. Chr.) erzählt, daß die 23 der friesischen Küste vorgelagerten Inseln den römischen Soldaten »durch Krieg bekannt« wurden und erwähnt, daß die berühmteste von ihnen *Burchana Fabria,* die Bohneninsel, genannt werde.

Erst zur Zeit der Kreuzzüge hören wir wieder etwas von Borkum. Um 1227 sammelte sich hier die Flotte der friesischen Kreuzfahrer zum fünften Kreuzzug, um Fried-

Strandpromenade mit Leuchtturm

rich II. (1194–1250) im Kampf um das Heilige Land zu unterstützen. Mit ihrer Hilfe – und viel diplomatischem Geschick – wurde der Staufer im Jahre 1229 zum König von Jerusalem gekrönt. Auch zum weniger erfolgreichen siebten Kreuzzug unter Ludwig IX. (1214–1270) sammelte sich das friesische Kontingent anno 1269 vor Borkum.

Im 12. und 13. Jh. zerschlugen, so vermutet man, mehrere schwere Sturmfluten die Großinsel Bant und ließen die Restinseln *Borkyn, Juist, Bant, Buise* und *Osterende* entstehen. In einer Lehensurkunde aus dem Jahre 1398, die die Besitztümer des Häuptlings Widzel tom Brook aufzählt, werden sie urkundlich erstmals erwähnt. Im 16. Jh., der Zeit von Reformation und Religionswirren, entwickelte sich Emden zur blühenden Hafenstadt, der Schiffsverkehr auf der Ems nahm stark zu. Um den fremden Schiffsführern den Weg durch die gefährlichen Gewässer des Wattenmeeres zu weisen, wurden Seezeichen immer wichtiger. Unter anderem erhöhte man den Borkumer Kirchturm – mit Ziegeln, die ursprünglich für den Bau des neuen Emder Rathauses vorgesehen waren. Schon vorher waren auf Borkum drei Kaaps als Landmarken für die Schiffahrt errichtet worden (das heute noch vorhandene Kleine und das Große Kaap wurden erst im letzten Drittel des 19. Jh. gebaut).

Die Insulaner selber profitierten kaum von ihrer strategisch bedeut-

samen Lage. Erst zu Beginn des 18. Jh. tat sich ihnen eine Möglichkeit auf, Ruhm und Reichtum zu erwerben. Sie heuerten auf Walfangschiffen an, die Kaufleute in Emden, Hamburg und den Niederlanden ausrüsteten. Die goldene, mit viel Leid erkaufte Ära währte jedoch kein Jahrhundert, und ihr folgte eine Zeit unvorstellbaren wirtschaftlichen Elends.

Während auf Norderney schon 1797 Deutschlands erstes Nordseebad etabliert worden war, tauchten auf Borkum die ersten Badegäste erst in den 1840er Jahren auf. Außer der Heilkraft der guten Luft und des Salzwassers wurde kaum etwas geboten, Vergnügungen, Tanz oder Konzerte gab es nicht. Dennoch erfreute sich Borkum bald zunehmender Beliebtheit

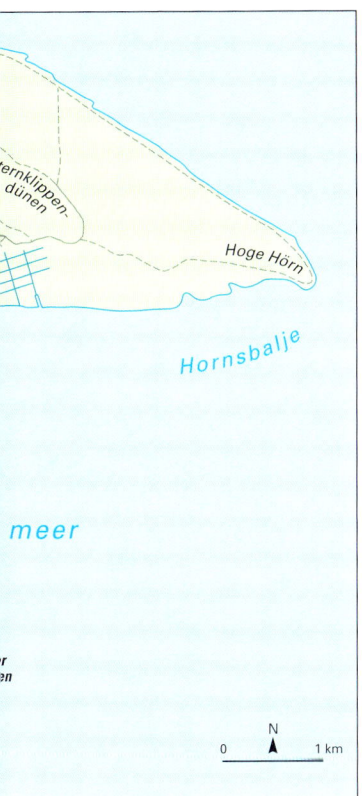

ernklippen-
dünen

Hoge Hörn

Hornsbalje

meer

N
0 ▲ 1 km

Borkum

rock und Pantoffeln mit Hut, Frack und Stiefeln gleichen Wert. Hier gilt, gottlob, ein nicht geschorener Bart dem glattrasierten Kinn völlig gleich …«.

Stadtbummel

Vom Borkumer Hafen im Süden der Insel fährt die historische Inselbahn in das 7,5 km entfernte Städtchen **Borkum.** Der Zug quert das Wattenmeer auf einem Damm und passiert die Woldedünen, in denen der berühmte Seeräuber Klaus Störtebeker seine Schätze vergraben haben soll. Der 1888 erbaute Inselbahnhof liegt mitten im Herzen der Stadt.

Borkums zum großen Teil moderne, bunt zusammengewürfelte Architektur findet in der Reiseliteratur kaum Erwähnung. Um so überraschter entdeckt man dann an der **Strandpromenade** edle, blendendweiße Hotelfassaden aus der Zeit um die Jahrhundertwende. Auf der breiten Promenade oberhalb des ausgedehnten, weißen Sandstrandes mit den bunten Strandzelten (s. Umschlagbild) sollte man den Bummel beginnen. In einem hübschen Pavillon werden im Sommer regelmäßig Konzerte gegeben, denen man auf den See-

bei Erholungssuchenden, denen Norderney entweder zu teuer oder zu vornehm war. Ein Chronist der Ostfriesischen Zeitung preist 1850 die Vorzüge des Borkumer Badelebens: »In Borkum lebt man für wenig Geld gut und ungeniert. Hier fühlt man den Druck der sogenannten Etikette nicht. Hier kleidet sich ein jeder, wie es ihm beliebt. Hier haben Nachtmütze, Schlaf-

terrassen des Promenadencafés lauschen und dabei die Aussicht über den Badestrand und die weiten, vorgelagerten Sandflächen bis zur Seehundbank »Hohes Riff« genießen kann. Von der Promenade zweigt die Strandstraße ab zur Kurverwaltung und zu dem von einer freien Dünenwiese umgebenen **Neuen Leuchtturm,** dem Wahrzeichen Borkums. Der 60 m hohe Turm wurde im Jahre 1879 in einer Rekordzeit von nicht einmal sieben Monaten aus 1,7 Mio. Ziegeln erbaut und strahlt nun mit einer 1500-Watt-Lampe mehr als 45 km weit übers Meer. Genau 315 Stufen sind bis zur Aussichtsplattform zu erklimmen. Bei klarem Wetter

Gartenzaun aus Walkinnladen

reicht der Blick bis zum 20 km entfernten Festland (April–Okt. tgl. 10.30–11.30 Uhr und 15–17.30 Uhr; Mo, Mi, Fr, Sa auch 19–21 Uhr; Rest des Jahres: Di, Fr, So 15–16.30 Uhr).

Vom Leuchtturm führen mehrere Straßen ins **Altdorf.** Auf dem Weg dorthin passiert man in der Wilhelm-Bakker-Straße am evangelisch-reformierten Pfarrhaus, kurz vor dem Alten Leuchtturm, einen Gartenzaun aus mächtigen altersgrauen Knochen – den Kinnladen von Walen. Solche außergewöhnlichen Zäune gab es früher viele, um 1900 zählte man noch mehr als 600 Walkinnladen auf Borkum. Die schwergewichtigen Knochen waren keineswegs nur als Andenken gedacht. Da sie eine Menge Tran enthielten, der nur langsam heraustropfte, wurden sie auf der

Rückfahrt an den Mast gebunden, der Tran lief in daruntergestellte Eimer und brachte dem Kapitän einen guten Zusatzverdienst ein.

Im 18. Jh. stand hier das Haus des Walfang-Kommandeurs Roelof Gerritz Meyer, der auf 42 Grönlandfahrten mit seiner Mannschaft 270 Wale erlegte. Als er im Jahre 1765 von einer besonders glücklichen Fahrt mit der enormen Beute von 15 Walen zurückkehrte, schenkte er seiner Gemeinde zwei silberne Abendmahlsbecher, die bis heute in Gebrauch sind. Seiner furchtlosen Frau Trientje soll es übrigens zu verdanken sein, daß ein Überfall des »Schwarzen Rolf« mit seiner Piratenbande erfolgreich abgewehrt wurde. Als die gierigen Gesellen die »Fraueninsel« – alle Männer, vom zehnjährigen Jungen bis zum rüstigen Greis, befanden sich auf Grönlandfahrt – ansteuerten, wurden sie frühzeitig entdeckt. Auf Trientjes Rat hin verkleideten sich die Borkumerinnen als Männer, zerrten eine alte Schiffskanone auf die Düne und zielten auf die Piraten. Die Kugel zertrümmerte das Boot. Die List hatte Erfolg, die Piraten ließen sich auf die ausgehandelten Friedensbedingungen ein und kamen einzeln an Land, wo sie mit starken Tauen gefesselt wurden. Nur ein Räuber soll heimlich von einer jungen Insulanerin befreit worden sein, die sich in ihn verliebt hatte. Mit seiner Hilfe entkamen die Piraten, machten ein Boot zur Ausfahrt klar, kenterten aber in einem Sturm und ertranken

Walfängergräber am Alten Leuchtturm

ohne Ausnahme. Trotz dieser einen Schwäche steht die Moral der Borkumer Frauen in der mannlosen Zeit außer Frage. In der Blütezeit des Walfangs 1713–1783 ist kein einziger Fall einer unehelichen Geburt in den Kirchenbüchern zu finden.

Trutzig erhebt sich der 42 m hohe **Alte Leuchtturm** auf der historischen Kirchwarf. Hier stand bis 1903 die Inselkirche mit dem Friedhof, auf dem allerdings die letzten Toten schon im Jahre 1873 begraben wurden. Bei den erhaltenen, von verwitterten Walknochen umstandenen Grabsteinen mit eingravierten Totenköpfen handelt es sich nicht um die letzte Ruhestätte ruchloser Piraten, sondern um Grä-

Der Walfang

»Up Moord un Dootslag in Grönland«

Mit diesem Abschiedsgruß fuhren die Inselfriesen zwischen Sylt und Borkum im 18. Jh. auf den Schiffen Emder, Hamburger und Amsterdamer Kaufleute auf Walfang in den hohen Norden. Von den Ostfriesischen Inseln stellte Borkum das Hauptkontingent für den Walfang. Die seegewohnten Insulaner verdingten sich überwiegend in führenden Stellungen. In einem Bericht über die Borkumer Walfänger heißt es im Jahre 1767: »… ein Borkumer gibt nicht gern einen einfachen, schlichten Matrosen ab, sondern bewirbt sich lieber um ein Officium auf den Schiffen, welches sie unter sich Officiers nennen, es sei Commandeur, Harpunier, Bootsmann etc.« Im Verlauf von einem Jahrhundert zählte man rund 100 Kommandeure (das heißt Kapitäne) aus Borkum.

Mitte März bis Anfang April zogen die Walfänger aus, um fast ein halbes Jahr den rauhen Naturgewalten im eisigen Nordmeer zu trotzen. Sie fuhren auf meist dreimastigen, selten mehr als 300 t schweren Segelschiffen, für deren Besatzung etwa 45 Mann erforderlich waren. Nach mehrwöchiger Reise erreichten sie den Packeisgürtel oberhalb von Spitzbergen. Die Jagdgebiete befanden sich – gut 4000 km von Borkum entfernt – östlich von Grönland im Nordatlantik oder in der Davisstraße zwischen Kanada und Grönland. Ziel der Jagd war der heute ausgerottete Grönlandwal, der bis zu 18 m lang wurde, und der wesentlich kleinere Nordkaper. Im August ging es dann mit fünf bis sechs, manchmal auch zehn und mehr geschlachteten Tieren in die Heimat zurück.

Der Walfang – die Tiere wurden von kleinen Schaluppen aus mit Handharpunen gejagt und mit Lanzen getötet – war lebensgefährlich.

ber der Borkumer Walfänger. Eine in die Westwand des Turms eingelassene Sandsteintafel berichtet in lateinischer und holländischer Sprache über den Bau des damals wichtigen Seezeichens, das von Emder Kaufleuten in Auftrag gegeben und finanziert wurde. Anno 1817 wurde der Kirchturm zum Leuchtturm umgerüstet. Als er im Februar 1879 ausbrannte, war der Neue Leuchtturm bereits in Planung. Der alte Turm wurde dennoch wieder instandgesetzt, stand aber ab 1948 (nachdem er zwischenzeitlich als Wetterstation, militärischer Beobachtungsposten und Seenotfunkstelle der Deut-

In jedem Jahr fehlten bei der Rückkehr ein oder zwei Mann, die bei schwerer See über Bord gefallen, vom Mast gestürzt, von den wütenden Schwanzschlägen der um ihr Leben kämpfenden Wale zerfetzt oder durch die einseitige, vitaminarme Ernährung vom Skorbut dahingerafft worden waren. Nicht selten gerieten die Schiffe auch ins Packeis und wurden von den Eismassen zerdrückt. 1758 brachten die Borkumer Grönlandfahrer sieben Tote mit zurück auf die Insel. Um 1750 fehlte in 40 von 120 Borkumer Familien der Haupternährer.

Für die in bitterer Armut lebenden Witwen und Waisen wurde gesorgt, so gut es ging. Nach einer erfolgreichen Jagd versäumte es kein heimkehrender Kommandeur, eine beträchtliche Summe für die Armenkasse zu spenden. Auch wurde den Armen der von der Fahrt übriggebliebene Proviant zugeteilt, der immer reichlich bemessen war, da die Walfänger im Fall des Falles für eine Überwinterung im Packeis gerüstet sein mußten. Nach einer erfolglosen Fangsaison, so heißt es, sollen die Armen der Insel mehr zum Beißen gehabt haben als die Walfänger.

Durch Überfischung und den Ausbruch des Seekriegs zwischen Holland und England im Jahre 1780 fand der Walfang für die Friesen ein schnelles und endgültiges Ende. Die vernachlässigte Landwirtschaft reichte jedoch bei weitem nicht aus, um die in den goldenen Jahren des Walfangs angestiegene Bevölkerung zu ernähren – nackte Not zwang die Hälfte der Borkumer, die Insel zu verlassen. Zählte man 1774 noch 852 Menschen, so waren es 1806 nur noch 406. Von den ehemals 170 Häusern waren dreißig Jahre nach der letzten Grönlandfahrt etwa 100 übrig. An die ebenso glorreiche wie leidvolle Ära erinnern auf Borkum neben einigen Relikten im Heimatmuseum nur noch die mittlerweile rar gewordenen Gartenzäune aus grauen, verwitterten Walkinnladen.

schen Gesellschaft zur Rettung Schiffbrüchiger gedient hatte) leer, bis er auf Initiative des Heimatvereins der Insel Borkum Anfang der 80er Jahre renoviert und der Öffentlichkeit zugänglich gemacht wurde. Gut 150 Stufen sind es bis zur Aussichtsplattform (wechselnde Öffnungszeiten).

Am Alten Leuchtturm vorbei führt die Roelof Gerritz Meyer-Straße zum **Heimatmuseum** im **Dykhus,** das noch bis 1958 als Wohnhaus diente. Das für Ostfriesland typische Gulfhaus, in dem Wohnräume, Stall und Scheune unter einem gemeinsamen Dach vereint sind, steht auf einer Warft am Fuße des ersten Deichs, der auf Borkum gebaut wurde. Die einstigen Wohnräume sind liebevoll mit historischen Möbeln und Gerätschaften überwiegend aus der zweiten Hälfte des 19. Jh. eingerichtet. Die Küche ist reich mit Fliesen der holländischen Manufakturen aus der Zeit zwischen 1680 und 1840 geschmückt. Ein Raum ist der Geschichte des Borkumer Walfangs zwischen 1700 und 1800 gewidmet. Die naturkundliche Abteilung bietet schließlich eine umfangreiche Vogelsammlung fast aller Strand-, Zug- und Strichvögel Borkums (Di–So 10–12 Uhr, 16–18 Uhr).

Ein schmaler Weg führt südöstlich des Alten Leuchtturms von der Reedestraße abzweigend ins Grünland hinein. Hier liegt die **Franzosenschanze,** eine von breiten Wassergräben gesäumte, U-förmige Wallanlage, die heute ein Einfamilienhaus schützend umgibt. Sie wurde 1811 auf Befehl Napoleons errichtet. Mit der Stationierung französischer Truppen auf den Ostfriesischen Inseln wollte er den zur Zeit der Kontinentalsperre blühenden Schmuggel mit englischen Waren unterbinden. In einer alten Quelle über diese Zeit heißt es: »Die französische Besatzung der Insel befürchtete eine Landung der Engländer, sie wollte sich im Notfall in die Schanze zurückziehen und sich von hier aus verteidigen. Die Besatzung blieb mehrere Monate hier, ruinierte Land und Gärten, und nahm manches Bemer-

kenswerthe aus alter Zeit mit sich nach Frankreich.« Ein Schild weist auf das Bauwerk hin, das auf Privatgrund liegt, von der Straße aber gut zu sehen ist.

An der Schanze vorbei führt der Weg direkt auf den **Upholm-Deich** zu. Von hier aus bietet sich ein reizvoller Blick über ausgedehnte Wiesen, auf denen Pferde und Kühe weiden, und auf die Stadt mit ihren hohen Türmen. Um 1600 wurde der Deich zum Schutz der fruchtbaren Binnenwiesen gebaut. Da er zunächst nur etwa zwei Meter hoch war, gingen alle höheren Sturmfluten über ihn hinweg. Bei der großen Flut im Jahre 1643 brach er gleich an fünf Stellen. Zeugen solcher Deichbrüche sind die sogenannten Kolke (Wasserlöcher) an der Binnenseite des Deiches. Diese tiefen, heute von dichtem Schilf gesäumten Gewässer umging man beim Wiederaufbau des Deiches, um Erde zu sparen. Aus diesem Grund verläuft der Deich in einer Schlangenlinie durch das grüne Weideland. Eine schöne Einkehrmöglichkeit mitten im Grün am alten Deich bietet das Upholmcafé. Über die Upholmstraße gelangt man in die Stadt zurück.

Der Süden

Borkum verfügt, im Gegensatz zu den meisten anderen Ostfriesischen Inseln, über einen weiten, schlickfreien **Südstrand.** Zu erreichen ist der Bade- und Zeltstrand auf der breiten Strandmauer, die um das gesamte Westende der Insel herumläuft. Direkt an der asphaltierten Promenade im nördlichen Bereich des Strandes liegt das **Nordsee-Aquarium.** In 26 kleinen Becken ist die Tier- und Pflanzenwelt der Nordsee zu sehen. Kinder werden besonders die Seepferdchen begeistern (März–Okt. tgl. 9–12 und 14–18 Uhr, Mo und So nachmittags geschlossen). Auf dem Weg Richtung Süden passiert man den rotweiß gestrichenen, 35 m hohen **elektrischen Leuchtturm,** der 1888 erbaut wurde. Damals war der Neue Leuchtturm im Ortszentrum noch mit Öllampen versehen.

Ein Vergnügen ist es, die **Greune Stee** (Grüne Stelle), einen von üppigem Dickicht, stellenweise auch offenen Wasser- und Schilfflächen durchdrungenen Inselwald zu durchstreifen. In dieses Gebiet kann bei höheren Fluten Salzwasser eindringen, so daß hier vielfältige Übergänge von der Salzwiesen- zur Süßwasservegetation zu finden sind. Hier brüten Sumpfvögel wie beispielsweise die Rohrweihe und die Löffelente. An trockenen Standorten überwiegen Kiefern, ansonsten dünnstämmige Erlen, Weiden und Birken. Verschiedene schmale Pfade winden sich durch das Grün. Über sumpfige Stellen führen Knüppelwege, die nur für Fußgänger zugänglich sind. Breitere, zum Teil gepflasterte Wege sind auch für Radfahrer zugelassen.

Von einer Aussichtsdüne in den nahen **Woledünen** bietet sich ein schöner Blick über die Greune Stee. Südlich des Inselwaldes und des hügeligen Dünengebietes erstreckt sich die **Ronde Plate,** eine große Sandfläche, die nur bei höheren Fluten überspült wird. Hier brüten im Frühjahr und Frühsommer verschiedene seltene Seeschwalbenarten und Sandregenpfeifer (Infostand der Nationalparkverwaltung, März bis Okt.).

Zum **Hafen** gelangt man quer durch das Wattenmeer und ausgedehnte Salzwiesen über einen Damm, auf dem die Autostraße, die Gleise der Inselbahn und ein

Die Greune Stee

Wanderpfad dicht nebeneinander verlaufen. Die Fähre legt im Alten Hafen an, der im Jahre 1888 neben einer festen Landungsbrücke auch den Gleisanschluß zum Ort erhielt. Der **Neue Hafen** wurde von 1937 bis 1942 als Marinestützpunkt erbaut. Nach dem Krieg sollte er wie alle anderen militärischen Anlagen zerstört werden, blieb dann aber als Schutzhafen für die Emsschiffahrt erhalten. Bei Unwetterwarnung suchen hier viele Küstenmotorschiffe und Fischkutter Schutz. Größte Attraktion im Hafen ist das knapp 54 m lange, leuchtend rote **Feuerschiff »Borkumriff«.** Feuerschiffe sind Seezeichen, die in problematischen Navigationsgebieten verankert sind und heute mehr und mehr durch Leuchttürme ersetzt werden. Hundert Jahre lang, von 1888 bis 1988, sicherten Feuerschiffe das durch wechselnde Strömungsverhältnisse und sich ständig verlagernde Sandbänke schwierige Fahrwasser am Borkumriff 18 Seemeilen nordwestlich der Insel. Im Mai 1989 wurde das letzte Feuerschiff als Schiffs- und Küstenfunkmuseum – 1900 war auf einem seiner Vorgänger die erste Küstenfunkstelle der Welt in Betrieb genommen worden – sowie als **Nationalparkschiff** mit einem Informationszentrum zum Wattenmeer und Naturschutz reaktiviert. Eine Führung durch das Feuerschiff gibt einen lebendigen Einblick in das beengte Leben der zwei je 13köpfigen Besatzungen, die einander im Zwei-Wochen-Rhythmus ablösten

(Führungen April–Okt. Di–So 6 mal tgl., sonst Di, Do, Sa 2 mal tgl.). Der östliche Teil des Hafens war bis 1996 der Bundesmarine vorbehalten. Als der Standort trotz heftiger Proteste aufgelöst wurde, verloren die Borkumer einen wichtigen Arbeitgeber, der, neben dem Fremdenverkehr, den zweitgrößten Wirtschaftsfaktor der Insel darstellte.

Der Osten

Zwischen West- und Ostland liegen zwei Naturschutzgebiete, Waterdelle und Tüskendör. Beide Gebiete befanden sich einst im Bereich des Meeresdurchbruchs, der Borkum bis 1864 in zwei Inseln teilte. Die **Waterdelle,** ein vogel- und pflanzenreiches Feuchtgebiet, ist neben dem Ostland eines der Grundwassergewinnungsgebiete der Insel. Was das Trinkwasser angeht, ist Borkum Selbstversorger: es wird der durch Niederschläge immer wieder angereicherten Süßwasserlinse entnommen. Durch die Wasserentnahme fällt die Waterdelle zunehmend trocken. Auf dem Weg vom Strand bzw. vom Ende der Strandpromenade zur Waterdelle lohnt ein kurzer Abstecher zu den sehr schön in den Dünen mit Blick aufs Meer gelegenen Strandlokalen Sturmeck und Seeblick.

Der die Inseln trennende Wasserarm, durch den die Gezeiten

strömten, wurde **Tüskendör** genannt, was soviel wie »zwischendurch« bedeutet. Das weite Gebiet mit Flughafen, Außenweiden und Tüskendörsee erstreckt sich südlich des Hinterwalls bis zum Watt. Der Hinterwall, ein breiter, dicht mit Heckenrosenbüschen bewachsener Dünendamm, der sich entlang der Straße vom West- zum Ostland zieht, verbindet seit Mitte der 1860er Jahre die ehemals getrennten Inselteile. Vom Kamm des Hinterwalls kann man auf das nördlich gelegene »Muschelfeld« hinabschauen. Nur der Name erinnert daran, daß hier einst eine große Bucht war, in der bei jeder höheren Flut Unmengen von Muscheln abgelagert wurden, zu sehen ist davon nichts mehr.

Der unter Naturschutz stehende **Tüskendörsee** ist ein ehemaliger Baggersee, der erst 1975/76 durch die Sandentnahme für den Deichbau entstand. Die umliegenden Feuchtwiesen sind ein wichtiges Brutgelände für Uferschnepfe, Rotschenkel, den Großen Brachvogel und die selten gewordene Bekassine. Das Betreten des Geländes ist nur im Rahmen geführter Wanderungen erlaubt.

Am Flughafen vorbei führt die Autostraße zu den Bauernhöfen im **Ostland.** Schon von weitem sieht man sie leuchten, die roten Dächer der fünf über zweihundert Jahre alten Gehöfte. Im Dezember 1752 wurde erstmals die Erlaubnis erteilt, im Ostland eine Schafhürde zu errichten. Die erste Besiedlung des Ostlandes fiel in die Blütezeit des Walfangs, als sich innerhalb weniger Jahre die Einwohnerzahl Borkums verdoppelt hatte und der Bedarf an Lebensmitteln drastisch gestiegen war. Leicht war das Leben im Osten zu keiner Zeit. Der Boden war sandig und wenig fruchtbar, zudem machten häufige Deichbrüche den Siedlern zu schaffen. Die Bewirtschaftung des Ackerbodens brachte erst nach Einführung des Kunstdüngers nennenswerte Erträge, die fast ausschließlich auf dem eigenen Hof verfüttert wurden. Verkauft wurden Milch, Butter, Käse und Fleisch. Heute werden nur noch ein paar Kühe gehalten. Als ein bei Wanderern und Radfahrern äußerst beliebtes Ausflugsziel, das auch vom Landauer und vom Bus angefahren wird, setzen die Ostländer auf den Tourismus, in zwei Lokalen mit großen Gartenterrassen werden Ausflügler aufs freundlichste bewirtet.

Hinter den Bauernhöfen verläuft der Weg zwischen bewachsenen Dünen und flachem, vogelreichem Wiesenland weiter nach Osten. Am Ende der Dünenkette führt der Wanderpfad um die Sternklippendünen herum an den Nordstrand. Südlich der Sternklippendünen erstrecken sich hochgelegene Strandwiesen und -heller mit einem reichen Vogelleben. Nach Nordosten hin breiten sich zum Meer hin weite, vegetationslose Sandflächen aus. Wer möchte, kann noch bis zum östlichsten Inselzipfel am

Hoge Hörn weiterwandern. Ein durch Pfähle markierter Pfad führt um das Hörn herum. Die Hornsbalje trennt Borkum von der 2 km entfernten Vogelinsel **Lütje Hörn,** deren Existenz bereits für das Ende des 16. Jh. belegt sind.

Für den Rückweg bieten sich mehrere Möglichkeiten an. Wer nicht auf dem gleichen (kürzesten) Weg ins Ostland zurückkehren möchte, kann entweder am Nordstrand direkt am Wasser entlangwandern oder auf dem neuen Deich am Wattrand im Süden der Insel. Im Inselinneren ist die Chance allerdings am größten, eines der Rehe zu erspähen, die 1955 ausgesetzt wurden. Mittlerweile ist der Bestand auf über 100 Tiere angewachsen.

Auskunft: Die Kurverwaltung (mit Kurkartenausgabe) liegt am Neuen Leuchtturm, Goethestr. 1, Fax 0 49 22/4800; die Touristeninformation und Unterkunftsvermittlung direkt am Bahnhof, ☏ 0 49 22/933-108, Fax 933-104. Dort erhält man auch eine kostenlose Inselkarte, in der alle Rad-, Reit- und Wanderwege verzeichnet sind. In der im Sommer monatlich erscheinenden »Badekarre« sind Veranstaltungen, Öffnungszeiten und Tidekalender zu finden. Viermal wöchentlich erscheint die »Borkumer Zeitung« mit Inselereignissen, aber auch News aus aller Welt. Reiseauskunft: Borkumer Kleinbahn, Postfach 1266, 26757 Borkum, ☏ 0 49 22/30 90, Fax 3 09 34.

Flug: Ab **Emden** mit der Ostfriesischen Flugdienst GmbH (OFD), Flugplatz, 26721 Emden, ☏ 0 49 21/89 92-0); ab **Norddeich** mit der Frisia

Luftverkehr GmbH, Norddeich-Flughafen, Postfach 1160, 26501 Norden-Norddeich, ☏ 0 49 31/93 32 20.

Fährverbindung: Ab **Emden** (April bis Okt. und Weihnachten) 4 mal tgl., sonst 2 mal tgl., dann aber zusätzliche Abfahrten an den Ferienwochenenden; Fahrtdauer 2 Std. plus Inselbahn (7,5 km). Von Emden verkehrt auch der High-Tech-Katamaran »Nordlicht«, teurer als die Fähre, dafür braucht er nur die Hälfte der Zeit, in der Saison 1–2 mal tgl., außerhalb der Saison nicht jeden Tag, gar keine Fahrten von Mitte Jan. bis Ende Feb. Ab **Eemshaven/NL** in der Nebensaison 1 mal tgl., Vorsaison 2 mal, Hauptsaison 3–4 mal tgl., Fahrtdauer 55 Minuten. Buchungen über die Zentralbuchung der Reederei AG »Ems«, Postfach 1154, 26691 Emden Außenhafen, ☏ 0 49 21/89 07 22, Fax 89 07 42 (KFZ-Platzanmeldung) bzw. AG »Ems Nederland b. v.«, Borkum-lijn, Borkumweg 3, NL 9979 XJ Eemshaven, ☏ 00 31/5 96-51 60 84, Fax 51 61 02.

Parken: Autos können zwar mit auf die Insel genommen werden, es wird aber geraten, sie auf dem Festland zu lassen. Die Borkumer Stellplätze und Garagen in Emden (☏ 0 49 21/89 07 41) liegen etwa 300 m, in Eemshaven (☏ 00 31/59 61/60 84) ca. 20 m vom Anleger entfernt. Für die Gepäckbeförderung auf der Insel ist die Borkumer Kleinbahn zuständig.

Verkehr: Es ist möglich, das **Auto** mit auf die Insel zu nehmen. In den Sommermonaten ist der Autoverkehr auf Borkum jedoch stark eingeschränkt, die Innenstadt-Zone ist von Ende März bis Ende Oktober ganztägig gesperrt. Nur außerhalb der Stadt ist es möglich, ein paar Kilometer ohne Einschränkungen zu fahren. Sondergenehmigungen für die Fahrt zur Unterkunft zum Ent- und Beladen des Gepäcks am Tag der Ankunft bzw. der Abreise erhält man am Informationsstand am Hafen. Die öffentlichen Inselparkplätze sind nicht überdacht.

Der **Bus** fährt mehrmals täglich vom Busbahnhof zum Hafen, Flugplatz, FKK-Strand und zum Ostland. Von Oktober bis März wird das Ostland nur an Samstagen sowie Sonn- und Feiertagen angefahren. Die **Inselbahn** verkehrt ganzjährig zwischen dem Anleger Borkum-Reede und dem Bahnhof mit Zwischenhaltestelle am Jakob-van-Dyken-Weg. Im Winter geht es nur per Bus vom Hafen in die Stadt. *Taxen* stehen am Bahnhof, am Anleger und am Flugplatz, ✆ 10 01.

Hotels und Pensionen: *Nordsee-Hotel* mit Nordseekurbetrieb, feudales Haus mit 100-jähriger Tradition, Bubertstr. 9, ✆ 30 80; *Sympathie-Hotel Poseidon* (mit Beauty-Farm, Bismarckstr. 40, ✆ 8 11; *Miramar* mit Privatklinik, Am Westkaap 20, ✆ 9 12 30, alle drei Hotels befinden sich direkt an der Strandpromenade und haben Sauna, Solarium, Hallenbad. Häuser der Hotelkette »Upstalsboom« sind das moderne *Nautic-Kurhotel*, Goethestr. 18, ✆ 30 40, und mit nostalgischem Charme das *Seehotel* in der Viktoriastraße 2, ✆ 91 50. Kleinere Häuser im Zentrum: *Kiek-In-Hotel Graf Waldersee*, Bahnhofstr. 6, ✆ 10 94; *Hotel-Restaurant Kleine Möwe*, Kirchstr. 31, ✆ 21 77. *Villa Ems* (hier begegnet man noch dem Flair der Jahrhundertwende), Am Georg-Schütte-Platz 9, ✆ 9 11 80, und *Haus am Park*, am Bahnhofspark zentral und ruhig, Bahnhofstr. 5, ✆ 22 77, beide sind Hotel garni und haben Sauna und Hallenbad.

Jugendherberge: JH Borkum (eine der größten Jugendherbergen Europas), Reedestraße 2000 (ehemalige Marine-Kaserne am Hafen), ✆ 5 79.

Camping: Inselcamping-Borkum, sehr moderner, kinderfreundlicher Komfort-Campingplatz, am nordöstlichen Stadtrand mit Minimarkt, Restaurant, Sauna, Solarium, Fahrradverleih, Spielplatz, Hindenburgstraße 114, ✆ 10 88. Camping-Aggen, mitten in ruhiger Dünen- und Wiesenlandschaft auf einem der letzten bewirtschafteten Bauernhöfe der Insel, in der Nähe des Deiches und der Vogelschutzgebiete, 5 km vom Ort entfernt, Ostland 1, ✆ 22 15. Entfernung zum FKK-Strand ca. 15 Gehminuten.

Restaurants: Viele Gourmetrestaurants der gehobenen Preisklasse liegen etwas abseits: In der *Fischerkate* gibts nur Fisch, den aber vom Feinsten, Hindenburgstraße 99, ✆ 38 44; *Kleine Möwe*, Biofleisch und Fischvariationen, Kirchstr. 31, ✆ 21 77; *Swarte Ewert*, klein und edel, mit ostfriesischen Antiquitäten eingerichtet, berühmt für seine Lachs- und Wildspezialitäten, Reedestr. 5, ✆ 14 18 – überall ist Tisch-

Reservierung erforderlich. Zwei Ausflugslokale im **Süden:** Restaurant *Zum Yachthafen* und am Neuen Hafen das Café-Bistro *Hafenkieker* mit Blick auf das Feuerschiff. Auf dem Weg zum Hafen kehren Radfahrer und Wanderer in *Byl's Fiss-Hus* ein, ausgezeichnet von der Fachzeitschrift für Feinschmecker als eines der besten Fischgeschäfte in Deutschland.

Cafés: Blick aufs Meer bietet das *Promenadencafé* mit Seeterrasse, nirgendwo sonst gibt es soviel zu gukken. Etwas versteckt und vor allem bei schlechtem Wetter gemütlich sind das *Borkumer Teestübchen* mit dreißig verschiedenen Teesorten im Bahnhofspfad und das *Kaffee-Pöttchen* in der Alten Schulstraße. Die *Heimliche Liebe* am Südstrand, *Café Sturmeck* und *Café Seeblick* im Norden der Strandpromenade sind für Spaziergänger ein gerne angesteuertes Ziel. Strandläufer kehren auch

hinterm Deich ein. Das *Nichtraucher-Café Hertha* ist klein, aber fein und liegt gleich hinter den Dünen des Südstrandes, Greune-Stee-Weg 43. Das *Café Isdobben* ist bekannt für seine reiche Auswahl an leckeren Kuchen und Torten, Isdobben 14. Auf dem Weg Richtung Osten bieten sich *Café Jägerheim* am Flugplatz, *Café Unterm Reetdach, Der Geflügelhof* und das *Scheunenrestaurant Upholm* am alten Deich für eine Rast an. **Im Ostland:** *Café Ostland* mit freiem Blick über Weiden und Salzwiesen, Spezialität ist Dicke Milch (eigene Kuh im Stall) und die *Bauernstuben* mit Kinderkarussell und einem Pferch mit ungarischen Wollschweinen.

Disco: Die beiden Inseldiscos *Kajüte* und *Inselkeller* liegen in der Bismarckstraße.

Baden: Es gibt sowohl im Norden als auch im Süden der Insel wunderschöne weite Badestände. Östlich des Nordbads schließt sich der bewachte Jugendstrand an. Etwa 5 km vom Ort entfernt erstreckt sich der FKK-Strand mit Strandsauna. Für kalte Regentage bietet sich zum Baden das Meerwasser-Wellen-Hallenbad (das größte seiner Art in Europa) mit einer Wassertemperatur von 27° C an, im Jan. geschlossen.

Kinder: Auf Borkum lassen sich auch eine Reihe von Regentagen gut aushalten. Im architektonisch gelungenen **Kinderspielhaus** können sich Kinder jeden Alters in den Tischtennis-, Spiel-, Lese- und Bastelräumen tagsüber die Zeit vertreiben. In der **Kinderkiste** werden Kurgastkinder von 3–8 Jahren beaufsichtigt, Anmeldung ist erforderlich, ✆ 30 32 94. Diejenigen, die abends etwas ohne die Kleinen unternehmen möchten, können sich an den Babysitter-Dienst wenden, ebenfalls ✆ 30 32 94.

Juist

Bummel durch das hübsche Hauptdorf mit den Pferdekutschen • Auf der Wattseite in den Ortsteil Loog und zum Küstenmuseum • Ins Naturschutzgebiet Bill und um den idyllischen Hammersee • Sand pur am Westende • Richtung Osten an den Goldfischteichen und der Wilhelmshöhe vorbei zum Kalfamer

Wie eine Illustrierten aufgrund einer Umfrage herausfand, zählt *dat Töwerland*, das Zauberland, wie Juist von seinen Einwohnern liebevoll genannt wird, neben Hawaii zu den zehn schönsten Inseln der Welt. Kühne Worte – aber nicht einmal so fern der Wahrheit, findet doch die mitten durch die Dünen führende Strandpromenade nicht ihresgleichen in der südlichen Nordsee.

Juist ist mit über 17 Kilometern Länge die langste aller Ostfriesischen Inseln, zugleich aber extrem schmal: Sie mißt nicht mehr als 1100 Meter von Strand zu Strand, an manchen Stellen sogar nur 500 Meter. Der außergewöhnlich breite Sandstrand ist sogar noch ein gutes Stück länger als die Insel selbst, weil er an ihrem West- und Ostende um die Spitzen herumgreift. Das Hauptdorf liegt an der schmalsten Stelle, ungefähr in der Mitte des Eilandes. Statt Benzinkutschen prägen Pferdefuhrwerke das harmonische Ortsbild.

Inselgeschichte

Der Ursprung des Namens Juist liegt im Dunkel. Vermutlich steht er im Zusammenhang mit dem plattdeutschen Wort *güst,* das bedeutet »trocken, unfruchtbar«. Urkundliche Erwähnung findet die Insel erstmalig im Jahre 1398 in einer Aufzählung der Besitztümer des Ostfriesischen Landesherrn Widzel tom Brook (s. S. 35). Im Verlauf ihrer Geschichte hat Juist – wie alle Inseln – immer wieder Land, Kirchen und Dörfer dem Blanken Hans preisgeben müssen. Zu Beginn des 16. Jh. war sie nur etwa halb so lang, dafür aber wesentlich breiter als heute. Die Bewohner betrieben Ackerbau und Viehzucht. Ab dem letzten Drittel des 16. Jh. ging durch verheerende Sturmfluten immer mehr Weideland verloren. Aus dieser Zeit stammt auch eine Notiz über ein Gerichtsurteil in Ostfriesland. Es ist die Rede von 31 verbrannten Hexen, darunter »3 ex insula Juest« – drei verurteilte Frauen, und das in einer Zeit, als es auf der Insel kaum mehr als zwei Dutzend Haushalte gab. Möglicherweise ist der romantisch anmutende Beiname Juists, der in einem alten Matrosenlied zu finden ist, auf diese Begebenheit zurückzuführen und bezieht sich auf eine *töverhekse*, eine Zauberhexe.

Den Juistern blieben mit der erzwungenen Aufgabe ihres Weidelandes nur die Fischerei und die Handelsschiffahrt als lukrative Erwerbszweige. Eine tiefe natürliche Fahrrinne ermöglichte die Passage bis in die Nähe des Dorfes, daher nahm die Handelsschiffahrt auf Juist einen höheren Stellenwert als auf den anderen Ostfriesischen Inseln ein. Den Juistern ging es also wirtschaftlich relativ gut, bis im Jahre 1651 die große Petriflut die Insel in zwei Hälften teilte. Sie verwandelte die Gemeindewiese, den Hammer, in eine öde, bei jeder höheren Flut überspülte Sandfläche und zerstörte das Dorf. Zwar verlegten die Insulaner ihre Häuser einige hundert Meter weiter nach Osten, doch von nun an fraß sich die Nordsee gierig immer weiter ins Land. Winde trieben die zerstörten Dünen vor sich her, die für die Schiffahrt notwendige Fahrrinne versandete. 1685 mußte auch das neue Dorf aufgegeben werden. Der Garten des Pastors lag, so wird berichtet, unter einem halben Meter Sand begraben, ebenso geschah es mit den anderen Gärten, Höfen

und Gassen. Es entstanden jetzt zwei Dörfer mit je einer Kirche. Einige der Vertriebenen siedelten im Loog, das Hauptdorf aber baute man in der Bill im Westen der Insel. Es ging in der großen Flut am Heiligabend 1717 samt Kirche unter, nur ein einziger Bewohner überlebte. Das Loogdorf blieb zwar weitgehend unbeschädigt, doch viele seiner Bewohner waren auf dem Heimweg vom Weihnachtsgottesdienst in der Billkirche von einer riesigen Flutwelle verschlungen worden. In den folgenden Jahren kamen die Fluten auch dem Loogdorf bedrohlich näher. Im Jahre 1742 klagt der Inselvogt, daß der klägliche Rest von Juist bei der nächsten höheren Flut wohl endgültig untergehen werde. Neue Häuser wurden von nun an überwiegend weiter östlich, im heutigen Juister Ortsgebiet gebaut.

Nachdem der erste Vorstoß, aus Juist ein Seebad zu machen, im Jahre 1783 von der königlich-preußischen Regierung in Aurich zurückgewiesen worden war, unternahmen die Juister erst 1840 einen erneuten Versuch. Zu diesem Zweck erwarb man drei im Seebad Norderney ausrangierte Badekarren – das war auch schon der ganze Komfort. Bettzeug, Kochgeschirr und Lebensmittel mußten die Gäste selbst mitbringen. Die Reise von Norden nach Juist gestaltete sich in diesen frühen Jahren recht abenteuerlich und dauerte je nach Wind einen halben, einen oder auch mehrere Tage. Aus dieser Zeit

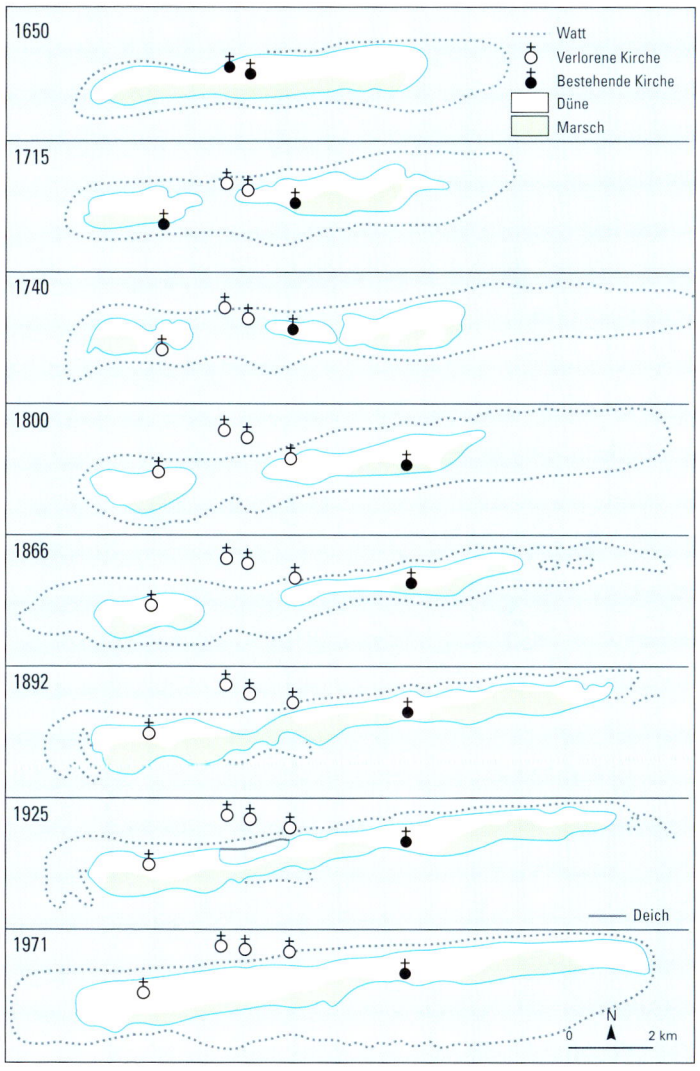

1650

1715

1740

1800

1866

1892

1925

1971

Watt
Verlorene Kirche
Bestehende Kirche
Düne
Marsch

Deich

N

0   2 km

Die Insel Juist im Laufe der Jahrhunderte

stammt der Ausspruch: »Twee Tie unnerwegens un noch neet up Juist« (Schon zwei Tiden, also 12 Stunden, unterwegs und immer noch nicht auf Juist). Da kein Anleger vorhanden war, mußten die häufig seekranken, fast immer durchnäßten Reisenden mit Kind und Kegel im Juister Watt in hochrädrige, von Pferden gezogene Fuhrwerke umsteigen. Im Jahre 1858 war das Unternehmen »Seebad Juist« gescheitert, es kamen keine Gäste mehr. Erst um 1870 investierten die Juister etwas entschiedener: Sie richteten Fremdenzimmer ein, stellten Strandzelte auf, befestigten die Strandwege, richteten getrennte Badestellen für Damen und Herren ein und kümmerten sich um die Verbesserung der Verkehrsverbindung zum Festland. Der Durchbruch als Seebad erfolgte, nachdem Norden 1883 einen Eisenbahnanschluß erhalten

Juist

hatte. Im darauffolgenden Jahr entfiel mit der Errichtung eines Anlegers das umständliche Ausbooten. Ab 1898 wurden die Gäste dann per Schienenbahn ins Dorf gebracht, die bis zur Einweihung des ortsnahen neuen Hafens Anfang der 1980er Jahre in Betrieb war. Die Anreise nach Juist ist heute entschieden einfacher als früher, doch auch jetzt noch erlaubt der tidenabhängige Fahrplan täglich höchstens zwei Verbindungen. Tagesgäste stellen sich selten ein. Wer hierher kommt, bleibt meist länger.

Dorfbummel

Am Hafen begrüßt das 1992 errichtete **Memmertfeuer** die Ankommenden. Es ist die 14 m hohe Nachbildung des ehemaligen Leuchtturms der Vogelschutzinsel Memmert. Das aus dem Jahre 1939 stammende Laternenhäuschen ist allerdings original, es wurde vom stillgeleg-

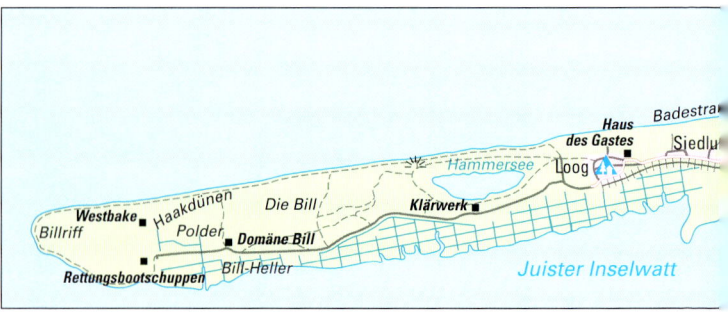

ten Leuchtturm auf Memmert abmontiert und nach einigen Umwegen vom Juister Heimatverein erworben. Nachts schickt der Turm sein buntes Feuer aufs Meer hinaus, nach Westen einen roten, nach Norden einen weißen und nach Osten einen grünen unterbrochenen Strahl (wechselnde Öffnungszeiten).

Vom Hafen gelangt man in wenigen Minuten in den modernen, von zwei bis höchstens vierstöckigen roten Backsteinbauten geprägten Hauptort, der mit einer bunten Palette an Geschäften, Cafés und Restaurants zum Schlendern verlockt. Gleich hinterm wattseitigen Deich am Ortseingang bietet das im alten Bahnhof untergebrachte **Nationalpark-Haus** am Kurplatz sorgsam und kindgerecht zusammengestellte Informationen über den Lebensraum Nordsee und das Wattenmeer mit den Bereichen Strand, Dünen, Salzwiesen und Watt (Ende März–Ende Okt. Di–So, Carl-Stegmannstr. 5, ✆ 0 49 35/ 15 95).

Der **Kurplatz** mit Musikpavillon lädt zum Verweilen ein. Die Kinder können in einem Wasserbecken Boote fahren lassen, während die Eltern in den umliegenden Cafés einen Cappuccino trinken und zuschauen, wie die mit Gepäck und Gästen beladenen Pferdekutschen vorbeitraben. Stiller geht es am **Janusplatz** zu. Die kleine Grünanlage mit schönen Rosengewächsen trägt ihren Namen nach dem Pfarrer Janus, der sich Ende des 18. Jh. als erster dafür einsetzte, auf Juist ein Seebad einzurichten. Hier findet man einige der wenigen erhaltenen alten Insulanerhäuser aus der ersten Hälfte des 19. Jh. In einem von ihnen ist die gemütliche Teestube Lütje Teehuus untergebracht.

Es gibt zwei Kirchen auf Juist. In der 1964 errichteten **evangelischen Kirche** in der Wilhelmstraße hängt eine große Tafel mit der bewegten Geschichte der Juister Kirchen; diese Kirche allein hatte schon fünf Vorgänger. Die Kanzel von 1732 stammt aus der nicht mehr erhaltenen Kirche im Loog. Das Mosaik

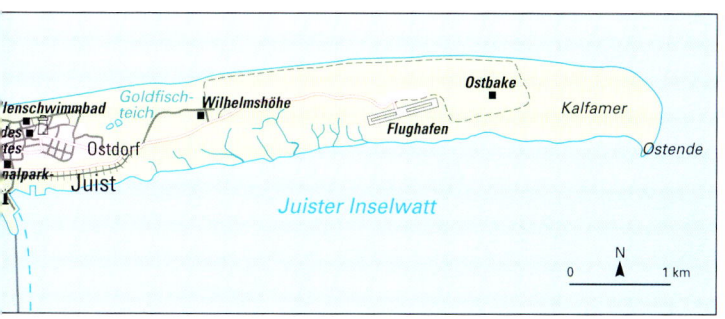

über dem Altar zeigt Petri Fisch-
zug. Es wurde von den Schülerinnen und Schülern der Inselschule
aus über 36 000 gefärbten Glas-
stückchen zusammengesetzt (tagsüber geöffnet). Die **katholische Kirche** in der Dünenstraße wurde
1910/11 erbaut und 1960/61 um
ein Halbrund im Westen verlängert. Ein um 1911 angefertigtes
Fresko stellt den hl. Ludger als
Verkünder des Christentums auf
der ehemaligen Großinsel Bant dar
(tagsüber geöffnet).

Wie ein Wahrzeichen überragt
der neckisch auch »Doornkaatbud-
del« genannte, fast 17 m hohe
Wasserturm den Ort. 1927 erbaut,
dient er heute als Notwasserspei-
cher für die Insel (keine Besichtigung). Von der 20 m hohen Düne
genießt man einen weiten Blick
über den Ort. Die Rumdumsicht ist
nur Richtung Osten und Westen
durch die 1960 und 1970 errichteten Bauten der Kurhalle und
des Wellenschwimmbades eingeschränkt. Diese Bauwerke sind die
einzigen Störfaktoren entlang der
Juister **Strandpromenade**, die etwa
15 m über dem Strand als breiter
Klinkerpfad durch die weißen Dünen führt. Als um 1900 auf den anderen Inseln repräsentative Strandpromenaden mit protzigen Hotels
angelegt wurden, war Juist an seiner Nordseite durch starke Dünenabbrüche bedroht. So wurden alle
Bauwerke weit hinter dem schützenden Dünenwall errichtet und
der Bau eines Dünenschutzwerkes
in Angriff genommen. Zwischen

1913 und 1929 entstanden eine
1400 m lange Strandmauer und
sieben die Kraft der Wellen bre-
chende Buhnen. Durch veränderte
Strömungsverhältnisse und sich verlagernde Sandbänke kam es schon
während der Bauzeit zur Sandan-
häufung und Dünenbildung vor
dem Schutzwerk, das heute völlig
vom Sand bedeckt ist. Ebenfalls unter den Dünen verschwand eine
vom alten Kurhaus zum Strand hin-
abführende herrschaftliche Freitreppe. Das um 1897/98 entstandene **alte Kurhaus** beherbergte im
Jahre 1912 den König von Sachsen
mit seinem Gefolge. Das stattliche
Gebäude stand dann mehrere Jahre
leer und verfiel, bevor mit dem
Umbau zu einer exklusiven Appar-
tementanlage mit hauseigenem Restaurant begonnen wurde. Nach
historischem Vorbild rekonstruiert,
wird auch der fürstliche »weiße
Saal« mit Säulen und Stuckorna-
menten erhalten bleiben. Die Eröffnung ist für den Sommer 1997 geplant.

Ruhig und beschaulich geht es
im zweiten Dorf der Insel zu – im
Loog. Man erreicht es über die
wattseitige Uferstraße, die von einer um 1935 entstandenen Siedlung mit zwei Reihen weißverputz-
ter Häuser gesäumt ist. Loog (platt-
deutsch: Dorf) war einmal der
Hauptort von Juist. Obgleich es
heute eher verschlafen wirkt, verfügt es über ein eigenes »Haus des
Gastes« mit einem guten Angebot
an Veranstaltungen; außerdem findet man hier eine Töpferei sowie

das **Küstenmuseum,** dessen Besuch wärmstens zu empfehlen ist. Auf einer Fläche von über 500 m^2 sind Geschichte und Entwicklung von Juist und den Ostfriesischen Inseln dargestellt. Die breite Themenpalette reicht vom Alltag an der Küste, u. a. veranschaulicht durch eine friesische Wohnstube, über die Schiffahrt, die Geschichte der Seenot-Strand-Rettung, Deichbau und Küstenschutz bis zu einer Dokumentation über die Erdöl- und Gasbohrungen in der Nordsee sowie den damit verbundenen ökologischen Problemen. Dem Museum ist eine Kunstgalerie angeschlossen, die ständig wechselnde Sonderausstellungen präsentiert (Mo–Fr 9–12 Uhr, 14.30–18 Uhr, Sa nur 9–12 Uhr, Loogster Pad 29, ☎ 14 88).

Der Westen

Das bereits unmittelbar hinter dem Ortsteil Loog beginnende Naturschutzgebiet Bill umfaßt den gesamten Westteil der Insel. Hier findet man eine wildromantische Dünenlandschaft mit dem größten Süßwassersee der Ostfriesischen Inseln. Der von hohen Dünen eingefaßte **Hammersee** gehört ohne Zweifel zu den schönsten Insellandschaften. Dort, wo sich heute das langgestreckte, von einem Dikkicht aus Weiden, Erlen, Heckenrosen und Pappeln gesäumte Bin-

nengewässer befindet, strömten früher die Meeresfluten durch das sogenannte Hammergatt, das als Folge der verheerenden Petriflut im Jahre 1651 entstand, die Juist in zwei Teile riß. Durch Sandablagerungen verringerte sich im Verlauf der Jahrhunderte der Abstand zwischen den beiden Inselhälften wieder, bis vor gut 200 Jahren mit der Eindeichung der südlichen Dünenhälfte begonnen werden konnte. Um die Insel wieder zu einen, wurde zwischen 1927 und 1932 der nördliche Dünendeich angelegt, der aber noch während des Baus in einem Sturm brach, so daß Meerwasser auf den eingedeichten Strand strömte. Angereichert und versüßt durch Regen- und Grundwasser entstand so der ursprünglich 1,8 km lange, aber nur etwa 1 m tiefe Hammersee. Heute ist der nur noch etwa 1,2 km lange See in der Verlandung begriffen. Durch das Absterben von Wasserpflanzen, die absinken und neue Triebe hervorbringen, droht der See im seichten Uferbereich zu vermooren. Eine breite, urwüchsige Uferzone mit Sumpf- und Moorpflanzen – darunter das dominierende Schilfrohr – engt den See zunehmend ein.

Auf dem größten Binnensee der Ostfriesischen Inseln wimmelt es von Wasservögeln, darunter verschiedene Enten- und Möwenarten, Wasserrallen und Bleßhühner. Am Seeufer errichten Bisamratten ihre meterhohen Bauten aus trokkenem Röhricht. Vom Wanderpfad

»Unter freiestem Himmel...«

Insel der Wildpferde

Über die Straßen von Juist traben kräftige Pferde mit mächtigen Mähnen und klobigen Hufen. Geduldig warten sie, wenn Getränkekästen, Baumaterial oder Koffer verladen werden, lassen sich ruhig anstaunen und gern von Kindern streicheln. Könnten sie die Nachfahren jener leichtfüßigen Wildpferde sein, die Henricus Ubbius in einem Bericht über Juist erwähnt? Der spätere ostfriesische Kanzler notiert im Jahr 1530: »Auf der Insel Juist gibt es eine kleine Pferderasse, die sich nur von den Kräutern oben an den höchsten Dünenkuppen unter freiestem Himmel ernährt. Sie hat sich noch nicht an den Anblick der Menschen gewöhnt, geschweige daß sie ihre Annäherung duldet. Sie sind ungewöhnlich schnellfüßig und lassen sich nur durch ausgespannte Seile fangen und in andere Länder abführen.«

Wann diese Pferde auf Juist ausgesetzt wurden, ist nicht bekannt. Sicher ist, daß die pferdebegeisterte ostfriesische Häuptlingsfamilie der Cirksena auf Juist ein Gestüt unterhielt. Die Pferde, deren Zahl auf hundert Tiere geschätzt wird, liefen das ganze Jahr über frei auf der Insel herum, standen aber unter der Kontrolle eines Pferdewärters, der 10 Reichstaler als Jahresgehalt erhielt. Im Herbst wurden die Jungtiere mit Hilfe der Insulaner eingefangen. Als Lohn stand ihnen »nach alter Gewohnheit« ein Faß Bier zu. In den Jahren 1615 und 1616 waren es je 24, zwei Jahre später 20, 1618 dann nur noch 16 Fohlen, die mit dem Schiff nach Bensersiel und von dort weiter nach Esens gebracht wurden. Für die Verladung der Pferde wurde im Jahre 1619 in Greetsiel eine neue Verladerampe gebaut. Auch Futter – Hafer, Gerste, Bohnen und für den Winter Heu – mußte auf die Insel verfrachtet werden. Aller Wahrscheinlichkeit nach waren es die durch Transportschwierigkeiten bedingten Probleme in der Futterversorgung, die nach dem Tode Ennos III. (1599–1625) zur Auflösung der Zucht führten. (Noch heute ist das Juister Watt auch bei Flut nicht immer passierbar. Zuletzt blieb 1991 ein erfahrener Juister Kapitän mit der »Frisia II« just am Heiligen Abend auf einer Sandbank hängen und war gezwungen, den Abend mit 280 Passagieren, die eigentlich eine Inselweihnacht erleben wollten, an Bord zu verbringen. Mit seinem Mißgeschick befand er sich übrigens in prominenter Gesellschaft: Am 18. Juni 1906 war Kaiser Wilhelm II. auf einer Sandbank zwischen Norderney und Juist zur Tatenlosigkeit verdammt worden.) Schwierig wird die Versorgung der Pferde vor allem im Winter gewesen sein, wenn Schnee und Eis das Anlaufen der Insel oft tagelang unmöglich machten. Auch daran hat sich nicht viel geändert: Im Winter 1995/96 etwa war Juist an 45 aufeinanderfolgenden Tagen wegen Vereisung der Fahrrinne nicht mit dem Schiff zu erreichen.

Heute gibt es wieder Pferde auf Juist

Im 17. Jh. erwies es sich als unmöglich, die Pferde weiter zu versorgen. Sturmfluten nagten an der Insel, aus den aufgerissenen Dünen peitschte der Sand über die Insel und verschüttete Gärten und Weideflächen. Auch die normale Viehhaltung mußte drastisch eingeschränkt werden. Um 1655 gab es auf Juist mit seinen 23 Haushalten noch 160 Kühe und Ochsen, 50 Kälber und Fohlen, 14 Pferde, 176 Schafe und 287 Lämmer. Im Jahre 1701 besaß man nur noch eine Kuh pro Haushalt, die verbliebenen Weideflächen reichten auch ohne Gestüt kaum zur Versorgung des Viehs.

an der Nordseite des Sees sind sie gut zu sehen. Der schmale, sandige Pfad um den See schlängelt sich zwischen Sanddorn-, Erlen- und Weidengebüsch hindurch. Am westlichen bzw. südwestlichen Ende des Hammersees liegen – nur wenige Gehminuten voneinander entfernt – zwei Aussichtsdünen, die einen weiten Blick über die Bill und den See gewähren. (Der Hammersee ist nur zu Fuß zu umwandern, man sollte für den 3,5 km langen Rundweg etwa 1,5 Stunden veranschlagen; einmal in der Woche gibt es Führungen, Beginn am Küstenmuseum im Loog.)

In die bereits 1899 zum Naturschutzgebiet erklärte **Bill**, den westlichsten Teil der Insel, gelangt man entweder über den mitten durch die zum Teil feuchten, mit Buschwald bestandenen Dünentäler führenden Wanderpfad vom Westende des Hammersees oder vom Loog aus über den wattseitigen Fahrweg südlich der Hammerdünen. Die Bill, einst Zentrum der Insel, blieb nach der Weihnachtsflut von 1717 (s. S. 74) jahrhundertelang menschenleer. Erst Ende des 19. Jh. nahm sich der Lehrer und Naturschutzpionier Otto Leege der sandigen Einöde an und begann mit dem Aufforsten der Dünentäler.

Der wattseitige Weg ist an sonnigen Tagen dicht von Fußgängern und Radfahrern bevölkert. Linker Hand erstreckt sich der von Entwässerungsgräben durchzogene Heller, rechts der sehr viel grünere, regelmäßig gemähte Polder. Auf dem weiten Heller, der sich bis zum Watt hin ausbreitet, weiden nur noch die Pferde der Juister Fuhrbetriebe, Pensionsvieh vom Festland gibt es schon seit 1970 nicht mehr. Etwa auf halbem Weg zur Domäne Bill liegen die 1975 errichtete vollbiologische Kläranlange, deren Abwässer ins Meer fließen. Mehrere schmale Pfade zweigen von der Fahrstraße ab und führen in die in Dünentäler eingebetteten Billwälder. Zu jeder Tageszeit hoppeln hier Kaninchen herum und sogar Hasen, die 1890 eingeführt wurden und Dünentäler und Heller bewohnen. Seltener zu entdecken sind die scheuen Rehe.

Die **Domäne Bill** ist das beliebteste Ausflugslokal der Insel, und bei gutem Wetter muß man sich entsprechend lange für ein kühles Bier anstellen. Die Kinder können unterdessen die Kutschpferde streicheln, die auf die Rückkehr zum Dorf warten.

Von der Domäne geht der Fahrweg noch einen halben Kilometer weiter. In der Nähe des ausgedienten, aus rotem Backstein errichteten Bootsschuppen der Rettungsstation Bill muß man sich endgültig von seinem Fahrrad trennen, von hier an gibts nur noch Sand. Die **Haakdünen** bilden in einem weiten Bogen das wunderbar sandige Westende der Insel, das hier keinerlei Buhnen und betonierte Uferbefestigungen aufweist. Vor den Dünen erstreckt sich das aus mehreren ausgedehnten Sandbänken bestehende **Billriff**. Bei ablaufendem

Domäne Bill

Wasser werden hier riesige Muschelbänke mit einer verlockenden Vielfalt von verschiedenen Muscheln und Schneckenhäusern freigelegt. Auf dem Riff rasten häufig große Scharen von Mantelmöwen und sonnen sich Seehunde. Über das Billriff verläuft seit Mitte der 70er Jahre eine unterirdische Pipeline, durch die Erdgas vom norwegischen Gas- und Erdölfeld »Ekofisk« nach Emden geführt wird. Im Norden der Haakdünen hat sich die Nordsee schon tief in den schützenden Dünengürtel gewühlt. An den steilen Abbrüchen läßt sich gut die zerstörerische Gewalt des Meeres erkennen. Entlang der bedrohten Randdünenkette hat man Buschzäune gesetzt, um den treibenden Sand festzuhalten, damit sich die Dünen langsam wieder aufbauen können. Hier im Westen, wo einst drei Dörfer untergegangen sind, ist Juist am stärksten bedroht. Im Gegensatz zu den anderen Inseln hat es aber den Vorteil, daß der Wind in manchen Jahren auch neue Sandmassen heranweht oder sich ein Sandriff von draußen an den Strand heranschiebt. In den vergangenen Jahren konnte das Westende allerdings nur durch künstliche Sandaufspülungen an notwendiger Substanz gewinnen. Richtung Westen schweift der Blick hinüber nach Borkum mit seinen hohen Türmen.

Von Juist nur durch die Juister Balje getrennt, liegt die Vogelschutzinsel **Memmert** mit dem Leuchtturm und dem einsamen

Haus des Vogelschutzwarts, das wegen der Westwanderung der Insel (seit 1750 ist die Westflanke bereits um 2 km nach Osten versetzt worden) schon zweimal inselwärts verlegt werden mußte. Vor 400 Jahren war auf Karten im Gebiet der heutigen Insel nur freier Seeraum verzeichnet. Zu Beginn des 17. Jh. taucht der Name Memmert das erste Mal in Verbindung mit einem Sandhaken an der Insel Juist auf. Dieser hatte sich gegen Ende des 19. Jh. von Juist gelöst und soweit erhöht, daß mit der ersten Pflanzenansiedlung die Dünenbildung einsetzen konnte. Als der Juister Lehrer und Naturschutzpionier Otto Leege 1888 das erste Mal die etwa 10 ha große Sandplate betrat, zählte er dort sechs Pflanzenarten. Durch Anpflanzungen von Strandhafer und den Bau von Sandfangzäunen förderte er die natürliche Dünenbildung. 1907 wurde auf Memmert eine Vogelschutzkolonie errichtet, 1924 wurde die Sandbank zum Naturschutzgebiet erklärt, das, vom Fremdenverkehr weitgehend unbeeinträchtigt, als Brut und Rastplatz für Vögel besonders wertvoll ist.

Der Osten

Noch vor 300 Jahren befand sich das Ostende von Juist etwa dort, wo heute das Ostdorf endet. Seither ist die Insel um mehr als 4 km

gewachsen. Erste Etappe auf dem Weg Richtung Osten ist der in einem windgeschützten Dünental gelegene **Goldfischteich**, eine Viertelstunde Spazierweg vom Dorf. Das langgestreckte Gewässer, das von einem kleinen Wäldchen umgeben ist, wurde zu Beginn des Jahrhunderts angelegt. In der Bill im Westen der Insel wurden Samen schöner Blütenpflanzen wie Weidenröschen, Ginster und Grasnelken gesammelt und in der Umgebung des Teiches ausgesät. Im Zweiten Weltkrieg verschwand die mühsam gehegte, mittlerweile üppig blühende Pracht um den Goldfischteich. Auf Juist wurden Flakeinheiten stationiert, Bäume und Sträucher mußten Geschützständen und Baracken weichen. Die allerletzten Büsche fielen in dem harten Winter nach Kriegsende, als Heizmaterial knapp war, der Axt zum Opfer. Erst durch die Neuanpflanzung von Zwergkiefern, Holunder, Birken, Sanddorn und Pappeln wurde die Idylle wiederhergestellt. Die befestigten Wege um den Goldfischteich, auf dem sich Schwäne und Enten tummeln, laden mit vielen Ruhebänken zu erholsamen Spaziergängen ein.

Zum Ausflugslokal **Wilhelmshöhe** gelangt man entweder auf einem schmalen Fußpfad, der sich durch die Dünen schlängelt, oder aber auf der gepflasterten Flughafenstraße, auf der neben den Radfahrern auch die Pferdefuhrwerke Richtung Flughafen unterwegs sind. Das Café liegt auf einer fast

20 m hohen Düne, von der sich ein weiter Rundblick bietet: über die weiße Dünenkette zum offenen Meer im Norden und den grünen Heller zum Watt im Süden.

Die Fahrstraße zum Flughafen verläuft an der Grenze zwischen den bis zu 18 m hohen grauen Dünen und dem flachen, von schnurgeraden Entwässerungsgräben durchzogenen Heller mit seinem reichen Vogelleben. Dieses Gebiet steht unter Naturschutz und darf das ganze Jahr über nicht betreten werden. An sonnigen Sommerwochenenden, wenn fast ohne Unterlaß kleine Propellermaschinen starten, ist der Geräuschpegel erheblich: Mit 40 000 Starts und Landungen pro Jahr liegt Juist, was die Flugbewegungen angeht, in Niedersachsen an zweiter Stelle hinter Hannover-Langenhagen.

Am Flugplatz vorbei führt der Wanderweg zum **Kalfamer**, dem Ostende der Insel. Den seltsamen Namen kann niemand überzeugend erklären. Um die dort rastenden oder brütenden Vogelarten wie die vom Aussterben bedrohte Zwergseeschwalbe nicht zu stören, ist nur ein kleiner Bereich des Ostzipfels das ganze Jahr über zugänglich. Ein grünmarkierter Wanderpfad führt in einem weiten Bogen um die Ostbake herum und zweigt dann Richtung Norden zum Strand ab. Der nicht gekennzeichnete Pfad um die Südostseite des Kalfamers ist – von gelegentlichen Führungen abgesehen – nur in der Zeit von November bis März freige-

Auf dem Weg zum Kalfamer

geben und dann auch nur bei Niedrigwasser begehbar. Am Ostende der Insel fällt das Ufer verhältnismäßig steil zum Norderneyer Seegatt ab. Am Horizont zeichnet sich die blendendweiße Skyline von Norderney gegen den Himmel ab.

Auskunft: Kurverwaltung, Information und Zimmernachweis: 26560 Juist, Friesenstraße 18 (altes Warmbad), ☎ 0 49 35/80 90. Juister Verkehrsbüro (Unterkunftsvermittlung), 9–21 Uhr ☎ 80 92 22, Fax 80 92 23 (Last Minute, 24 Std. gebührenfreier Ansagedienst ☎ 91 12 11). Vermieter-Vereinigung Juist e. V. (Unterkunftsvermittlung 17–21 Uhr), ☎ 91 40 00. Von April bis Oktober wird das Info-Journal »De Strandlooper« herausgegeben. Es gibt Auskunft über laufende Veranstaltungen, Badezeiten usw. Kurbeitragskasse im Rathaus, Strandstraße 5, ☎ 80 91 04, von Mai bis Sept. auch im Haus des Gastes im Loog.

Flug: Ab **Emden** mit der Ostfriesischen Flugdienst GmbH (OFD), Flugplatz, 26721 Emden, ☎ 0 49 21/89 92-0); ab **Norddeich** mit der Frisia Luftverkehr GmbH, Postfach 1160, 26501 Norden, ☎ 0 49 31/933 20

Fährverbindung: Ab **Norddeich** 1–3 mal pro Tag, tideabhängiger Fahrplan, daher täglich zu verschiedenen Zeiten. Tagesfahrten sind relativ selten möglich. Fahrzeit ca. 1¼ Std. Auskunft: Frisia, Aktiengesellschaft Reederei Norden-Frisia, 26501 Norden, ☎ 0 49 31/98 70, Fax 9 87 31; auf Juist ☎ 0 49 35/9 10 10, Fax 91 01 34.

Parken: Juist ist eine autofreie Insel. Garagen in Norddeich: Arends Garagen, ☎ 0 49 31/84 92; Frisia-Großgaragen, ☎ 0 49 31/9 87 66; Kannegiesser, ☎ 0 49 31/16 84 03; Park Service, ☎ 0 49 31/1 50 72. Dem Hafen am nächsten liegen die Frisia-Garagen, 5. Min. Fußmarsch (oder Zubringerbus). Gepäckbeförderung durch die Reederei möglich (Norddeich-Mole zum Hafen Juist oder auch bis zur Inselunterkunft).

Fuhrbetriebe/Pferdetaxi: Auf Juist wird von einfachem Gepäck über Passagiere bis hin zu Getränkekisten und Baumaterial alles per Pferdekutsche transportiert. Private Gepäck- und Personenbeförderung auf der Insel, Information und Buchung: Fuhrbetriebe R. Handschuh, ☎ 9 18 40; J. Heiken, ☎ 3 69; E. Warntjes, ☎ 5 67; EMS-Kurierdienst, G. Kannegieter, ☎ 12 35. Dieselben Unternehmen bieten auch Ausflugsfahrten an.

Hotels: *Hotel Achterdiek,* Wilhelmstraße 36, ☎ 80 40, First Class, Hallenbad, exklusive Küche; *Bracht,* Hotel und Gästehaus am Kurplatz, Wilhelmstr. 13, ☎ 80 80; *Nordseehotel Freese,* Wilhelmstr. 60–61,

80 10, Hallenbad, Sauna und Solarium; *Hotel garni, Café Pirola*, Strandstr. 1, 10 35, zentral am Kurpark; *Hotel Hultsch*, Billstraße 26, 4 33, ruhige Lage mit Blick zum Watt, Fischspezialitäten im hauseigenen Restaurant. **Hotel-Pensionen:** *Hotel-Pension Buschhaus*, Karl-Wagner-Str. 7, 9 10 80; *Haus Delft*, Loogster Pad 17, 4 23; *Fähringerhof*, Billstr. 4, 91 49 49, Blick auf Hafen und Wattenmeer; *Gästehaus Akkermanntje*, Hugo-Droste-Str. 8, 91 49 44, Nichtraucher, Vollwertkost. **Pensionen mit Küchenbenutzung:** *Haus Immer Grün*, Dünenstr. 41, 7 43; *Haus De Looger Koopmann*, Memmertstr. 12, 14 38.

Jugendherberge: Im Loog, 360 Betten, 4 Familienzimmer, März–Nov., Loogster Pad 20, 9 29 10

Restaurants und Cafés: Schön zum Teetrinken am ruhigen Janusplatz: *Lütje Teehuus*, Café, Bierstube, Bistro. An der Promenade: *Strandhalle* mit windgeschützter Sonnenterrasse zum Meer und einer Spielecke für Kinder. **Gehobene Preisklasse:** *Garbeljürge*, hochgepriesenes Kellerrestaurant, Fisch- und Lammspezialitäten vom Feinsten, am besten vorbestellen, Gräfin-Thedu-Straße 3, 10 07; *Die Gute Stube*, Feinschmeckerrestaurant im First-class-Hotel Achterdiek, nur abends geöffnet, Wilhelmstr. 36, 80 40. Schon-, Diät- und Vollwertkost mit Kräutern und Gemüse aus eigenem Anbau gibts im *Hotel Hultsch*, Tischreservierung erbeten, Billstraße 26, 4 33. **Italienisch:** *Mamma Mia*, Wilhelmstraße 11; *Sale e Pepe*, Strandstraße 2. **Ausflugslokale im Westen:** *Domäne Loog*, Café und Restaurant am Westrand des Loog, Billstraße; *Domäne Bill*, beliebter Treffpunkt für Fuß- und Radwanderer am Westende von Juist. **Im Osten:** *Flughafen-Restaurant*, Selbstbedienungsrestaurant mit großer Südterrasse und Blick über den Flugplatz zum Wattenmeer; *Wilhelmshöhe*, einfach eingerichtetes Ausflugslokal im Osten der Insel, Kaffee, Kuchen und kleine, preiswerte Gerichte.

 Kneipen: *Café Schöne Aussichten*, Bistro, Cocktailbar am Kurplatz; *Die Welle*, Kneipe im Keller des Hotel Bracht, Wilhelmstraße; *Die Spelunke*, am Kurplatz; *Malör*, Kellerkneipe gegenüber vom Rathaus (unterm Sale e Pepe). Diskothek *Giftbude*, von den Einheimischen Zappel genannt, Strandpromenade 7.

Bade- und Strandleben: Von jedem Punkt der Insel erreicht man Sandstrand in fünf bis zehn Minuten. Auf Juist gibt es keinen FKK-Strand, auch keinen ausgewiesenen Hundestrand. Im Kurmittelhaus auf der Düne ist das Meerwasser-Hallenbad »mit Aussicht auf zwei Meere« untergebracht, 27°C Wasser- und 29°C Raumtemperatur, Sauna, tgl. geöffnet.

Kinder: Sowohl im Haus des Gastes im Loog als auch im Haus des Kurgastes sind Spielzimmer vorhanden, dort ebenfalls Tischtennis, Pool-Billiard, Jugenddisco.

Emblem des Nationalparkhauses Juist

Norderney

Vom eleganten Kurplatz mit historischem Flair zum Fischerhausmuseum im Argonner Wäldchen und zur einzigen Windmühle auf den Ostfriesischen Inseln • Umrundung des vogelreichen Südstrandpolders • Baden und Sonnen an der Weißen Düne • Wanderung zum buntbemalten Wrack an der Rattendüne

Die einstige Sommerresidenz des Hannoverschen Königshauses gilt als die Grande Dame der Nordsee. Heinrich Heine und Theodor Fontane dichteten hier, hochkarätige Politiker wie Otto von Bismarck und Fürst von Bülow frönten auf Norderney dem Glücksspiel und dem unbeschwerten Müßiggang – und machten Politik. Zwar wurde die asphaltierte Strandpromenade in den 50er und 60er Jahren ohne große Hemmungen mit modernen, kantigen Betonkästen verunstaltet, der Ort selbst mit einigen unschönen Zweckbauten angereichert, doch das Zentrum mit dem eleganten Kurhaus von 1840, dem gepflegten Kurpark und den belebten Cafés hat seinen königlichen Charme nicht verloren. Viel verblichene, doch darum nicht weniger bezaubernde Schönheit ist noch in den Biedermeiergäßchen zu entdecken, in denen sich altmodische weißgestrichene Gästehäuser mit verglasten Frühstücksveranden und stilvolle Restaurants aneinanderreihen, und in den stillen Seitenstraßen mit altehrwürdigen Krankenhäusern und prächtigen Kurheimen in solidem rotem Backstein. Eine in der Hauptsaison schier überquellende Stadt zum Bummeln, zum Sehen und Gesehenwerden und natürlich zum Konsumieren. Norderney ist berühmt für sein vielfältiges, festivalähnliches Kulturleben, das auch in der Nebensaison Besucher vom Festland auf die Insel lockt.

Inselgeschichte

Im 13. Jh. lag zwischen Juist und Baltrum die Insel *Buise,* die vermutlich während der großen Marcellus-Flut von 1362 in zwei Teile brach. Der westliche Teil wurde im Verlauf der Jahrzehnte ständig kleiner und ging in der Petri-Flut von 1651 endgültig unter, während östliche Teil langsam an Substanz

Streng getrennte Badefreuden um die Jahrhundertwende

gewann. Als »Osterende« wird die jüngste der bewohnten Ostfriesischen Inseln erstmalig im Jahre 1398 urkundlich erwähnt, 1549 heißt sie dann »Norder-Nye-Oog« (Nordens neue Insel). Da auf dem unfruchtbaren Dünensand kaum Landwirtschaft möglich war, suchten die Inselbewohner ihren Lebensunterhalt auf dem Meer, zunächst als Fischer, im 18. Jh. auch als Schiffer. Für Emder, Bremer, Hamburger, aber auch holländische Handelshäuser übernahmen sie Kauffahrten in die Nord- und Ostsee bis nach Rußland. Um 1800 zählte die Norderneyer Kauffahrteiflotte etwa 50 seetüchtige Segelschiffe, deren Bemannung den vierten Teil der Insulaner umfaßte, und die Norderneyer Fischereiflotte zählte 80 Kutter. In den napoleonischen Kriegen zu Beginn des 18. Jh. gingen fast alle Frachtschiffe verloren, so daß den Insulanern nach dem Friedensschluß nur die Rückkehr zum Fischfang blieb, da es billiger war,

Fischkutter zu bauen als größere Frachter. In erster Linie wurde Fang auf Schellfisch und Scholle betrieben, von Bedeutung waren aber auch Kabeljau, Rochen, Steinbutt, Aal, Makrele und Seezunge. Die Angelhaken für die Schellfischfischerei wurden von Hand beködert, bis zu 125 000 Köderwürmer benötigte die Norderneyer Fangflotte täglich. Sie mußten, wie die Chronik des Heimatvereins berichtet, von den Fischerfrauen aus dem Watt gegraben und auf Haken gezogen werden. Ab Mitte der 1880er Jahre verdrängten die in der modernen Hochseefischerei verstärkt eingesetzten Dampfschiffe die Fischkutter. Heute gibt es auf Norderney keinen einzigen Fischkutter mehr.

Die bis heute einzige Alternative war der Fremdenverkehr. Bereits im Mai 1797 wurde grünes Licht für die Errichtung eines Seebades auf der idyllischen Fischerinsel gegeben. Die Freude der Norderneyer über den Zustrom von Fremden

Heilkräfte der Nordsee

Als Dame und Herr, keusch voneinander getrennt und in Badekarren vor frechen Blicken geschützt, erstmals ihre entblößten Zehen in das salzige Naß der südlichen Nordsee hielten, war schon beträchtliche Überzeugungsarbeit für die Gründung eines deutschen Seebades geleistet worden. Den Weg bereitet hatten Philosophen wie Jean-Jacques Rousseau, der im 18. Jh. die Rückkehr zum einfachen Leben in Naturverbundenheit propagierte, und Johann Wolfgang von Goethe, der ausgerufen hatte: »Das freie Meer befreit den Geist!«

Zu den wirkungsvollsten Argumenten für die Errichtung eines Seebades zählten die Heilkräfte der Nordsee. In einem Schreiben an den Preußenkönig Friedrich den Großen plädierte Pastor Otto Christoph Janus, der von 1771 bis 1789 auf Juist wirkte, für die Einrichtung eines Inselbades: »Es ist bekannt, daß die Seeluft immer mit den feinsten Salzteilen angefüllt ist, welche den menschlichen Körper sowohl durch Einhauchen als auch von außen durchdringen und durch ihre auflösende Kraft das Unreine aus demselben wegschaffen können.« Sein Anliegen wurde höflich beantwortet, aber entschieden abgewiesen. Mehr Gehör fand der Göttinger Philosoph und Mathematik-Professor G. C. Lichtenberg (1742–1799), der auf mehreren Reisen das englische Badeleben kennengelernt hatte. In zahlreichen Zeitungsartikeln forderte er die Einrichtung eines Seebades in Deutschland und unterließ es nicht, immer wieder darauf hinzuweisen, daß auch die englische Königsfamilie das Badeleben wohl zu schätzen wisse. Am 17. Mai 1797 genehmigten die ostfriesischen Landstände 5000 Reichstaler zur Anschaffung einiger Badekutschen und zum Bau eines Badehauses, »da man sich allseits überzeugt hält, daß ein Seebad bei verschiedenen Krankheiten sehr vielen Nutzen leistet, auch selbst hiesige Eiländer den wohltätigen Einfluß der Seebäder auf die Gesundheit bereits aus Erfahrung kennengelernt haben, da ferner nach Anlegung eines Seebades die kostbaren Reisen nach ausländischen Seebädern … erübrigt sein können …«. Das Argument der Kostenersparnis zählt im Zeitalter der Dumpingpreise für Fernreisen nicht mehr, immer noch aber besteht die heilende Kraft des Nordseeklimas und der Natur. Wind, Wellen und Sandstrand machen nach wie vor den eigentlichen Reiz eines Inselurlaubs aus.

Verglichen mit heute nahm das Badevergnügen in der Frühzeit des Badetourismus einen geringen Raum ein. Es gab einen Strand für die

Damen, der streng von dem der Herren getrennt war (daran erinnern noch die Straßennamen wie Herrenpfad und Damenpfad). Die teilweise über 1000 trennenden Meter durften von niemandem betreten werden. Dabei hätte es kaum etwas zu entdecken gegeben. Die Badekleidung unterlag strengen Vorschriften, die Badenden mußten ein dunkles Kostüm tragen, das den ganzen Körper bis zum Knie bedeckte.

Alter Badekarren

Zum Baden wurden Karren, die an einer Seite offen waren, ins Wasser geschoben. Im Schutz aufgezogener Segel oder Markisen ließen sich die Herren auf die Knie fallen und zwei bis drei Wellen über sich ergehen, während die Frauen in Form eines artigen Hofknickses in die Fluten tauchten. Man tat es nicht um des Spaßes, sondern um der Gesundheit willen. Aus diesem Grund wurden auch warme Seewasserbäder in Wannen sowie häusliche Abreibungen mit Salzwasser angeboten. Erst im Juli 1899 wurde per Erlaß der »Familienbadestrand« eingeführt. Nun durften Kinder und Eltern zur gleichen Zeit am gleichen Strand spielen, Sandburgen bauen und gemeinsam in den Strandkörben sitzen, die Anfang der 1890er Jahre zum Schutz gegen Wind und Sonne entwickelt worden waren.

war nicht ungeteilt. In alten Berichten ist zu lesen, daß sich die Insulaner »theils aus Muthwillen, theils aus Bosheit an den Gebäuden der Seebade-Anstalt vergriffen, Steine auf die Dächer geworfen, Schlösser ruiniert und alles mit Kreide bemalt haben«. Nach einem völligen Erliegen des mittlerweile florierenden Badelebens während des napoleonischen Krieges ging es nach Kriegsende schnell wieder bergauf. Im Jahre 1819 war Norderney wieder Staatsbad, das vor allem nach Eröffnung der Spielbank im Jahre 1822 die feine Gesellschaft aus ganz Europas anzog. Einen großen Aufschwung nahm das ehemalige Fischerdorf, als anno 1836 der hannoversche Kronprinz und Herzog von Cumberland, der spätere König Georg V., seine Sommerresidenz nach Norderney verlegte.

Stadtbummel

Norderney ist die urbanste und meistbesuchte Ostfriesische Insel. 6500 Einwohner sind hier mit erstem Wohnsitz gemeldet, 40 000 Gästebetten stehen zur Verfügung, an den Wochenenden in der Hauptsaison von Juni bis September steigt die Zahl der Gäste auf gut 50 000 an. Spätestens dann nerven die Autos, die – obwohl in ihrem Bewegungsdrang streng gegängelt – zu Tausenden auf die Insel geschifft werden. Kein Pferdegetrappel bei der Ankunft, Busse und Taxis stehen für die Ankommenden bereit.

Charme der Gründerzeit: Hotel König

Vor der Fahrt in die Stadt lohnt ein Besuch im hervorragend ausgestatteten **Nationalparkhaus**, nur ein paar Meter vom Anleger entfernt. Mit einer Dauerausstellung, einem Strandaquarium und einem in der Saison alle halbe Stunde gezeigtem Film über das Wattenmeer erhalten auch Kinder einen Einblick in die spannende Welt des Wattenmeeres mit seinen vielfältigen Lebensräumen (✆ 0 49 32/20 01).

Unbestrittener Mittelpunkt von Norderney ist der **Kurplatz** mit seinen blendend weißen Prunkbauten aus der Gründerzeit der Insel. Glanzpunkt ist das 1840 im klassizistischen Stil errichtete Konversationshaus, heute das **Kurhaus** mit seinem eleganten, von Säulen gesäumtem Laubengang. Es beherbergt seit 1978 die Spielbank der Insel, in der man sich im Winter allerdings mit Spielautomaten zufrieden geben muß; nur in der Saison rollt die Roulettekugel. Für Georg V. und fürstliche Gäste entstand das »Große Logirhaus«, heute das Kurhotel.

Im 1890 erbauten **Kurtheater** neben dem »Haus der Insel« gibt die Landesbühne Niedersachsen-Nord regelmäßig Gastspiele. Hinter dem modernen Eingangsvorbau, der auch für Kunstausstellungen genutzt wird, verbirgt sich ein wunderschönes altes Hoftheater mit roten Kordsamtsesseln, Logen und zweigeschossigen Rängen (keine Besichtigung möglich, nur zu Veranstaltungen geöffnet). Vom »Haus der Insel« führt der Herren-

pfad Richtung Strandpromenade. An der Kreuzung zur Knyphausenstraße, direkt neben der katholischen Kirche St. Ludgerus, stößt er auf das imposante, 1898 errichtete **Kaiser-Wilhelm-Denkmal**, von den Norderneyern schlicht »Klamottendenkmal« genannt. Die 13 m hoch aufragende Pyramide, die an die Gründung des Deutschen Reiches im Jahr 1871 erinnert, besteht aus rohen, unterschiedlich großen Steinblöcken, die von 75 Städten aus dem gesamten Deutschen Reich nach Norderney geschickt wurden. Einige der grauen Quader entstammen historischen Bauwerken wie dem Frankfurter Römer. Das Denkmal zierte einst eine Büste Kaiser Wilhelms, an seiner Stelle breitet heute eine weiße Möwe ihre Schwingen aus.

Nördlich des Zentrums, an der Strandpromenade, bietet sich von der **Georgshöhe**, benannt nach König Georg V., ein schöner Rundblick über die Stadt und das Meer. Von der betonierten **Strandpromenade** erstrecken sich bis zur parallelverlaufenden Kaiserstraße breite Wiesenstreifen. Die Kaiserstraße säumen überwiegend moderne weiße Hotelanlagen. Nur am Weststrand finden sich noch einige historische Bauten unmittelbar an der Strandpromenade. Dort liegt auch das kleine **Rettungsbootmuseum** »Fürst Bismarck« (April bis Okt. Sa 15–17 Uhr).

Abseits der bevölkerten Einkaufsstraßen finden sich im Süden und Osten des Zentrums noch

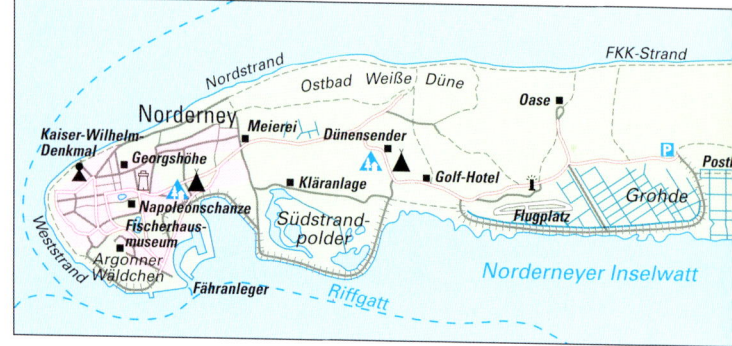

Oasen der Ruhe. Versteckt im Argonner Wäldchen, zwischen Kurmittelhaus und Freibad, liegt das **Fischerhausmuseum**. Das alte Fischerhaus aus der Zeit um 1800 stand ursprünglich in der Winterstraße und wurde noch bis in die 30er Jahre als Wohnhaus genutzt. Das Museum dokumentiert die Entwicklung der Insel vom Fischerdorf zum Staatsbad und veranschaulicht die Wohn- und Arbeitswelt der alten Norderneyer. Der First des Hauses, in dem mehrere Generationen zusammenlebten, trägt ein Zierbrett mit nordischen Symbolen und Runen, die vor Krankheit und Gefahren bewahren sollten. Die zwei kleinen Räume rechts vom Eingang dienten als Altenteil. Im »Jungteil« gab es nur Küche und Schlafkammer. Den Mittelpunkt des Hauses bildete die große Wohnstube mit dem schönen, mit Delfter Fliesen geschmückten Kamin. Die »Fischerwerkstatt« gibt Auskunft über die Norderneyer Angelfischerei und seemännische Traditionen. Da finden sich beispielsweise goldene Ohrringe mit Initialen. Sie waren zum einen Erkennungszeichen, zum anderen boten sie aber auch die Gewähr, daß im Fall des Todes in fernen Gefilden der Erlös aus dem Verkauf die Bestattungskosten deckte (April–Sept. Mo–Sa 15–17 Uhr, So 10–12 Uhr. Im März und Okt. Di, Do und Sa 15–17 Uhr, im Winter Fr 15–16 Uhr).

Von der Janusstraße führt ein geruhsamer Spazierweg durch eine grüne, mit vielen Bänken versehene Parkanlage zum Schwanenteich und zur **Napoleonschanze**. In der frei zugänglichen militärischen Anlage aus den napoleonischen Kriegen, als auf Norderney etwa 200 bis 300 französische Soldaten stationiert waren, werden seit 1912 evangelische Freiluft-Gottesdienste abgehalten. Das Gotteshaus besteht bis auf einen bescheidenen Altar nur aus dem baumbestandenen, von Wällen umgebenen Innenraum der Schanze. (Die Gottes-

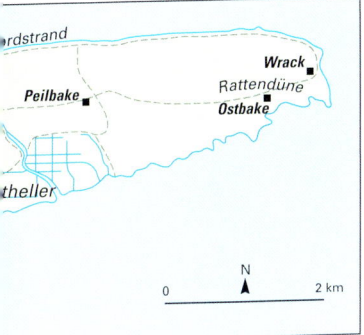

dienste finden bei gutem Wetter zwischen Juni und August jeden Sonntag um 8.30 Uhr statt.)

Nordöstlich der Schanze ragt der 42 m hohe **Wasserturm** auf. Der schlichte Bau aus rotem Backstein ist eines der Wahrzeichen der Insel (keine Innenbesichtigung möglich). Folgt man der Mühlenstraße von der Napoleonschanze nach Süden, gelangt man in wenigen Minuten zu einer reetgedeckten einstöckigen **Windmühle**, der einzigen auf den Inseln (s. S. 50). Sie war von 1862 bis 1962 in Betrieb und trägt den sinnigen Namen »Selden Rüst« (Selten Ruhe). Heute beherbergt sie das gemütliche und immer gut besuchte Restaurant »Zur Mühle«.

Richtung Osten

In Anbetracht der langen Touristentradition verfügt das umtriebige Norderney über eine bemerkens-

Norderney

wert intakte und artenreiche Natur. Das dicht bebaute, im äußersten Westen von Norderney gelegene Stadtgebiet nimmt etwa ein Sechstel der Insel ein. Einer Ausbreitung der Stadt nach Osten sind gesetzliche Grenzen gesetzt: Östlich der alten Meierei darf nicht mehr gebaut werden. Wie auf den anderen Inseln prägen ausgedehnte Dünengürtel, Salz- und Strandwiesen die Landschaft.

Von der Stadtgrenze bis etwa zur Inselmitte erstreckt sich die Zwischenzone des Nationalparks, in der – möglichst dezent in die Dünenlandschaft eingebettet – die Jugendherberge, einige Campingplätze, Ausflugslokale, ein Hotel, der Flughafen und der Leuchtturm zu finden sind. Der 1872 fertiggestellte **Leuchtturm** ist mit 54,6 m das höchste Gebäude der Insel. 253 Stufen gilt es zu bewältigen, bevor man den fantastischen Rundblick genießen kann (Mai, Juni, Sept. und Okt. tgl. 14–16 Uhr, Juli und Aug. tgl. 14–17 Uhr, den Rest des Jahres geschlossen).

Am Parkplatz Ostheller endet die Auto- und Kutschstraße, hier beginnt die Ruhezone des Nationalparks, die fast die Hälfte der Insel einnimmt. Zur Ruhezone gehört neben der Ostspitze der Insel auch der **Südstrandpolder**, ein von Wasserflächen durchzogenes Vogelschutzgebiet östlich des Hafens.

Tolle Bocksprünge

Otto Fürst von Bismarck auf Norderney

Im Sommer 1844 hat der damals neunundzwanzigjährige Gutsherr Otto von Bismarck nach fünf Jahren auf seinem pommerschen Gut Kniephof das einsame Landjunkerleben entschieden satt. Er notiert: »... ich ... kämpfe mit mir, ob ich mich wieder im Staatsdienst beschäftigen oder auf weit ausschauende Reisen gehen soll. Einstweilen treibe ich willenlos auf dem Strome des Lebens ohne anderes Steuer als die Neigung des Augenblicks ...« Um seiner deprimierenden Situation zu entfliehen, beschließt er, das hannoversche Seebad Norderney aufzusuchen, von dem man sich erzählt, daß dort die ganze Hofgesellschaft und viel Adel versammelt seien. Kaum angekommen, stürzt er sich in das gesellige Leben des charmanten Nordseebades. Seine Tage, deren »einförmige, aber gesunde Lebensweise« er schnell zu schätzen lernt, vergehen mit Baden, Spazierengehen, Kegeln, Whistspielen, Kaninchenschießen und Tanzen. In einem Brief an seine Schwester schildert er übermütig die Ungezwungenheit der Hofgesellschaft: »Gestern machten wir im dicksten Nebel eine Landpartie in die Dünen, kochten draußen Kaffee und späterhin Pellkartoffeln, sprangen wie die Schuljungen von den Sandbergen, und obgleich incl. Prinzessin nur vier Paare, tanzten wir, bis es finster wurde, auf

Ursprünglich sollte auf diesem 140 ha großen Gebiet, das erst 1940/41 eingedeicht und aufgespült wurde, ein Militärflugplatz entstehen. Er wurde nie fertiggestellt, das Areal lag zwei Jahrzehnte lang brach. In dieser Zeit entwickelte sich ein einzigartiger Lebensraum für Pflanzen und Tiere. Bereits 1961 unter Naturschutz gestellt, wurde der Südstrandpolder 1986 Teil des Nationalparks. Durch zunehmende Verbuschung von der Verlandung bedroht, verlor der Polder jedoch immer mehr seine Bedeutung als Brut- und Rastrevier. 1987/88 gelang es durch Sandentnahme, die Anlage neuer Teiche mit Flachwasserzonen und eine vorsichtige Entbuschung, die ursprüngliche Bedeutung des Polders für die Seevögel wiederherzustellen. Über 40 verschiedene Vogelarten, darunter Nachtigallen, Rohrdommeln, Wasserrallen und Teichrohrsänger, brüten hier. Auch eine Vielzahl rastender Enten-, Gänse- und Watvögel findet in dem von Schilf und Sträu-

dem Rasen und machten wie die Tollen bockspringende Ronden um unser Feuer …«

Bismarck, den man aus den Geschichtsbüchern nur als eisernen, strengen Kanzler kennt, gibt sich als leidenschaftlicher Genießer zu erkennen. Nicht nur die Gesellschaft liebenswerter blaublütiger Damen, sondern vor allem das Baden im Meer erfüllt ihn mit prickelnder Lebensfreude: »Wenn ich bis an die Knie im Wasser stehe, so kommt eine haushohe Welle …, dreht mich zehnmal rundum und wirft mich 20 Schritt davon entfernt in den Sand, ein einfaches Vergnügen, dem ich mich aber täglich con amore so lange hingebe, als es die ärztlichen Vorschriften irgend gestatten.«

Neun Jahre später reist Bismarck, mittlerweile preußischer Reichstagsgesandter, zum zweiten Mal nach Norderney. Es ist keine reine Urlaubsreise, ihn erwartet der hannoversche Ministerpräsident. Die unvermeidlichen politischen Gespräche verleiden ihm den obendrein verregneten Inselaufenthalt, der ihn zunehmend melancholisch stimmt. In einem Brief vom 21. August 1853 klagt er seiner Gattin: »Kalte, kahle Häuschen, Regen und wieder Regen, jeder hockt in seinem Bau ohne irgendeinen Vereinigungspunkt, und mit Ausnahme der Viertelstunde, die ich im Wasser zubringe, finde ich es so melancholisch, daß ich nicht einmal den Entschluß zum Arbeiten fassen kann, und am liebsten vom Morgen bis zum Abend im Bett liegen möchte und Romane lesen.« Wie tröstlich, daß es auch einem zukünftigen Reichskanzler so ergehen kann.

chern bestandenen Schutzgebiet Nahrung. Das Betreten des Südstrandpolders ist ganzjährig verboten. Einen schönen Einblick in das Vogelparadies erhält man aber von dem etwa 4,5 km langen Wanderweg, der auf dem Deich um das Gelände herumführt. Von der Schutzhütte im südwestlichen Bereich lassen sich auch bei schlechtem Wetter die Vögel vortrefflich beobachten.

Der Ostteil der Insel mit seiner noch weitestgehend natürlichen Dünenlandschaft ist nur zu Fuß zu erkunden. Südlich des ausgedehnten Sandstrands schließen sich weiße und graue Dünen an. Einmalig auf den Ostfriesischen Inseln sind die durch Windausblasungen entstandenen, zum Teil bis auf Grundwasserniveau ausgepusteten Dünentäler, in denen sich Süßwasser gesammelt hat. In den Dünen brüten neben verschiedenen Möwenarten auch die Brandgans und der Große Brachvogel. Südlich des Dünengürtels erstrecken sich weite

Salzwiesen bis ans Watt. Der vogelreiche Heller liegt außerhalb der schützenden Deiche und kann bei Sturmfluten überspült werden. Die Salzwiesen bilden ein wichtiges Brutgebiet für vom Aussterben bedrohte Vogelarten wie beispielsweise den Rotschenkel. Im Herbst begegnet man bei Wanderungen riesigen Schwärmen von Austernfischern, Alpenstrandläufern, Großen Brachvögeln, Brandenten und Silbermöwen. Ein vielbesuchtes Wanderziel ist das **Wrack** an der Rattendüne am sandigen Ostende der Insel. Das buntbemalte, von Wind und Wellen angenagte Wrack ist der klägliche Rest eines Muschelbaggers, der 1968 bei dem Versuch, ein auf der Sandbank festsitzendes Schiff freizuschleppen, unrettbar strandete. Das liegengebliebene Schiff aber konnte sich später selbst befreien. Unterhalb der Rattendüne befindet sich von März bis Oktober ein Info-Stand der Nationalparkverwaltung.

Auskunft: Die Kurverwaltung mit Kurkartenausgabe findet man im Herzen der Stadt am Kurpark, 26548 Norderney, ✆ 0 49 32/89 10, Fax 89 11 12. Die Norderneyer Verkehrsbürogesellschaft (Zimmervermittlung) liegt am Ortseingang gegenüber dem »Haus der Schiffahrt«, Bülowallee 5, ✆ 9 18 50, Fax 8 24 94. In der Saison wird monatlich der »Badekurier Norderney« mit Veranstaltungsprogramm herausgegeben, täglich erscheint die bereits 1868 erstmals gedruckte »Norderneyer Badezeitung«.

Flug: Ab Emden mit der Ostfriesischen Flugdienst GmbH (OFD),

Flugplatz, 26721 Emden, ✆ 0 49 21/89 92-0); ab Norddeich mit der Frisia Luftverkehr GmbH, Norddeich-Flughafen, Postfach 1160, 26501 Norden–Norddeich; ✆ 0 49 31/93 32-0; Fax 93 32-23.

Fährverbindung: Ab **Norddeich** mit der Autofähre in der Sommersaison fast stündlich nach festem Fahrplan, Fahrzeit ca. 1 Std. Auskunft: AG Reederei Norden-Frisia, »Haus der Schiffahrt«, Bülowallee 2, 26548 Norderney, ✆ 0 49 32/9 13 13, Fax 9 13 10. Gepäckbeförderung auf der Insel: Spedition Johann Fischer, Am Hafen 5, ✆ 0 49 32/6 01, Fax 8 24 60.

Parken: Norderney ist keine autofreie Insel, es ist jedoch ratsam, den Wagen auf dem Festland zu lassen. Garagen in Norddeich: Arends Garagen, ✆ 0 49 31/84 92; Frisia-Großgaragen, ✆ 0 49 31/9 87 66, Kannegiesser ✆ 0 49 31/16 84 03; Park Service ✆ 0 49 31/1 50 72. Dem Hafen am nächsten liegen die Frisia-Garagen, 5 Min. Fußmarsch (ohne Zubringerbus). Gepäckbeförderung durch die Reederei möglich (Norddeich-Mole zum Hafen Norerney oder auch bis zur Inselunterkunft).

Verkehr: Autos können auf die Insel mitgenommen werden. Von den Oster- bis zu den Herbstferien gelten strenge Verkehrsbeschränkungen in der Stadt, die in verschiedene Verkehrszonen aufgeteilt ist. Die Zonen 1 und 2 (das gesamte Stadtgebiet westlich der Mühlenstraße) sind für Kraftfahrzeuge aller Art gesperrt. Autofahrer erhalten während der Überfahrt neben einem ausführlichen Merkblatt auch einen Passagierschein, der dazu berechtigt, bis 1 Stunde nach der Ankunft bzw. vor der Abfahrt auch diese Zonen zu befahren. Alle wesentlichen Punkte der Insel können bequem mit dem **Bus** erreicht werden. Vier Linien verkehren allein im

Stadtgebiet, der Busbahnhof liegt in der Jann-Berghaus-Straße. Zusätzlich gibt es zwei Insellinien: Eine fährt über die Meierei zur Weißen Düne, die andere über Golfhotel und Flugplatz zur Oase, in der Saison stündlich bzw. halbstündlich, in der Vor- und Nachsaison 4 mal tgl. zur Weißen Düne und stündlich zur Oase. **Taxis:** Am Busbahnhof, ✆ 23 45 oder 33 33; Am Fischerhafen, ✆ 5 33 oder 9 22 66.

 **Hotels:** *Kurhotel Norderney*, Weststrandstr. 4, ✆ 88 30 00, traditionsreichstes Hotel Norderneys, geschl. von Nov.–März; *Golf-Hotel*, Am Golfplatz 1, ✆ 89 60, ruhige Lage in den Dünen mit Blick zum Wattenmeer, modernes Sporthotel mit Tennisplatz, Sauna, Schwimmbad, auch Appartements; *Inselhotel König*, Bülowallee 8, ✆ 80 10; *Strandvilla Eils*, Kaiserstraße, ✆ 80 70, direkt an der Kaiserwiese am Meer; *Strandhotel an der Georgshöhe*,

Café Marienhöhe

Kaiserstr. 24, ✆ 89 80, elegantes Restaurant in Pastellfarben und Bar mit Meeresblick; *Strandhotel Pique*, Am Weststrand, ✆ 9 39 30. **Pensionen und Gästehäuser:** *Gästehaus Hilde*, Benekestr. 50, ✆ 21 01; *Haus Neunaber*, Damenpfad 19, ✆ 9 39 40, freier Seeblick; *Haus Pauls*, Elbestr. 19, ✆ 99 03 01. **Privatzimmer mit Küchenbenutzung:** *Huus up Eck*, Marienstr. 23, ✆ 6 73; *Haus Harms*, Benekestr. 7, ✆ 8 34 66; *Haus Buchhop*, Oderstr. 23, ✆ 31 90.

Jugendherberge: Es gibt zwei Jugendherbergen auf Norderney. Die JH Südstraße (121 Betten) liegt mitten in einer Wohnstraße am östlichen Stadtrand, vom Hafen zu Fuß in 10 Min. zu erreichen, Südstr. 1, ✆ 24 51. Mitten in den Dünen in der Inselmitte liegt die JH Dünensender (144 Betten), 1 Std. zu Fuß vom Zentrum, zum Strand nur 20 Min. (viele Jugengruppen, daher nicht unbedingt familiengeeignet), In den Dünen 46, ✆ 25 74.

Camping: Camping Booken, Waldweg 2, ✆ 4 48, 10 Min.

Fußweg ins Zentrum, 350 m zum Nord-Badestrand. Neben der Jugendherberge Dünensender liegt ein moderner Riesenplatz in den Dünen, Zelter müssen Jugendherbergsmitglieder und jugendlich sein, ☎ 25 74. Camping auf zwei bis Anfang der 70er Jahre bewirtschafteten Höfen: Camping Domäne Eiland, ☎ 21 84, ca. 1 km nördlich vom Leuchtturm, Wohnwagen, 6 Min. Fußweg zum Strand (auch FKK), Kiosk, viele junge Leute. Ruhiger geht es gleich nebenan auf dem Campingplatz Domäne Tünnbak zu, hauptsächlich für Wohnwagen und Wohnmobile, Boxen für Pferde, ☎ 21 08. Größter Platz der Insel: Campingplatz Um Ost, auf der Südseite der Insel, Restaurant, Kinderspielplatz und Kiosk, ohne Begleitung der Eltern zeltende Jugendliche sind nicht erwünscht, ☎ 6 18

Cafés und Restaurants: Zwei Klassiker mitten im Zentrum, dort, wo die City am schönsten ist und es am meisten zu sehen gibt, sind das *Kur-Café*, Am Kurplatz, und das *Central-Café*, Wilhelmstr. 1–3. An der Promenade mit Aussicht aufs Meer: Im *Café Marienhöhe* oberhalb der Strandpromenade dichtete Heinrich Heine sein Lied »Am Meer«, das von Franz Schubert vertont wurde. Ein beliebter Treffpunkt junger Leute ist das *Surfcafé* am Übergang zum Surfstrand, leckere Cocktails. Restaurants gibt es auf Norderney wie Sand am Meer. **Gehobene Preisklasse, Vorbestellung erforderlich:** Restaurant *Lenz*, köstliche Fischspezialitäten und Fleischgerichte, Onnen-Visser-Platz, Benekestraße 3, ☎ 22 03, *Veltinsstübchen*, gepriesenes Gourmetrestaurant mit italienischen Spezialitäten, Jann-Berghaus-Str. 78, ☎ 34 99. Eine interessante Mischung aus Bar, Bistro und Restaurant ist *Lino's Bistro und Pianobar*, delikate italienische Küche, Karlsstraße 4, ☎ 8 25 49. **Ausflugslokale im Osten** (alle sind für Rollstuhlfahrer zugänglich): Die *Meierei* am

östlichen Stadtrand, Lippestr. 24, kinderfreundliches Café-Restaurant. Das Strandrestaurant *Weiße Düne*, dessen Terrassenfläche am Weg zum Oststrand immer wieder vom Versanden bedroht ist, liegt direkt am Übergang zum Ostbad, gutbürgerlicher Mittagstisch. Idyllisch im Schutze der weißen Dünen gelegen und immer gut besucht ist das *Café Oase* am Durchgang zum FKK-Strand.

Kneipen und Discos: *Klimperkasten*, urige Kellerkneipe gegenüber der evangelischen Kirche in der Kirchstraße; *Möpken*, Musikkeller für Nachtschwärmer, mehrere Tresen und Billardtische, Poststraße 10, gegenüber der Post, aber etwas schwer zu finden, da der Eingang in der Einkaufspassage liegt; *Cinema*, moderne, freundliche Bierbar und Bistro, Wedelstraße 3; *Beach Club*, Diskothek mit umfangreicher Cocktailkarte und Nachtküche, Sandstr. 2; schräg gegenüber liegt das *Broadway*. Als einzige ganzjährig geöffnet ist die Diskothek *King* in der Winterstraße.

Baden: Die Badezeiten werden durch Aushang bekanntgegeben und durch das Hissen der Norderneyer Fahne (schwarz-weiß-blau) am Badeplatz angezeigt. Badestrände: Weststrand, Nordstrand, Ostbadestrand »Weiße Düne« (unbestritten der schönste) und FKK-Strand mit Strandsauna (Frühjahr bis Herbst). Zum Ostbadestrand »Weiße Düne« und zum FKK-Strand verkehren Busse. Neben dem Ostbad »Weiße Düne«, dem FKK-Strand und auf der Rasenfläche neben der Schutzhalle am Westbad sind Strandabschnitte für die Vierbeiner ausgewiesen. Wem's draußen zu kalt und naß ist, der kann sich drinnen tummeln: Die Welle, Meerwasserwellen-Erlebnis und Freizeitbad, Am Kurplatz, ☎ 8 91-1 41. Am Weststrand gibt es außerdem noch ein Meerwasserwellenheilbad (22 °C) mit Sauna.

Baltrum

Das »Dornröschen der Nordsee« ist eine Welt für sich, nicht einmal Fahrräder sind hier erwünscht • Im Osten lockt ein Eldorado für Vogel- und Naturliebhaber: das große Dünental mit schilfreichen Feuchtgebieten

Die kleinste der bewohnten Ostfriesischen Inseln – sie ist nur 5 km lang und 1 km breit – schlummert vom Frühherbst bis zum späten Frühjahr, um im Sommer nur für ein paar Monate zu erwachen. Aber auch dann geht es ruhig zu: Das gleichmäßige Getrappel der Pferde, die die Gepäckwagen ziehen, das aufgeregte Geschrei der Vögel im Watt, das Rauschen des Meeres, das helle Lachen eines Kindes im Bollerwagen – das ist schon fast alles, was Baltrum zu bieten hat. Nicht zu vergessen die erstaunlich vielseitigen kulturellen Darbietungen der Baltrumer Gitarrengruppe, des Shanty Chors und der Insel-Bühne.

Inselgeschichte

Erstmals taucht Baltrum in Widzel tom Brooks Urkunden (s. S. 35) aus dem Jahre 1398 auf, dort allerdings unter dem Namen *Balteringe*. Die Herkunft des Namens ist unbekannt. Er könnte auf eine ringförmige Kultstätte des Sonnengottes Balder hinweisen, wie sie beispielsweise auch in Helgoland nachzuweisen ist. Möglicherweise ist Baltrum einfach dem Ortsnamen Berum zuzuordnen – Baltrum gehörte früher zum Amt Berum.

Um 1650 hatte Baltrum noch eine Länge von rund 8 km. Seither ist die Insel erheblich geschrumpft. Während sich das Westende von 1650 bis 1960 um 4,5 km nach Osten verlagert hat, ist das Ostende nur etwa 1,5 km in die gleiche Richtung gewandert. Der Grund für diese da dynamische, dort verhaltene Wanderung liegt in der Begrenzung der Insel durch strömungsstarke Seegats. Der abtragende Seestrom zwischen Norderney und Baltrum führt unmittelbar am Westende der Insel vorbei, das Seegat zwischen Baltrum und Langeoog strömt direkt an ihrem nunmehrigen Ostende und begrenzt hier die weitere Ausdehnung.

Aus Baltrums früher Geschichte ist wenig bekannt. Die großen Sturmfluten im 17. und 18. Jh. ris-

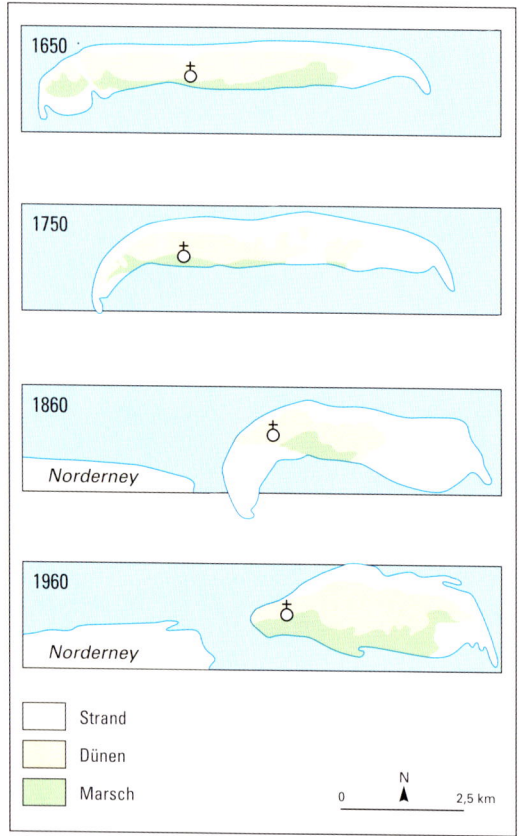

	Strand
	Dünen
	Marsch

0   N ▲   2,5 km

Im Lauf der Jahrhunderte veränderte Baltrum immer wieder seine Gestalt

sen viel Land weg, nutzbares Weideland gab es immer weniger. Um 1738 zählte der Baltrumer Viehbestand ganze drei Pferde, sechs Kühe, zehn Schafe und einige Lämmer. Unter dem Eindruck der furchtbaren Sturmflut von 1745 bat C. A. Heinsius, Pastor, Inselvogt und Schullehrer in einer Person, angesichts der unerträglichen Le-

bensbedingungen um seine Versetzung: »und bitte gehorsamst, ja inständig, sich meiner zu erbarmen und (dafür zu sorgen), daß ich von diesem wüsten, jämmerlichen und gefährlichen Ort erlöset werde, ich werde es lebenslang zu bekennen wissen … ich kann unmöglich länger hier leben noch wohnen oder Gott muß Überschwengliches an mir thun ...« Anschaulich schildert er die Not der Menschen: »Die Menschen sind allhier wie grimmige Bären und wie die Wölfe vor Hunger und Kummer, weil sie ihr Brodt nicht mehr erwerben können; kein Vieh kann noch gehalten werden, die Häuser fallen ein ...«

Um ihre Familien zu ernähren, fuhren viele Baltrumer zur See. Neben Fischerei und Landwirtschaft war die Gewinnung von Muschelkalk von Bedeutung. In einem vermutlich noch zu positiv ausgefallenen Bericht des Amtes Berum über die Lebensumstände auf Baltrum heißt es im Jahre 1824: »... Der unfruchtbare Boden der Insel bringt, außer einigen Gartenfrüchten, welche mit Hülfe des Düngers, der von einer kleinen Anzahl Schafe, die auf einem begrünten Fleck im Norden der Insel kärgliche Weide finden, gleichsam erzwungen werden, ihren Bewohnern nichts; diese müssen daher alle Lebensbedürfnisse auf dem Meere suchen, das sie umgibt. Die Schillbänke und ihre Schafweiden geben ihnen die beste Gelegenheit zum Erwerb; der Schillfang ist daher ihre Hauptbeschäftigung, wobei sie sich sehr gut stehen ...«

Zu dieser Zeit bestand das Dorf Baltrum aus drei Teilen. Im Westdorf standen sieben Häuser und die Predigerwohnung, die als Kirche diente. Zentrum der Insel war das Mitteldorf mit 14 Häusern. Im Osten lag noch eine kleine Siedlung mit vier Gebäuden. In der Nacht vom 4. auf den 5. Februar

Sturmfluten verheerten die Inseln

1825 wurde Baltrum durch eine schwere Sturmflut im Bereich des sogenannten Timmermanns Sloop (zwischen West- und Ostdorf) in zwei Teile gerissen. Wie durch ein Wunder konnten alle Insulaner ihr Leben retten, aber bis auf zwei Häuser wurden alle Gebäude zerstört, das Westdorf überflutet. Das ehemalige Mitteldorf wurde über Nacht zum Westdorf. Die Insulaner klaubten für den Neubeginn die kläglichen Reste zusammen. »Bald darauf bauten sie sich aus den übrig gebliebenen Trümmern ihrer Häuser kleine Hütten auf, die kaum menschlichen Wohnungen glichen«, schreibt ein Chronist. Noch lange nach der Katastrophe blieben die Baltrumer auf Geldmittel und Sachspenden vom Festland angewiesen.

Ins Jahr 1876 fällt die Gründung des Baltrumer Seebads, 1893 eröffnete das erste Hotel. Im Sommer

1900 kamen immerhin schon 450 Gäste auf die kleine Insel, die etwa 150 Einwohner zählte. Langsam, aber sicher entwickelte sich von nun an auch auf Baltrum der Tourismus zum wesentlichen Wirtschaftsfaktor. Im Herbst 1923 unternahm der Maler Paul Klee mit seiner Familie eine dreiwöchige Urlaubsreise zur Insel. Auf der Suche nach neuen Eindrücken, Farben und Formen spazierte er stundenlang durch die Dünen, sammelte Muscheln und Treibholz am Strand und machte Skizzen. Die »Nordseebilder« entstanden – insgesamt 16 Aquarelle und 3 Zeich-

nungen, die in seinem Werk eine eigene Stilepoche ausmachen.

Dorfbummel

Die knapp 600 Einwohner Baltrums wohnen in zwei ineinander übergehenden Siedlungen, dem größeren Westdorf und dem kleineren Ostdorf. Das abbruchgefährdete Westufer unmittelbar am Dorfrand ist mit einem starren Korsett aus Buhnen, Asphalt und Beton geschützt, welches die Gewalt ahnen läßt, mit der die Wintersturmfluten auf die Insel brechen. Auch für Tagesgäste lohnt es sich, einmal um das Westende herumzuspazieren.

Baltrum

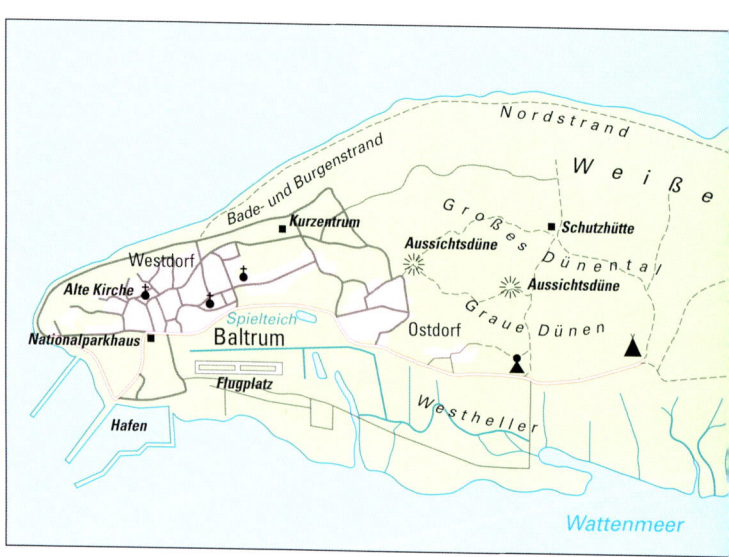

Hier gibt es keinen Strand, aber viele Sitzbänke laden zu Ruhepausen ein. Der Blick schweift hinüber zur sandigen Ostspitze Norderneys. Dort drüben hat man vor einigen Jahren Grundmauern entdeckt, die der ersten Baltrumer Kirche zugeschrieben werden.

Im Schutze der massiven Strandwerke fügen sich die roten, massiven Backsteinbauten des Westdorfes harmonisch in die Dünen ein. Es gibt in beiden Siedlungen keine Straßennamen, die Häuser sind chronologisch numeriert. Die ältesten Inselhäuser tragen niedrige Zahlen, zu ihnen gehören die Häuser 5 und 6 in der Nähe der alten Kirche. Auf dem Weg vom Hafen ins Dorf passiert man rechter Hand das **Nordseehaus** (Nr. 177), wel-

ches das **Nationalparkhaus** sowie ein kleines **Inselmuseum** beherbergt. Eine Ausstellung über Flora und Fauna vermittelt Einblicke in die Lebensräume Wattenmeer, Düne und Salzwiese; ausgestopfte Vögel und Seehunde sind zu Landschaftspanoramen zusammengestellt. Naturkundliche Videofilme (darunter auch spezielle für Kinder) informieren über die Inselwelt. Im oberen Stockwerk ist die **Inselkammer** untergebracht, eine vom Heimatverein zusammengetragene Sammlung zur Inselgeschichte. Eindrucksvoll ist die Bernsteinsammlung, spannend sind die Dokumente zur Walstrandung vor Baltrum im November 1994, interessant die Informationen zur Inselversorgung mit Trinkwasser, Strom und Erdgas (Di–Fr 10–12 und 15–19 Uhr, Sa und So 15–19 Uhr, Eintritt frei).

Die größte Sehenswürdigkeit Baltrums ist die **alte Kirche** (Haus Nr. 8). Das 1826 errichtete winzige Gotteshaus war noch nicht auf eine größere Zahl von Kurgästen zugeschnitten, sondern die bescheidene Kirche der armen Gemeinde, die noch jahrzehntelang an den Folgen der großen Februarflut von 1825 zu leiden hatte. Die Kirchenglocke hängt in einem schlichten Holzgerüst neben der Kirche. Sie stammt von einem holländischen Segler und hatte als Schiffsglocke gedient, bis eine Sturmflut sie an den Strand von Baltrum spülte. Der einfache Turm mit der weitgereisten Glocke ist als Wahrzeichen Baltrums auch in seinem Wappen abgebildet. Der

Inselkirche mit weitgereister Glocke

Vorraum zur Kirche ist tagsüber geöffnet, durch eine Glastür kann man einen Blick auf den hübschen, 1992 restaurierten Innenraum mit rotem Klinkerboden und himmelblauer Decke werfen. Bis zur Einweihung der neuen evangelischen Kirche im Jahre 1930 wurde das kleine Gotteshaus genutzt. Neben der Kirche steht die alte Inselschule (Haus Nr. 42) von 1888. Gegenüber findet man einige der ältesten weißgestrichenen Inselhäuser, die mit ihren tief heruntergezogenen Dächern und kleinen Fenstern Schutz vor den rauhen Winden boten.

Auf welchen Wegen man nun immer durch den Ort schlendert, irgendwann landet ein jeder beim **Kaufhaus Stadtlander** (Haus Nr. 115) gegenüber von Rathaus und Kurverwaltung. Hier bekommt man alles, was man für einen Inselurlaub braucht, von Zeitungen, über Fotoausrüstung, Bücher und Spielzeug bis zu Süßigkeiten, Tabakwaren und Badeanzügen (in der Saison auch am Wochenende geöffnet).

Auf dem Weg ins Ostdorf passiert man die 1956/57 entstandene **katholische Kirche** (Haus Nr. 34). Das architektonisch ausgesprochen gelungene, dem hl. Nikolaus geweihte Gotteshaus umfaßt einen kleinen reetgedeckten Rundbau, die Winterkirche, sowie einen offenen Vorhof mit Grünfläche und einem ebenfalls reetgedeckten Umgang, die Sommerkirche. Bemerkenswert sind die von der Künstlerin Margarete Franke »zur

»Gott gebe, daß ihr die Zeilen von meiner Hand erhaltet«

Tragödie im Watt

Am 22. Dezember 1866 verließen zwei angehende Steuermänner, Tjark aus Baltrum und Jan aus Langeoog, die Navigationsschule in Timmel, um für die Weihnachtsferien nach Hause zu fahren. In Aurich besorgten sie Geschenke für ihre Familien. Tjark kaufte für seinen Vater eine Kiste Zigarren, für seine Mutter einen warmen Schal.

Was über den folgenden Unglücksfall bekannt wurde, ist in einem Auszug aus dem Sterberegister von Baltrum aus dem Jahre 1866 nachzulesen: »Tjark Ulrich Honken Evers, gestorben 21 Jahre und 14 Tage, kam am 22.12. auf Westeraccumersiel an. Am Morgen des andern Tags (sonntags) bestieg er mit einem Langeooger ein Boot, das sie jeden an den heimatlichen Strand setzen sollte. Zwischen $6^1/_2$ und 7 Uhr morgens fuhren sie ab. Ein ziemlich dicker Nebel verhinderte aber den Blick in die Ferne. Die Bootsleute ruderten zuerst nach dem Langeooger Strand, wo sie den Mann von Langeoog absetzten. Von da wollten sie dem Baltrumer Strande zurudern. In der Meinung, diesen Strand erreicht zu haben, legte man an, und der Verunglückte stieg aus, und die Bootsleute fuhren wieder ab. Es war aber nicht der heimatliche Strand, den der Verunglückte betreten hatte, sondern eine Sandbank, auf der er in der steigenden Flut seinen Tod gefunden.

Der Unglücksfall wurde am 5. Januar 1867 bekannt. Am 3. Januar ist an der Insel Wangerooge in einer Zigarrenkiste, die mit einem Taschentuch umwunden, das Taschenbuch des Verunglückten angetrieben, worin er mit der Bleifeder u. a. geschrieben:
›Liebe Eltern, Gebrüder und Schwestern
ich stehe hier auf einer Plat und muß ertrinken ich bekomme Euch nicht wieder zu sehen und ihr mich nicht
Gott erbarme sich über mich und tröste Euch ich stecke dieses Buch in eine Sigarren Kiste. Gott gebe, daß Ihr die Zeilen von meiner Hand erhaltet. Ich grüße Euch zum letzten mal Gott vergebe mir meine Sünde und nehme mich zu sich in sein Himmelreich.‹«

Zigarrenkiste, Taschentuch und Notizbuch befinden sich heute in der Inselkammer auf Baltrum.

Unterhaltung der Kinder« geschaffenen Glasfenster, die Szenen aus dem legendenreichen Leben des Heiligen Nikolaus darstellen (ein illustrierter Führer liegt in der Kirche aus).

Zwei befestigte Wege verbinden das West- mit dem Ostdorf. Im Jahr 1919 schon verwiesen die Baltrumer stolz auf die Schönheit des wattseitigen Wanderpfades: »Angenehm lustwandelt man auch an der Wattseite auf blütenreichem Teppich vom Westdorf nach dem Ostdorf und weiter den Dünenrand entlang …«

Der Osten

Unmittelbar hinter den letzten Häusern des Ostdorfes gibt es nur noch Natur pur. Eine der schönsten Insellandschaften ist zweifelsohne das zwischen dem weißen Dünengürtel im Norden und den grauen Dünen in der Inselmitte eingebettete **große Dünental**, das wegen des Vorkommens seltener Pflanzen und Tiere bereits 1950 unter Naturschutz gestellt wurde. Nach dem Ostdorf passiert man zunächst mehrere urwüchsig wirkende Kiefernwäldchen, die allerdings Neuanpflanzungen dieses Jahrhunderts sind. Nicht entgehen lassen sollte man sich die Aussichtsdüne zwischen den Wäldchen. Das Dünental ist dicht mit Vogelbeerbüschen, Holunder, Grauweiden und Sand-

dorn bestanden. Wer an der Schutzhütte vorbeiläuft, gelangt in ein Feuchtgebiet, in dem das Schilf meterhoch steht – ein Eldorado für Vogelbeobachter. Das wasserreiche, von Tümpeln durchzogene Gelände ist auch die Heimat der Kreuzkröte, die wegen ihrer kraftvollen Frühlingskonzerte – und in Ermangelung des namengebenden Singvogels – auch die »Baltrumer Nachtigall« genannt wird. Da Baltrum vom Festland mit Trinkwasser versorgt und die Süßwasserlinse unter der Insel nicht genutzt wird, sind die Feuchtbiotope nicht gefährdet. So findet man hier noch eine Reihe andernorts bedrohter Pflanzen wie das Sumpfherzblatt und das Rundblättrige Wintergrün. Auf einem nach Süden abzweigenden Pfad gelangt man durch die grauen Dünen in Höhe des Zeltplatzes zur Wattseite. Entweder geht es jetzt am Bibelkreisheim vorbei zum Dorf zurück oder weiter nach Osten.

Der Weg weiter zum **Osterhook** führt immer am Heller entlang, mit Blick über das vogelreiche Watt und das 6 km entfernte Festland. In den Salzwiesen findet man ausgedehnte Rotschwingelbestände und den unter Naturschutz stehenden violettblühenden Strandflieder. Seltene Vogelarten wie die rotfüßigen Küsten- und Flußseeschwalben und eine stattliche Lachmöwenkolonie brüten hier.

Ebenfalls zum Osterhook führt ein markierter Pfad, der in Höhe des Zeltplatzes nach Süden ins

Watt abzweigt. Er verläuft in 100 m Abstand parallel zur Hellerkante und darf nur eine Stunde vor bis eine Stunde nach Niedrigwasser betreten werden.

Auskunft: Die Touristeninformation ist wie auch die Kurverwaltung im Rathaus (Haus Nr. 130) untergebracht, ☎ 0 49 39/91 40 03, Fax 91 40 05. Für kurzentschlossene Gäste: Information über freie Unterkünfte erhält man über ☎ 0 49 31/92 29 71 (während der Bürozeiten) bzw. 01 90-77 11 44 (nach Büroschluß und am Wochenende). In Neßmersiel steht ein (neben der Zimmervermittlung in Hafennähe) ein Multimedia-Informationssystem mit täglich aktualisierten Informationen über freie Unterkünfte, Restaurants, Ausflugsziele etc. Die »Inselglocke« mit Veranstaltungskalender erscheint 6mal jährlich.

Flug: Ab **Norddeich** mit der Frisia Luftverkehr GmbH, Norddeich-Flughafen, Postfach 1160, 26501 Norden-Norddeich, ☎ 0 49 31/93 32-0, Fax 93 32-23.

Fährverbindungen: Ab **Neßmersiel** im Sommer meist 3× pro Tag, tideabhängiger Fahrplan, die Fahrtdauer beträgt 30 Minuten. Auskunft Fähr- und Bahnverkehr): Reederei Baltrum-Linie, Postfach 123, 26572 Baltrum, ☎ 0 49 39/91 30-0.

Parken: Baltrum ist autofrei. Direkt am Anleger findet sich ein Großparkplatz (nicht sturmflutsicher, keine Garagen). Im Dorf liegen die Neßmersieler Garagenbetriebe (Garagen-Parkplatzservice), Westerdeicher Str. 95, ☎ 0 49 33/22 23, 7 21 oder 23 63.

Verkehr: Zu Fuß gehen ist Trumpf auf Baltrum. Fahrräder sind den

Auf zur Wattwanderung

Vermietern vorbehalten, ansonsten unerwünscht, folglich gibt es auch keinen Verleih. Wer nicht laufen möchte, muß sich auf das Pferd bzw. die Kutsche schwingen. Kutschtaxi, Ausritte, Ponyreiten: ☎ 3 47, 91 40 91,2 42. **Gepäckspedition:** Bruns-Strenge, ☎ 0 49 39/2 72. Viele Vermieter lassen ihre Gäste entweder mit einer pensionseigenen Kofferkarre vom Schiff abholen oder stellen ihnen einen Handwagen an den Anleger.

Unterkunft: *Hotel Dünenschlößchen,* Nr. 48, ☎ 9 12 30, im Ostdorf, an der Wattenmeerseite; *Nordsee-Hotel Zur Post,* Nr. 43, ☎ 2 16 und 4 16, Hotel-Pension gegenüber vom Nationalparkhaus, mittlere Preisklasse, Restaurant; *Hotel Strandhof,* Nr. 123, ☎ 8 90, ideale Lage zwischen Strand und Wattenmeer, West- und Ostdorf; *Hotel Fresena,* Nr. 55, ☎ 2 31, ruhige Lage mit Blick zum Wattenmeer, mittlere Preisklasse, Restaurant. **Pensionen mit Verpflegung:** *Pension Lottmann,* Nr. 62, ☎ 3 36, großes Haus mit Blick zum Wattenmeer; *Villa Erholung,* Nr. 122, ☎ 3 20, Familienpension mit Kinderzimmer und windgeschützter Sonnenterrasse; *Haus Störtebeker,* Nr. 167, ☎ 295, Nichtraucherpension, Vollwertkost.

Zelten: Auf dem Gelände des Niedersächsischen Turnerbundes, etwa 2 km vom Hafen. Schöner Platz (ohne großartigen Komfort) in den Dünen am Rande der Ruhezone mit Blick übers Wattenmeer. Zelten (Mai–Sept.) nur mit vorheriger Anmeldung bei der Kurverwaltung, die die Platzreservierung schriftlich bestätigt. Keine Aufnahme ohne diese Bestätigung.

Cafés, Restaurants, Kneipen: Das Angebot ist überschaubar und familienfreundlich. Wer vom Hafen kommt, sieht linkerhand das *Witthus* liegen (Haus Nr. 137), ein gepflegtes Walmdachhaus mit umfangreicher Speise- und Weinkarte und großer Sommerterrasse mit Blick zum Watt. Schön zum Klönen in mehreren gemütlich eingerichteten Räumen oder auf der Terrasse ist die *Teestube,* ein Café-Restaurant an der Grenze zwischen West- und Ostdorf (Haus Nr. 149). Blick übers Wattenmeer bietet das Café-Restaurant *Dünenschlößchen* (Haus Nr. 48) mit sonniger Aussichtsterrasse. Vom *Strandhotel Wietjes* (Haus Nr. 58) geht der Blick über die Strandmauer auf ein Stückchen Meer, Café-Restaurant, Wildspezialitäten. Unten im Hof findet man die *Inseldisco Kajüte* (Hintereingang). **Für Familien mit Kindern** empfiehlt sich das *Dezulian,* relativ peiswerte Pasta, Pizza und Salate. *Restaurant bei Charly* (Haus Nr. 73), gut besuchtes, gemütliches Speiselokal im Westdorf. *Zum Seehund* (Haus Nr. 178) in der Nähe der alten Kirche, gutbürgerliche Küche in gediegener Umgebung. **Für tagsüber und abends:** *Die Welle,* im Meerwasser-Hallenbad, Haus Nr. 240. Freundliche Atmosphäre, man sitzt im Strandkorb, um

sich herum viele Grünpflanzen; Kuchen und kleine Gerichte. Eine beliebte Wein- und Bierstube mit preiswerten kleineren Gerichten ist das *Sturmeck* (Haus Nr. 7) in der Fußgängerzone gegenüber von Stadtlander. Am Abend trifft man sich im Westdorf auch in *Alfred's Bistro.*

Baden: Hunde sind am Badestrand unerwünscht, ihnen ist ein Strandabschnitt weiter östlich reserviert. Das zwischen Kurverwaltung und Tennisanlage gelegene Meerwasser-Wellenbad (Haus Nr. 240) ist samt finnischer Sauna und Solarium von Beginn der Osterferien bis zum Ende der Herbstferien und in den Weihnachtsferien geöffnet.

Kinder: Kinder haben es gut auf Baltrum. In ONNOs Kinderspöölhus (Haus Nr. 68) gibt es eine große Auswahl an Spielen und Spielsachen sowie ein gutes Angebot an Mal- und Bastelaktionen. Außerdem kann man auf dem Spielteich an der Wattseite zwischen West- und Ostdorf Schiffchen schwimmen lassen.

Langeoog

Auf den Wasserturm, das Wahrzeichen der ›sportlichen Insel‹ • Seemannshus und Schifffahrtsmuseum • Über die Höhenpromenade zum Dünenfriedhof • Zum Flinthörn im buhnenfreien Westen • Durch das Pirolatal am Großen Schloop vorbei zum Vogelwärterhaus

Wer auf Langeoog ankommt, besteigt die bunte, nostalgische Inselbahn und zuckelt mit ihr durch ausgedehnte grüne Weiden, die fast an das ostfriesische Festland erinnern. Vor dem Bahnhof mitten im Dorf warten Kutschen auf Müde und Bepackte, während leichtfüßige Tagesgäste ausschwärmen, um den freundlichen Ort mit seinen breiten Straßen, dichten Laubbäumen und hübschen Vorgärten zu erkunden. Nichts erinnert daran, daß die von Sturmfluten und Sandstürmen jahrhundertelang gebeutelten Insulaner Anfangdes 18. Jh. gezwungen waren, die Insel zeitweise zu verlassen und aufs Festland zu ziehen – und das, obwohl sich Langeoog im Verlauf der Jahrhunderte als die lagestabilste aller Ostfriesischen Inseln erwiesen hat.

Inselgeschichte

Im 13. Jh. war Langeoog, die »lange Insel«, vermutlich schon im Besitz eines größeren Hafens. Zumindest ist im »Ostfriesischen Urkundenbuch« für das Jahr 1289 ein »Hafen, Ackumhe genannt« als Schauplatz eines Mordes verzeichnet. »Accumer Ee« heißt heute noch das Seegat zwischen Baltrum und Langeoog. Möglicherweise war der Hafen Ackumhe ein früherer Inselhafen Langeoogs, das damals ein gutes Stück weiter westlich lag als heute. Um 1630 lebten auf Langeoog 35 bis 40 Menschen in sieben Haushaltungen und unter durchweg ärmlichen Verhältnissen. Landwirtschaft konnte nur auf den kleinen Hellerflächen betrieben werden, die häufig versandeten. Der Flugsand machte den Insulanern so zu schaffen, daß sie im Jahre 1666 ihr ganzes Dorf verlegen und samt Kirche neu errichten mußten.

Vergebliche Mühe: Die Weihnachtsflut von 1717 zerstörte das neue Dorf. Die aufgepeitschte See durchbrach die Randdünen und überspülte die Sandflächen zwischen den Dünenkomplexen im Westen und Osten. Viele Bewoh-

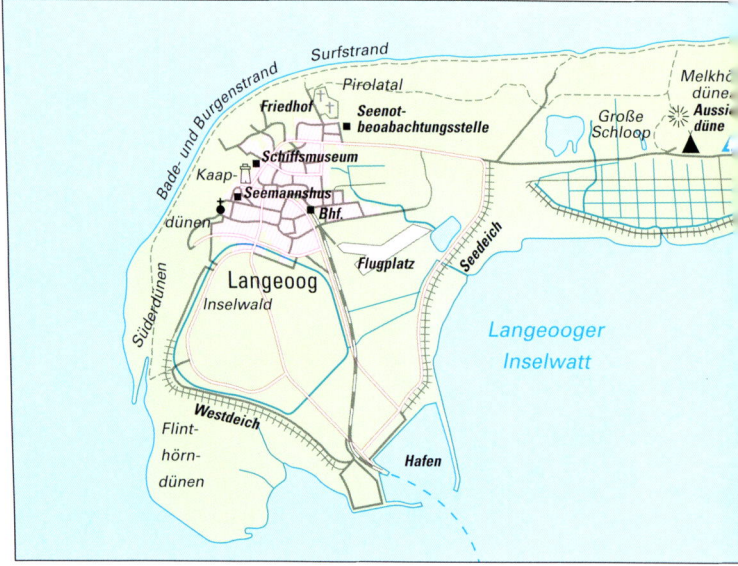

Langeoog

ner verließen daraufhin die Insel. Nur vier Familien versuchten einen Neubeginn, doch ohne Erfolg, auch sie mußten schließlich aufs Festland ziehen. Die Insel lag nun brach und blieb menschenleer, bis 1723 einige Helgoländer Familien ihr Glück versuchten, angesichts der kargen Lebensbedingungen aber schnell aufgaben. 1732 lebten wieder drei ostfriesische Familien auf der Insel, im Jahre 1777 war die Einwohnerzahl auf 39 gestiegen, und es gab 129 Stück Vieh: 5 Pferde, 23 Kühe, 19 Kälber, 82 Schafe. Es war streng verboten, das Vieh in den Dünen weiden zu lassen, die Besitzer hatten darauf zu achten, daß ihre Tiere die für den Dünenschutz wichtigen Helmanpflanzungen nicht zertraten und abweideten. Neben der Vogeleiersuche bildete auch der Kaninchenfang eine wichtige Einnahmequelle. Dem Landesherrn wurde Pacht für die Kaninchenjagd im Westen und im Osten der Insel gezahlt, die übrigen Insulaner waren von allen Abgaben befreit, weil sie in zu großer Armut lebten, vom einträglichen Kaninchenfang waren sie allerdings ausgeschlossen.

Immer noch plagte Flugsand die Menschen, bedeckte Wiesen und Weiden. Als 1822 ein Beauftragter der Ostfriesischen Landstände

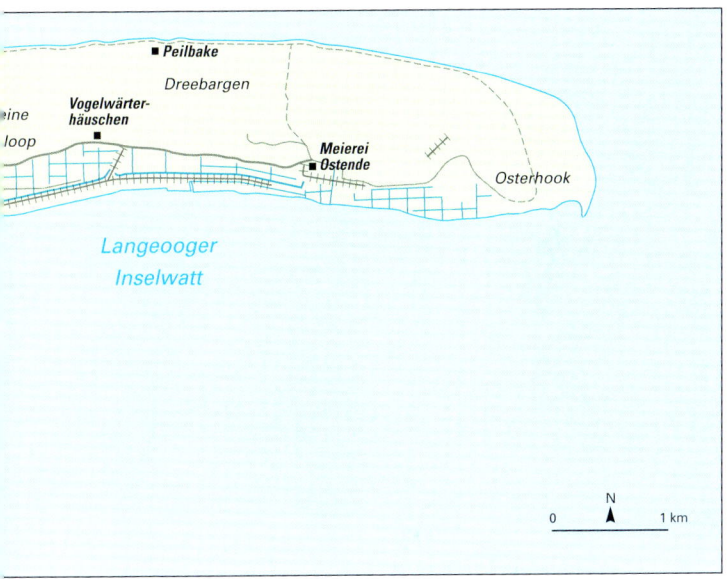

Langeoog aufsuchte, um sich ein Bild über den Zustand der Insel zu machen, schrieb er die Schuld an den kahlgefressenen, in Bewegung geratenen Dünen den Kaninchen zu, konnte aber angesichts des drohenden Hungers nicht guten Gewissens zu einer Ausrottung der gefräßigen Nager raten. Er empfahl den Insulanern aber, zumindest darauf zu verzichten, die Grasnarbe der Dünen auf der Suche nach den begehrten, nährreichen Vogeleiern aufzureißen und so dem Wind preiszugeben.

Die Februarflut von 1825 verschlimmerte die ohnehin große Not der Langeooger noch. Den ersten Badegästen konnte man als Zeitvertreib nur das Kaninchenja-

gen und Eiersammeln anbieten, während auf Norderney das Geschäft bereits florierte. Nicht genug damit, wurden die Langeooger vom gestrengen Inselpastor Hoffmann auch noch als moralisch durch und durch verdorben beschimpft. In einer Eingabe an das Amt Esens im Jahre 1859 heißt es: »Ich muß Klage vor Ihnen führen um das Elend der tiefen Verkommenheit ... deren traurige Folgen mit dem unabwehrbaren Fluche der Noth und des Unfriedens so schwer auf dem hiesigen Geschlechte lasten ... Der Hauptcharakterzug der Langeooger ist rohe Sinnlichkeit, die sich kund thut in allgemeiner, starcker Trunksucht unter Männern und Weibern, Gemeinheit, Putzsucht und Hang zum Wohlleben. Folgen davon: bodenloser Leichtsinn und Nachlässigkeit, Trägheit, Noth und Armuth, Unfriede und Schlechtigkeit.«

1863 verließ Pastor Hoffmann die Insel, die sich nun auch ohne seinen geistlichen Beistand langsam zur Badeinsel mauserte, allerdings noch lange im Schatten der benachbarten Inseln stand. Die entscheidende Wende trat erst 1884 ein, als das evangelische Kloster Loccum auf der Insel ein Hospiz errichten ließ und gleichzeitig alle bis dahin eher dürftigen Badeeinrichtungen auf der Insel übernahm und ausbaute. Bereits drei Jahre später zählte man 1216 Gäste, 1891 waren es 1719. Langeoogs Entwicklung zum Nordseebad hatte endgültig eingesetzt. Heute wirbt die autofreie Insel mit ihrem vielseitigen und familienfreundlichen Angebot an sportlichen Aktivitäten.

Unübersehbar: Der Wasserturm

Das Dorf

Vom Bahnhof aus empfiehlt es sich, zunächst am weinumrankten Rathaus vorbei die Hauptstraße hinaufzuschlendern. An ihrem Ende erhebt sich der 18 m hohe, auf einer Düne gelegene **Wasserturm** aus rotem Backstein und weißem Wellblech. Langeoogs markantes, weithin sichtbares Wahrzeichen diente von 1909 an als Trinkwasserspeicher, bis 1994 ein modernes Speicherbecken beim Wasserwerk diese Aufgabe übernahm. Das Trinkwasser wird einer teilweise über 30 m dicken Süßwasserlinse unter den Dünen entnommen. Seit Juni 1994 ist der alte Speicher der Öffentlichkeit zugänglich. Eine Wendeltreppe führt durch den Wasserbehälter zur verglasten Aussichtsplattform in 23 m Höhe über N.N. (Mo–Fr tgl. 10–12 Uhr).

Vom Wasserturm führt ein gepflasterter Pfad durch die weißen Kaapdünen direkt an den Hauptstrand. Wer lieber noch bummeln möchte, schlendert die von Cafés gesäumte Barkhausenstraße Richtung Kurviertel hinunter. Im »Haus der Insel« ist das sehr sehenswerte **Schiffahrtsmuseum** untergebracht. Modelle historischer Schiffe, Buddelschiffe, nautische Geräte, Logbücher, Schiffsbaupläne sowie Werbeplakate bekannter Überseereedereien geben einen lebendigen Einblick in die Geschichte der Schiffahrt. Eindrucksvoll ist die Sammlung verzierter Walknochen, in die Segelschiffe, teils auch ganze Walfangszenen eingraviert sind (März bis Okt. Mo–Fr 10–12 und 14–16 Uhr, Sa 10–12 Uhr, So geschlossen). Ein Magnet vor allem für Kinder ist das vor dem Haus aufgestellte **Rettungsboot »Langeoog«**, das von 1945 bis 1980 im Einsatz war. Außer Informationen über die Arbeit der Deutschen Gesellschaft zur Rettung Schiffbrüchiger bekommt man spannende Geschichten von riskanten Einsätzen zu hören (Mo–Sa 15–17 Uhr).

Wen die Geschichte Langeoogs interessiert, der sollte das alte **Seemannshus** im Westen des Dorfes besuchen. Das etwas abseits des Zentrums an der Ecke Casper-Döring-Pad/Mittelstraße gelegene, 1989 liebevoll restaurierte Insulanerhaus beherbergt ein kleines Heimatmuseum mit einer bunten Vielfalt an Exponaten und einer jährlich wechselnden Themenausstellung zu naturkundlichen und historischen Themen (Mi, Fr 15–17 Uhr, So 10–12 Uhr).

Einen Abstecher sind auch die beiden täglich ganztags geöffneten Kirchen Langeoogs wert. Die **evan-gelische Inselkirche** wurde 1888–1890 in rotem Backstein gebaut und 1959 erweitert. Äußerst bemerkenswert ist das 1990 von dem Nordener Maler Hermann Buß geschaffene Altarbild, das einen gestrandeten weißen Ozeanriesen mit einer verstreuten Gruppe teilnahmslos wartender Passagiere zeigt (s. S. 45). Die Anfang der 60er Jahre erbaute **katholische Kirche** ist dem hl. Nikolaus, dem Schutzpatron der Schiffer, geweiht. Die Formen der in die Dünen eingebetteten Rundkirche können ganz unterschiedlich gedeutet werden. Die ausschwingende Form des Glokkenturms, von den Einheimischen spöttisch »Nonnenrutsche« genannt, soll die Flut des Meeres versinnbildlichen.

Geht man rechts an der katholischen Kirche vorbei, gelangt man zur **Höhenpromenade**, die sich auf einer Länge von 1,5 km über die zur offenen See hin gelegenen Dünenkette schlängelt. Sie verläuft in einer Höhe von 15 bis 20 m und ist

Verzierte Walknochen

»Ich berge Dich im Schatten meiner Hände«

Der Dünenfriedhof

In seiner berühmten Rede vom 8. Mai 1985 gedachte Bundespräsident Richard von Weizsäcker aller Opfer des Zweiten Weltkriegs. Er gedachte in Trauer der in deutschen Konzentrationslagern ermordeten Juden, der ermordeten Sinti und Roma, der umgebrachten Homosexuellen, der getöteten Geisteskranken, der Opfer des Widerstandes, der Menschen, die um ihrer religiösen und politischen Überzeugung willen sterben mußten. Ein Auszug aus dieser Rede ist in einem Buch aus Bronze auf dem Langeooger Dünenfriedhof zu lesen. Es liegt aufgeschlagen am Fuß eines Ende der 50er Jahre errichteten Ehrenkreuzes, das den Gefallenen des Zweiten Weltkrieges gewidmet ist.

Die Langeooger haben auch den 450 russischen Kriegsgefangenen, die im Hochsommer 1941 auf die Insel kamen, ein würdiges Denkmal gesetzt. Als Zwangsarbeiter wurden sie beim Bau militärischer Anlagen und bei der Dünenbefestigung eingesetzt. Entkräftet durch die unmenschlichen Haft- und Arbeitsbedingungen, an denen die Insulaner auch durch heimliche Lebensmittelspenden kaum etwas ändern konnten, fielen über hundert Gefangene dem im Herbst 1941 ausbrechenden Fleckfieber zum Opfer. Der »Russenfriedhof« bildet den ältesten Teil des Dünenfriedhofes, auf dem vorher nur ein paar heimatlose Strandleichen begraben worden waren. Die Namen von 113 hier gestorbenen Russen sind auf sechs Gedenksteinen zu lesen, die Zahl der Opfer war jedoch vermutlich höher.

Eine weitere Gedenkstätte ist den Deutsch-Balten gewidmet. Kurz vor Kriegsende gelangte eine Gruppe von über 300 Balten, durchwegs ältere Menschen, nach einer strapaziösen Flucht nach Langeoog. Innerhalb der ersten sechs Tage nach ihrer Ankunft starben 18 Menschen an Erschöpfung und Unterernährung, bis zum Monatsende noch einmal 19. Insgesamt 324 Baltendeutsche sind auf dem Dünenfriedhof begraben, schlichte Holzkreuze erinnern an sie. Neben einem Kreuz an der Mauer ist der Bibelspruch zu lesen: »Ich berge Dich im Schatten meiner Hände«.

Noch bis 1978 gab es auf Langeoog eine Wohnstätte für betagte Balten. Als das »Baltenheim« geschlossen wurde, mußten die letzten Insassen in ein anderes baltisches Altersheim bei Hannover umsiedeln.

damit die höchstgelegene aller ostfriesischen Strandpromenaden. Dem Sandstrand vorgelagert sind viele hundert Meter lange Sandbänke, sogenannte Strandriffe, die bei Flut überspült werden. Auf der am weitesten draußen liegenden Sandbank, der »Robbenplate«, ruhen bei Ebbe sehr oft Seehunde. Entlang der Promenade verlocken ein Panorama-Café, mehrere Snackbars und eine Diskothek zum Schwelgen und Schwofen. An der Ecke zum Warmbad liegt »Le Paradis«. Hier findet man internationales Kunsthandwerk sowie eine ständige Ausstellung von Werken des Langeooger Malers Anselm Prester, der auch Malkurse für Kinder und Erwachsene anbietet (Atelier am Meer, ✆ 0 49 72/63 71).

Die Höhenpromenade führt oberhalb des Kurviertels mit Meerwasser-Hallen-Brandungsbad, den Kinderspielhäusern und dem Haus der Insel vorbei und endet an der Straße Gerk sin Spoor, die nach dem Fuhrunternehmer Gerk Albers benannt ist, der auf diesem Weg mit seinem Gespann Strandgut nach Hause brachte. Viele Besucher zieht vor allem der hübsch angelegte, geschichtsträchtige **Dünenfriedhof** mit dem Grab der Lale Andersen an. Die Sängerin der »Lili Marleen« starb 1972 zwar in Wien, wurde aber auf ihren Wunsch hin auf dem Dünenfriedhof in Langeoog beigesetzt, wo auch ein Russenfriedhof und eine Baltengedenkstätte zu finden sind (ganztägig frei zugänglich). In der schma-

len Straße Gerk sin Spoor ducken sich, nur einen Katzensprung vom Friedhof entfernt, mehrere hübsche reetgedeckte Inselhäuser hinter gepflegten Hecken. Eines von ihnen, der **Sonnenhof**, gehörte einst Lale Anderson. Heute beherbergt es eine beliebte Tee- und Weinstube.

Auf einem hohen Dünenkamm, nur wenige Gehminuten vom Sonnenhof entfernt, bietet sich von der **Seenotbeobachtungsstelle** aus ein weiter Rundblick über das Dorf, die offene See, ins Pirolatal sowie zum Ostende der Insel. Die orangefarbene, mit einer Antenne zum Empfang von Seenotrufen versehene kastenförmige Station wird von der Gesellschaft zur Rettung Schiffbrüchiger unterhalten. Der Wachturm kann tagsüber bestiegen werden, geführte Besichtigungen finden nur am Wochenende statt. Von der Station führt ein schmaler, gepflasterter Fußweg hinunter ins Pirolatal. Unten im Tal stößt man auf einen Wanderweg, der rechts in den Ostteil der Insel, links aber zurück zur Höhenpromenade Richtung Dorf führt.

Der Südwesten

Langeoog ist neben Juist die einzige Insel, deren Westende nicht durch Buhnen geschützt werden muß. Ohne verunstaltende Deckwerke aus Asphalt und Beton erstreckt sich der weite Sandstrand

Abschied oder Wiedersehen?

Richtung Süden. Dorf und Inselwald liegen im Schutze der Kaap- und der Süderdünen, an die sich im Süden die Flinthörndünen anschließen. Die Entfernung zur Nachbarinsel Baltrum, die von Langeoog durch die bis zu 18 m tiefen Accumer Ee (Eh oder Ehe bedeutet Wasser) getrennt ist, beträgt knapp 2 km.

Die Erkundung des Südwestens sollte man mit einer Wanderung oder Radfahrt durch den zu Beginn der 50er Jahre entstandenen **Inselwald** verbinden. Er bedeckt heute einen Teil des von ausländischen Zwangsarbeitern im Zweiten Weltkrieg angelegten ehemaligen Militärflugplatzes. Im nordwestlichen Bereich, dort, wo die Insulaner in einer bunten Schrebergartenkolonie ihr eigenes Gemüse züchten, drängen Holunderbüsche, Heckenrosen und Weidenröschen durch Risse und Brüche in den Betonpisten und erobern sich das Areal zurück.

Die eigentliche Attraktion des Südwestens ist das in der Ruhezone des Nationalparks gelegene **Flinthörn**. In diesem Inselanlandungsgebiet sind die unterschiedlichen Stadien der Dünenentwicklung zu beobachten. Seit 1825 hat sich hier ein nehrungsartiger Fluthaken, eine durch Strömung und Sandablagerungen entstandene hakenförmige Anlandung, gebildet. Auf den höher gelegenen Schillflächen (aus Muschelschalen) brüten neben Rotschenkeln und Austernfi-

schern auch mehrere seltene Seeschwalbenarten. In den Wintermo-
naten rasten hier zahlreiche Watt-
vogelarten, die in den südlich angrenzenden Wattgebieten reichlich
Nahrung finden. Nur ein kleiner
Bereich des Flinthörns ist Spaziergängern zugänglich, im Sommer
markiert ein Zaun das Ende des
Weges, am Dünenrand steht von
März bis Oktober ein Informationsstand der Nationalparkverwaltung.
Einen weiten Blick über dieses artenreiche, von Prielen und Wasserflächen durchzogene Naturschutzgebiet hat man vom 7,4 m hohen
Westdeich, der von den Flinthörndünen direkt zum Hafen führt. Auf
dem Deich weiden im Sommer
Kühe, der Wander- und Radfahr-
weg führt mitten durch die Jung-
viehherden hindurch.

Am tideunabhängigen **Hafen**,
wo die Fähren anlegen und Frachtschiffe be- und entladen werden,
herrscht reges Leben. Schön ist eine
Wanderung vom Hafen auf dem
Seedeich, der grüne, von Pferden
beweidete Polderwiesen schützt.
Der 4 m hohe, zu Beginn des
Zweiten Weltkrieges aufgeschütte-
te Seedeich hielt der verheerenden
Sturmflut im Februar 1962 stand.
1971 wurde er auf durchschnittlich
6,5 m über dem Meeresspiegel erhöht. Von seiner Krone reicht der
Blick über den Heller, an den sich
das Wattenmeer anschließt. Dort,
wo der Seedeich auf die Willrath-
Dreesen-Str. stößt, geht es links in
den Ort, rechts aber in den Osten
der Insel.

Der Osten

Vom Dorf führt ein schnurgerader
Plattenweg an der Grenze zwischen hohen Dünen und Heller-
wiesen entlang in den Osten. An
den nordöstlichen Ortsrand schließt
sich zunächst das **Pirolatal** an. Das
fast 2 km lange und 100 bis 300 m
breite Dünental trägt seinen Namen nach dem Rundblättrigen
Wintergrün *(Pirola rotundifolia)*.
Die zwischen Juli und September
rosaweiß blühende Pflanze kommt
hier allerdings nur noch vereinzelt
vor. Ein gepflasterter Wander- und
Radpfad mit vielen Ruhebänken
schlängelt sich durch das von bis
zu 15 m hohen grauen Dünen gesäumte Tal.

Auf der Straße nach Osten passiert man den **Großen Schloop**, die
Gegend, in der die Insel in der
Weihnachtsflut 1717 überflutet
wurde. Erst 1906 konnte die Lücke
in der Dünenkette endgültig durch
den Bau eines Deiches geschlossen
werden. Überbleibsel des Durch-
bruchs sind mehrere Brackwasser-
tümpel in dem weiten Wiesenge-
lände des Großen Schloop, in dem
es außerdem seit 1971 einen bis zu
12 m tiefen Baggersee gibt, der entstand, als man hier Sand für das
Strandschutzwerk im Nordosten
des Hauptbades abbaggerte. Im
Schloopteich leben Garnelen und
Aale. Im Bereich des Kleinen
Schloop hinter den Melkhörndü-
nen strömten einst ebenfalls die
Meeresfluten, hier gelang es aber

schon 1890, den Dünendurchbruch wieder zu schließen.

Zwischen dem Großen und dem
Kleinen Schloop erhebt sich die
Melkhörndüne mit einer stolzen
Höhe von knapp 20 m. Einst höch-
ster »Gipfel« der Ostfriesischen Inseln, hat sie in den vergangenen
Jahrzehnten durch Erosion gut eineinhalb Meter an Höhe verloren.
Treppen führen von Westen und
Norden auf die Kuppe, von der
sich ein fantastischer Panorama-
blick über die Insel bietet, besonders schön zum Sonnenuntergang.

Die Jugendherberge Melkhörn
und der angeschlossene Zeltplatz
liegen am Fuße der Melkhörndü-

»Man sieht nur, was man weiß«: Beim
Vogelwärterhaus im Osten

nen direkt am Übergang zum Heller. Die 1923 erbaute Domäne wurde 1953 zur Jugendherberge umgebaut. Hinter dem Hauptgebäude
führt ein schmaler Pfad zum Strand
(1 km). Eine kleine Rast auf dem
Weg zum Ostende lohnt das **Vogelwärterhaus** mit einer informativen
Dokumentation der Langeooger
Vogelwelt. Oberhalb des Hauses
bietet sich von einem Aussichts-
punkt ein weiter Blick in die Dünenlandschaft, in der die mit etwa
5000 Brutpaaren zweitgrößte Sil-
bermöwenkolonie in der Nordsee
zu finden ist (eine größere gibt es
nur noch auf der Vogelinsel Memmert). Auch die schwarzweißen,
mit einem fuchsroten Brustband geschmückten Brandenten (auch
Brandgänse genannt) nisten hier
unter Gebüschen oder in – größten-
teils künstlichen – Erdhöhlen. Das

Betreten der Vogelkolonie, die zur Ruhezone des Nationalparks gehört, ist verboten, an mehreren Tagen in der Woche kann man jedoch an einer kostenlosen Führung des Vogelwartes teilnehmen.

Besonders reich ist die Vogelwelt auch in der näheren Umgebung der **Meierei Ostende**, die darum nicht nur ein beliebtes Etappenziel für Wanderer und Radfahrer ist, sondern auch ein Treffpunkt für Ornithologen. Die Meierei betreibt außer einem Café immer noch Weidewirtschaft. Seit 1975 schützt ein 5,20 m hoher Deich den Hof und das benachbarte Schullandheim bei Sturmfluten. Ein etwa 1 m hoher »Sommerdeich«, der vom Seedeich bis zur Meierei am Wattrand verläuft, verhindert während der Sommermonate Überschwemmungen des Grünlandes bei Hochfluten.

Hinter der Meierei führt der gepflasterte Weg weiter Richtung **Osterhook** bis zu einer Regenschutzhütte. Von da aus ist es noch etwa 1 km auf sandigem Pfad bis zum Ostzipfel (Hin- und Rückweg vom Dorf insgesamt 25 km). Die 19 m tiefe **Otzumer Balje** trennt Langeoog von der knapp 3 km entfernten Nachbarinsel Spiekeroog. Das einst zwischen Langeoog und Esens gelegene Dorf Otzum ging in der schweren Sturmflut von 1362 unter.

ℹ Auskunft: Kurverwaltung mit Touristeninformation im Rathaus, ☎ 0 49 72/69 30, Fax 65 88. Zimmervermittlung und Touristeninformation im Bahnhofsgebäude ☎ 69 32 01, Fax

69 32 05. »De Utkieker« mit Veranstaltungskalender und Inselinfos erscheint monatlich von April–Okt. und zum Jahreswechsel.

✈ Flug: Ab **Harle** mit Luftverkehr Friesland Harle, Flugplatz Harle, 26409 Wittmund-Carolinensiel, ☎ 0 44 64/ 80 11, 9 48 10.

⚓ Fährverbindung: Ab **Benersiel** in der Saison bis 9mal pro Tag; der Fährverkehr ist nicht tideabhängig; die Fahrdauer beträgt 1 Stunde (inklusive Inselbahn). Auskunft: Bahnhof Langeoog, ☎ 6 93-2 60. Abfahrten des nächsten Tages können nach Dienstschluß telefonisch abgehört werden, ☎ 0 49 71/25 01.

🅿 Parken: Langeoog ist autofrei, das Auto bleibt in einem der zahlreichen Garagenbetriebe auf dem Festland, Garage Arians, ☎ 0 49 71/8 87; Galts, ☎ 0 49 71/45 96; Graef ☎ 0 49 71/8 33; Inselparkplätze ohne Garagen direkt am Anleger, Voranmeldung nicht erforderlich, ☎ 0 49 71/31 00 oder 74 82. Der bahnamtliche Gepäckdienst Heyken, ☎ 0 49 72/60 60, Fax 320, sorgt für die Zustellung des Gepäcks auf die Insel.

🚲 Verkehr: Hauptverkehrsmittel auf Langeoog ist das Fahrrad, entsprechend hoch ist das Verkehrsaufkommen. Von März bis Oktober sind die Hauptstraßen (Rathaus bis Rudolf-Eucken-Weg) und die Barkhausenstraße (bis Einmündung Gartenstr.) in der Zeit von 10–12.30 Uhr und 16–18 Uhr für Räder gesperrt (dürfen nur geschoben werden). Kutschfahrten/Kutschtaxi/Inselrundfahrten: Janssen ☎ 12 43; Vogel ☎ 60 29; Kuper ☎ 62 69; Eser ☎ 62 85. Fahrkarten und Abfahrtszeiten bei den Kutschfahrtunternehmen. Die festgelegte Preistafel richtet sich nach der Entfernung, bis zu 5 Gepäckstücke werden frei befördert.

Hotels: *Aquantis,* Warmbadweg 2, ✆ 69 90, modernes Appartementhotel am Strand, Schwimmbad, Solarium; *Fährschiff,* Friesenstraße 5, ✆ 69 70, Appartement-Hotel mit Sauna, Solarium, Fitneßraum; *Silencehotel Strandeck,* Kavalierspad 2, ✆ 68 80, Strandnähe, exzellentes Restaurant, Hallenbad und Solarium; *Hotel Upstalsboom,* Am Wasserturm, ✆ 68 60, zentral mit Restaurant Friesenstube. **Hotel-Pensionen:** *Hotel Kupferpfanne,* Barkhausenstr. 3, ✆ 540 und 6038, zentral gelegen, *Hotel-Pension Brandaris,* Um Süd 28–30, ✆ 68 90, seniorenfreundliches Nichtraucherhaus. **Pensionen:** *Haus Goldenstein,* Branddünenweg 2, ✆ 865, mit Gästeküche; *Haus Seelust,* Rettungsspoor 4, ✆ 883 und 512, mit Küchenbenutzung; *Haus Villa Sperlingslust,* Um Süd 5a, ✆ 544, Nichtraucherhaus, Aufenthaltsraum mit Kamin.

Jugendherberge: Domäne Melkhörn, 126 Betten, etwa 4 km östlich vom Ort in der Mitte der Insel, 5 Min. vom Strand entfernt. Aufnahme nur nach vorheriger schriftlicher Anmeldung, ✆ 276

Zelten: Unmittelbar hinter der Jugendherberge liegt der einzige Zeltplatz. Schriftliche Anmeldung bei den Jugendherbergseltern.

Cafés und Restaurants: *Café Leiß,* immer gut besuchtes Café in der Barkhausenstraße, große Terrasse; *Windlicht,* gemütliches Bistro und Restaurant im Kino, hier kann man gut den Nachmittag verbringen, wenn die Kleinen im Kino sind, Am Hospizplatz 7; *Sonnenhof,* Tee- und Weinstube mit vielen Stammgästen im ehemaligen Wohnhaus der Sängerin Lale Andersen, Gerk-sin-Spoor Nr. 6; *Stövchen,* sehr gemütliches, geschmackvoll eingerichtetes kleines Café-Restaurant, Um Süd 1. **Richtung Hafen:** *Golfstube,* kinderfreundliches Café, im Garten eine Minigolfanlage samt Miniaturwindmühle, an der Hafenstraße; *Teestube* am Hafen mit Blick auf Schiffe und Wattenmeer, angeschlossenes Tee-Lädchen mit Tee, Kluntjes und schönem Geschirr, Hafenstr. 27. Einziges Ausflugslokal im **Osten:** *Meierei Ostende,* windgeschützte Terrasse hinterm Sommerdeich.

Kneipen, Disco: *Lili Marleen,* gut besuchtes Abendlokal, Hauptstr. 31; *Dwarslooper,* »die« Kneipe Langeoogs, bei schönem Wetter ist die große Außenterrasse schon zum Frühstück vollbesetzt, Barkhausenstr. 23; *Düne 13,* Diskothek und Musikkneipe mit Billardtisch an der Höhenpromenade, für die ersten Cocktails in der Abendsonne stehen draußen ein paar Bänke; *Piano,* Bistro und Diskothek, direkt am Hauptbad, Kavalierspad 11.

Baden: Der Bade- und Burgenstrand ist durch einen breiten Dünengürtel vom Dorf getrennt. Seinem sportlichen Image gemäß gibt es auf Langeoog extra Sportstrand. Wochentags wird hier nicht nur Strandgymnastik, sondern auch Volleyball (Spiel und Anleitung) angeboten. Rechts vom Ostbad ist der Surfstrand. Das Meerwasserhallenbad liegt im Kurviertel, Wassertemperatur 28° C, ✆ 69 32 40.

Kinder: Langeoog zählt unbestritten zu den kinderfreundlichsten der Ostfriesischen Inseln. Das Spöölhus (»das laute Haus«), Am Kavalierpad 10, ist ein Spielparadies für die Kleinen mit viel Spielmöglichkeiten drinnen und draußen – allerdings unbeaufsichtigt. In der schräg gegenüberliegenden Spööl-stuv (»das leise Haus« mit Gemeindebücherei), Am Kavalierpad 3, werden Bastel-, Spiel- und Sportkurse für Kinder und Erwachsene angeboten, Lesebereich mit Tagespresse, Krabbelstube mit Beaufsichtigung der Kinder. Eine Liste der Babysitter erhält man im Rathaus, Zimmer 4, ✆ 69 31 12.

Spiekeroog

Bummel durch das idyllische alte Inseldorf • Zur Alten Inselkirche, dem ältesten Gotteshaus auf den Ostfriesischen Inseln • Mit Deutschlands letzter Pferdebahn gen Westen • Auf Schusters Rappen zur Ostplate mit einzigartigen, von glitzernden Wasserflächen durchzogenen Salzwiesen

Nur ein paar Minuten sind es vom Hafen ins Dorf, das seit fast vierhundert Jahren unverändert an der gleichen Stelle steht. Die alten Inselhäuser ducken sich im Schutze üppig grüner, zum Teil über hundertjähriger Linden und Kastanien, deren Blätter verspielte Muster an die Hauswände, über die Gartentische und die grüngestrichenen Zäune werfen. An heißen Sommertagen findet sich immer ein schattiger Platz in einem der einladenden Straßencafés. Im Herbst, wenn die Stürme das Laub durch die gepflasterten Straßen fegen, lockt ein heißer Tee mit Kluntjes und Sahne in den gemütlichen Teestuben.

Wer es eilig hat, sollte Spiekeroog meiden: Es gibt nicht einmal einen Fahrradverleih, geschweige denn Autos oder gar einen Flughafen. Einziges öffentliches Verkehrsmittel ist Deutschlands letzte Pferdebahn, deren Kutscher auf dem Weg vom Ort zum Westende immer einige nette Anekdoten zu erzählen weiß.

Inselgeschichte

Die Herkunft des Namens Spiekeroog ist umstritten. Zwei unterschiedliche Deutungen sind möglich: Der Name könnte entweder auf *Spieker*, Speicher, zurückgeführt werden, also »Speicherinsel« zur Zeit der Seeräuber, oder aber auf die ersten Siedler, die möglicherweise aus einem küstennahen Dorf namens *Spieka* oder *Spieker* kamen.

Erstmals wird auch Spiekeroog in Widzel tom Brooks (s. S. 35) Urkunde aus dem Jahre 1398 erwähnt. Zu dieser Zeit war das Eiland wesentlich kleiner als heute und weiter westlich gelegen. Südwestlich vorgelagert war die kleine Insel Lütjeoog, im Osten die Insel Oldeoog. Im Verlauf des 17. und 18. Jh. wuchsen die beiden Inseln durch Sandanlagerungen allmählich mit Spiekeroog zusammen. In der Geschichte der niemals übermäßig begüterten Insulaner dominieren neben den zerstörerischen und gestaltenden Naturgewalten Überfälle durch rivalisierende Häuptlinge und Piraten sowie Schiffbrüche. Im Jahre 1448 beklagt der Graf Ulrich von Cirksena in einem Brief den Raub von 100 Schafen durch feindliche Häuptlinge. Spiekeroog gehörte zum Harlingerland, das zeitweise mit der Hauptstadt Esens ein selbständiges Land neben Ostfriesland bildete. Als Ostfriesland in der zweiten Hälfte des 16. Jh. protestantisch wurde, das Harlingerland aber zunächst katholisch blieb, kaperte der Landesherr Balthasar von Esens vor der Küste Schiffe der Protestanten. Die Vergeltungsschläge trafen

Spiekeroog

die Spiekerooger. Ebenso wie die Nachbarinsel Wangerooge hatten sie 1570 unter den Plünderungen der gefürchteten »Wassergeusen« zu leiden. Die für die calvinistische Form der Reformation eintretenden Geusen kämpften gegen die katholischen Truppen, die im Namen des spanischen Königs Philipps II., eines fanatischen Anhängers des Papstes, die protestantisch gewordenen Holländer terrorisierten. Spiekeroog galt den holländischen Widerständlern folglich als Feindesland. Was die Plünderungen überstanden hatte, fiel im November des gleichen Jahres der Allerheiligenflut zum Opfer. Die Insulaner verlegten daraufhin ihr Dorf gen Osten, wo es heute noch ist.

1581 wurde das Harlingerland mit Ostfriesland vereint. Für die

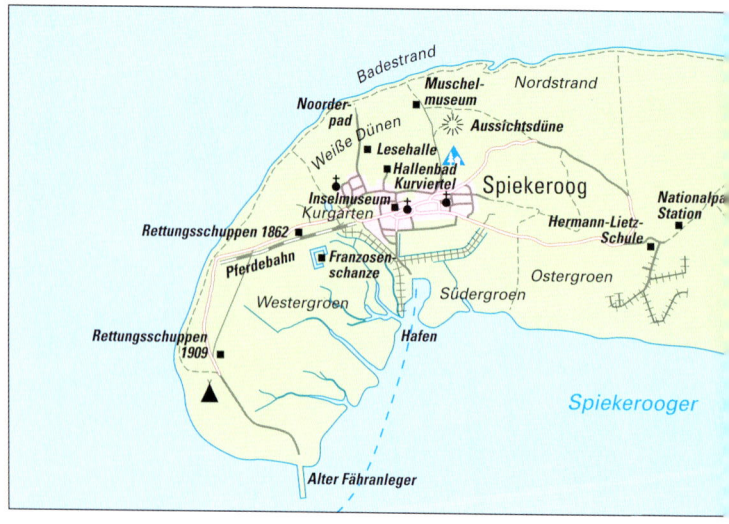

Spiekerooger brachen ruhigere Zeiten an. Um 1680 lebten etwa 110 Bewohner in 19 Häusern. Sie bewirtschafteten die kleinen Hellerflächen und lieferten Muschelschill als Rohstoff an Kalkbrennereien auf dem Festland. Ein Großteil der Insulaner fuhr zur See, entweder auf Handelsschiffen oder als Walfänger. Als gegen Ende des 19. Jh. Dampfschiffe den traditionellen Segelschiffen den Rang abliefen, brachen magere Zeiten an. Den Insulanern fehlte das Kapital, um im Kampf um Fische und Frachten erfolgreich mitzuhalten.

Als Erholungsort wurde Spiekeroog spät entdeckt. Erstmals 1846 offiziell als Seebad bezeichnet, hatte Spiekeroog in der ersten Saison bereits 162 Feriengäste vorzuweisen. Die meisten von ihnen kamen, weil ihnen der Aufenthalt auf Norderney »teils zu kostbar, teils zu geräuschvoll« war. Schon die ersten Gäste genossen also die beschauliche Ruhe der kleinen Insel, die einen kleinen Boom erlebte, als nach der schweren Sturmflut von 1855 der Badebetrieb auf der Nachbarinsel Wangerooge völlig eingestellt werden mußte. Mittlerweile hat das seit 1972 offiziell als Nordseeheilbad anerkannte Spiekeroog allen erdenklichen Kur- und Urlaubsluxus zu bieten, ohne daß die Insel mit ihrem traditionell gewachsenen Dorfkern Schaden genommen hat. Das moderne Kurzentrum und Hallenbad wurden dezent in die Dünen eingebettet, auf Hochhäuser und betonierte Einkaufsstraßen haben die Insulaner verzichtet.

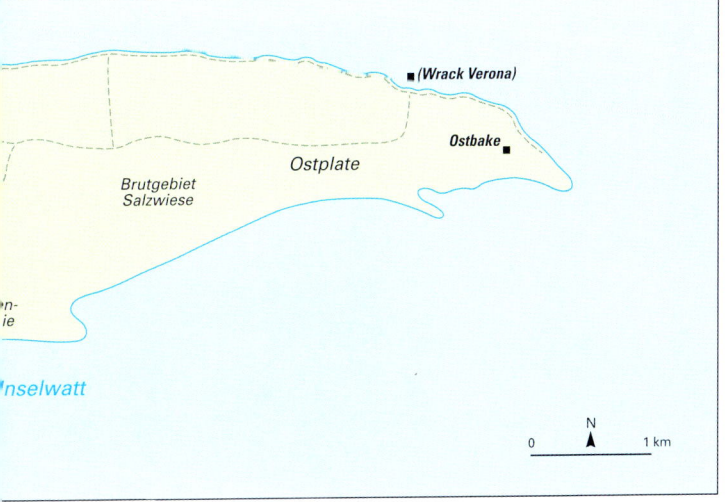

Dorfbummel

Nach Ankunft der Schiffe zieht sich der Strom der neuen Gäste den Wüppspoor hinauf zum Noorderloog, der Flaniermeile Spiekeroogs. Hier reihen sich Cafés, Geschenkläden, Eisdielen, Bäckereien und efeuberankte Hotels mit gemütlichen Restaurants aneinander. Im Noorderloog 1 ist das kleine **Inselmuseum** untergebracht, das die Geschichte der Insel und die Entwicklung von Schiffahrt, Fischfang, Badeleben und Seenotrettungswesen dokumentiert. Im Vorraum hängt die Schiffsglocke des 1854 gestrandeten Auswandererschiffes »Johan-

Alte Inselkirche

ne« (s. S. 128; wechselnde Öffnungszeiten). Die ohne Zweifel bedeutendste Sehenswürdigkeit des Dorfes liegt zentral und doch abgeschieden vom Trubel der Hauptstraße im Süderloog. Die 1696 errichtete **Alte Inselkirche** ist das älteste erhaltene Gotteshaus auf den Ostfriesischen Inseln. Klein und fein, doch etwas überladen wirkt das Kirchenschiff, an dessen himmelblauer Decke goldene Sterne funkeln. Die mit plattdeutschen Bibelsprüchen geschmückte Renaissance-Kanzel stammt aus dem 16. Jh. Ergreifend ist die Pietà, eine farbige Holzskulptur, die Maria mit dem vom Kreuz abgenommenen toten Jesus zeigt. Der Überlieferung nach soll sie von einem Schiff der Spanischen Armada stammen, das im 16. Jh. vor Spiekeroog angetrieben wurde. Auch andere Fun-

de, die auf Spiekeroog gemacht wurden, weisen auf ein solches Ereignis hin: Bei Grabungen in der Kirche im Jahre 1869 entdeckte man einen drei Fuß langen spanischen Stoßdegen, auf dem Friedhof fanden sich mehrere spanische Münzen, und bis in die Mitte des 19. Jh. wurde zu feierlichen Anlässen eine 30 Fuß lange seidene spanische Seeflagge gehißt. In der winzigen, von hohen Bäumen beschatteten Kirche finden im Sommer regelmäßig Abendandachten statt (wechselnde Öffnungszeiten).

Etwas außerhalb, im Westen des Dorfes, erstreckt sich der hübsche, von Wasserläufen durchzogene **Kurpark** mit üppigem Baumbestand. Ruhebänke und hölzerne Plattformen bieten Gelegenheit, die zahlreichen Wasservögel zu beobachten. Am Rande der sich anschließenden, von Blumenbeeten gesäumten Rasenflächen findet man den Musikpavillon, in dem während der Sommermonate täglich Konzerte stattfinden.

Viele Pfade schlängeln sich vom Dorf durch einen mehrere hundert Meter breiten Dünengürtel zum **Bade- und Burgenstrand** im Norden. Am Noorderpad, der durch das Kurzentrum mit Kurverwaltung und Meerwasserhallenbad führt, steht mitten in den Dünen ein kleiner **Lesepavillon.** Er wurde bereits 1931 erbaut, brannte aber 1987 ab und wurde 1989 neu errichtet. Das runde, mit einfachen Kiefernmöbeln ausgestattete Häuschen steht Leseratten bei jedem Wetter offen.

In der Saison werden hier an zwei Abenden in der Woche Gute-Nacht-Geschichten für Erwachsene vorgelesen.

Auf dem weiter östlich gelegenen Slurpad gelangt man an einer 18 m hohen Aussichtsdüne vorbei an den Strand. Nicht versäumen sollte man das einzigartige, sehr witzige **Muschelmuseum** im Untergeschoß der Strandhalle. Die Ordnung und Beschriftung der über 2000 Muscheln aus aller Welt sind ausgesprochen originell und phantasievoll. Muscheln aller Form und Größe können käuflich erworben werden, und am Ende darf sich jeder Besucher eine Muschel im Wert des Eintrittspreises aussuchen (nur im Sommerhalbjahr, jeweils vormittags und nachmittags, So geschlossen; für Kleinkinder gibt es eine Spielecke).

Der Westen

Weite, artenreiche Salzwiesen prägen den Westteil Spiekeroogs. Der von Gräben und Prielen durchzo-

So nah und doch so fern

Die Strandung des Auswandererschiffes »Johanne«

Anfang November 1854 stach die Dreimastbark »Johanne« in Geestemünde (heute Bremerhaven) mit dem Ziel Baltimore an der Ostküste Nordamerikas in See. An Bord und unter Deck drängten sich 216 überwiegend aus einfachen Verhältnissen stammende Auswanderer: Männer, Frauen und Kinder aus Süd- und Mitteldeutschland, die das Meer bisher nur vom Hörensagen kannten. Das Barometer stand auf Sturm, und noch bevor die »Johanne« Helgoland passiert hatte, wurde sie durch haushohe Wellenberge Richtung Süden vom Kurs abgedrängt und auf die Brandungszone vor den Ostfriesischen Inseln zugetrieben. Drei Stunden vor Hochwasser strandete die »Johanne« vor Spiekeroog. Dem Wüten der Brandung hilflos ausgesetzt, erteilte der Kapitän den Befehl, die Masten zu kappen, um zu verhindern, daß das Schiff kenterte. Der Großmast zertrümmerte die vollbesetzte Oberdeckskajüte. »Augenzeugen berichten, daß in dem Augenblicke das Wasser rings um die Unglücksstätte vom Blute gefärbt gewesen sei. Diese Katastrophe, von deren Furchtbarkeit man eine Vorstellung durch die Thatsache gewinnt, daß überall neben den vollständigen Leichen auch Fragmente derselben gefunden werden, hat an 80 Personen das Leben gekostet«, heißt es am 11. November in der Weser-Zeitung über die Tragödie.

Von der Insel aus war keine Hilfe möglich, selbst wenn die Spiekerooger zu diesem Zeitpunkt schon im Besitz eines Rettungsbootes ge-

gene **Westergroen** ist eine der größten Brutkolonien der Fluß- und Küstenseeschwalben. Das Gebiet, das zur Ruhezone des Nationalparks gehört, darf das ganze Jahr über nicht betreten werden. Am Nordrand des Naturschutzgebietes zuckelt Deutschlands einzige Museumspferdebahn die eineinhalb Kilometer lange Strecke vom Dorf zum Dünenrand im Westen ab.

Diese erste **Pferdebahn** auf einer Nordseeinsel verkürzte bereits 1885 den lästigen Weg vom Dorf zum Herrenbadestrand am Westende. Da die Sandwege der Insel mit hochrädrigen Pferdewagen nur mühsam zu befahren waren, wur-

wesen wären. Noch unter dem Eindruck der Katastrophe schildert der Inselpastor Doden im Kirchenbuch die Seelenqual der Inselbewohner, die sich am Strand versammelt hatten und zum tatenlosen Zuschauen verdammt waren: »Was tun für die vielen auf dem Schiff, deren Jammergeschrei trotz heulenden Sturmes, trotz des donnernden Getöses der gepeitschten Wogen doch uns ins Ohr und Herz drang! … Wir waren so nahe den in Not Schwebenden und blieben ihnen doch so fern und taten nichts für sie – konnten nichts tun. Das Schiff neigt sich in seiner ganzen Schwere wie ohnmächtig auf die eine Seite dem Meere zu, besonders da die gekappten Masten niederstürzten, Segel und Tauwerk und ach! auch Menschen mit sich fortreißend, die verwundet und zerdrückt ins Meer gerissen wurden.

Retten können aus Todesgefahr ist ein süßes Gefühl. Ach, wir machten in diesem Augenblick die so bittere Erfahrung des Gegenteils. Wir konnten nicht retten. Das Rauschen der Wellen war ein Todesrauschen und erfüllte mit Todesgrauen … Ein Kindlein trieb an. Und was die offenen Arme der Insulaner aufnahmen, war eine Leiche. So knüpft der Tod, möchte ich sagen, zuerst das Band zwischen den Schiffbrüchigen und uns durch das tote Kind.«

Erst als der Sturm sich legte und Ebbe einsetzte, konnten die etwa 150 Überlebenden geborgen werden. Sie wurden von den Spiekeroogern aufgenommen, mit trockener Kleidung, heißem Tee und kräftigem Essen versorgt. Trost fanden sie kaum, in den folgenden Tagen trieben noch weitere Leichen an den Strand. Nach der Beerdigung der Toten brachen die Schiffbrüchigen am 14. November von Spiekeroog auf und erreichten vier Tage später Bremerhaven, von wo aus sie drei Wochen zuvor aufgebrochen waren. Die meisten der Auswanderer kehrten mut- und völlig mittellos in ihre Heimat zurück, nur wenige wagten die Reise nach Amerika ein zweites Mal.

de die Bahnstrecke 1896 um eine Abzweigung nach Süden bis zum alten Fähranleger erweitert. 1949 wurde sie durch eine Diesellokomotive ersetzt, die mit der Einweihung des neuen Hafens 1981 ihren Dienst beendete. Gewissermaßen als Trostpflaster wurde nun wieder die alte Pferdebahn auf der historischen Strecke zwischen Dorf und Westend in Betrieb genommen. Der offene Pferdewaggon wurde 1886 gebaut und stammt aus dem Stuttgarter Straßenbahnmuseum. (Fahrten Mitte Juni–Mitte Okt., bei guter Witterung auch schon ab Ostern, Anekdoten zur Inselgeschichte nur auf der Hinfahrt.)

Im nördlichen Teil des Naturschutzgebiets sieht man die Reste der **Franzosenschanze.** Um zu Beginn des 19. Jh. den vor der Küste blühenden Schmuggel zu unterbinden, der das Handelsembargo gegen England untergrub, besetzten napoleonische Truppen die Inseln und ließen militärische Einrichtungen bauen. Die Spiekerooger, die unter verschärften Zollkontrollen und Ausgangssperren zu leiden hatten, mußten bei der Errichtung der Befestigungen selbst Hand anlegen. Widerstand regte sich, sogar die Erstürmung des Franzosenforts war geplant, doch das Unternehmen wurde verraten. Die Aufrührer wurden verhaftet und nach Frankreich gebracht, kehrten aber alle wieder in die Heimat zurück. Zwei von ihnen wanderten zu Fuß vom Mittelmeer an die Nordseeküste! Der Kutscher der Pferdebahn macht auf die unscheinbaren Überbleibsel der Schanze aufmerksam, die nicht zugänglich sind, da sie in der Ruhezone liegen.

Ein paar Meter weiter nordwestlich sieht man direkt neben der Straße einen weißgetünchten **Rettungsschuppen** von 1862, der heute als Stall für Islandpferde fungiert. Dies war eine der ersten Rettungsstationen an der deutschen Küste und wurde bereits ein Jahr nach der Gründung des »Vereins zur Rettung Schiffbrüchiger« eingerichtet. Sie wurde 1946 aufgelöst und nach Neuharlingersiel verlegt.

Die Endstation der Pferdebahn am Westend bietet mit dem **Old Laramie** einen Hauch Wilden Westen. Der etwas heruntergekommene »Saloon mit Pfiff« ist in einem Gebäude untergebracht, das 1899 als erstes Warmbad der Insel entstand. Es bot bei schlechtem Wetter die Möglichkeit, Wannenbäder in erwärmtem Meerwasser zu nehmen. Nach der Verlegung des Badestrandes an die heutige Stelle nördlich des Dorfes diente es von 1934 bis 1945 als Flughafengebäude; der Flughafen wurde gleich nach Ende des Zweiten Weltkrieges wieder abgeschafft.

Wer zum Campingplatz oder zum alten Fähranleger im äußersten Südwesten möchte, muß von der Endstation zu Fuß weiterlaufen. Der **alte Fähranleger** ist seit Anfang der 80er Jahre, als der neue Hafen eingeweiht wurde, stillgelegt und verfällt. Die Reste der Gleisanlage, die ab 1892 Hafen und Dorf verband, tauchen irgendwo am Weg aus dem Dünensand auf und enden im Nirgendwo auf der von Wind und Wellen angenagten Brücke im Watt.

Der Osten

Wie keine andere der Ostfriesischen Inseln hat Spiekeroog in den letzten knapp 200 Jahren in ihrem Ostteil durch Sandanlandung an Substanz gewonnen. Vom Dorf geht es auf dem Hellerpad, der Verlängerung des Süderloog, nach

Osten, zunächst zur **Hermann-Lietz-Schule,** deren Gelände unmittelbar an das Naturschutzgebiet im Osten grenzt. In dem 1928 gegründeten, staatlich anerkannten Internatsgymnasium werden knapp 98 Schülerinnen und Schüler von der 7. bis zur 13. Klasse nach den Erziehungsprinzipien des Reformpädagogen Hermann Lietz (1868–1919) unterrichtet. Sie genießen hier eine ganzheitliche Erziehung, die neben den obligatorischen Unterrichtsfächern auch den Erwerb handwerklicher Fertigkeiten umfaßt. Die Lehrer sind nicht nur Erzieher, sondern auch »Familieneltern«, die mit einer Gruppe von 8 bis 10 Jugendlichen in einem Wohnbereich zusammenleben. Die Schüler (darunter auch Insulanerkinder) betreuen ein kleines **Seewasseraquarium** sowie ein **Naturkunde- und Inselmuseum,** dessen Schwerpunkt auf der Ökologie liegt. Zu besichtigen gibt es auch das Fernrohr des späteren NASA-Forschers Wernher von Braun, der 1930 sein Abitur auf der Lietz-Schule bestand (von April/Mai bis Okt. Mo, Mi, Sa, So 15–17 Uhr).

Die Pfade von der Schule zum Strand auf der Nordseite der Insel sind ganzjährig begehbar. Ein beliebtes Wanderziel ist das **Wrack der Verona.** Der britische Dampfer, dessen klägliche Überreste nur sporadisch aus dem Sand auftauchen, strandete im Dezember 1883 vor Spiekeroog. Die 21 Mann starke Besatzung wurde vollständig gerettet, aber alle Versuche, das 111 m lange, am Kiel gebrochene Schiff zu bergen, scheiterten. Nach dem Abwracken blieben nur Bug und Heck zurück.

Der gesamte Ostteil Spiekeroogs liegt in der Ruhezone des Nationalparks und darf nur auf wenigen markierten Wegen betreten werden. Das Gebiet der **Ostplate** ist in der Brut- und Aufzuchtzeit der Vögel von Anfang April bis Ende Juli für Spaziergänger zum großen Teil gesperrt (Informationen erhält man von März bis Okt. im Wagen des Vogelschutzwartes in der Nähe der Hermann-Lietz-Schule). Die etwa 7 km lange und 2,5 km breite Ostplate ist für Geologen und Botaniker von besonderem Interesse, da sie hier alle Stadien der Inselentstehung beobachten und wesentliche Erkenntnisse über die Entstehungsgeschichte der Ostfriesischen Inseln gewinnen können. Auf der von vielen Wasserflächen durchzogenen Sandplate, die nur bei Sturmflut unter Wasser steht, von der normalen Flut aber nicht überspült wird, prägen niedrige Dünen unterschiedlichen Alters die Landschaft. Im Südosten bilden artenreiche grüne Salzwiesen mit breiten Verlandungszonen den Übergang zum Sandwatt. Seit 1935 hat sich hier vom Menschen fast unbeeinflußt eine einzigartige Tier- und Pflanzenwelt entwickeln können. Anderswo schon selten geworden, kommt hier die Stranddistel noch in großer Zahl vor, gedeihen Strandqueller und die zartrosa blühende Strandwinde. Am Strand

Bake am Ostende Spiekeroogs

und im Primärdünenbereich brüten Silbermöwen, See- und Sandregenpfeifer und Zwergseeschwalben. Auf dem Heller sind große Kolonien brütender Austernfischer und Eiderenten zu finden.

ⓘ Auskunft: Die Kurverwaltung mit Touristeninformation und Zimmervermittlung liegt auf dem Weg zum Strand, 26466 Spiekeroog, Noorderpad 25, ✆ 049 76/9 19 30, Fax 91 93 47. Im Sommer ist eine zusätzliche Information vor der Kurverwaltung eingerichtet. Den Veranstaltungskalender »Spiekeroog im … (jeweiligen Monat)« gibt es gratis in der Kurverwaltung. In der Hochsaison erscheint zusätzlich die »Spiekerooger Woche« mit allen wichtigen Terminen, Nachrichten von der Insel, Leserbriefen etc.

⚓ Fährverbindung: Ab **Neuharlingersiel** 1–3 mal täglich, tideabhängig, daher immer zu verschiedenen Zeiten; Fahrzeit etwa 50 Min., Auskunft: Hafen Spiekeroog, ✆ 0 49 76/91 93-33, Hafen Neuharlingersiel, ✆ 0 49 74/2 14.

🅿 Parken: Spiekeroog ist autofrei, auch die Mitnahme von Fahrrädern ist nicht erwünscht. Die zwei Spiekerooger Garagenbetriebe für die Dauerparker liegen etwa 800 m vor dem Fähranleger, wenn man von Carolinensiel kommt, ca. 15 Min. Fußmarsch. Hallenplatzreservierung sind in der Hauptsaison mindestens 4–6 Wochen vor Reiseantritt erforderlich, Cliener Straat 1, ✆ 0 49 74/2 84, Fax 2 37 und Cliener Straat 16, ✆ 0 49 74/3 86, Fax 12 86. Stellplatzreservierung ist weder möglich noch nötig. Mietpreise und

Anreiseinfo: ✆ 0 49 74/12 63. Die Parkplätze am Hafen sind sturmflutgefährdet, daher nur Tagesparkplätze. **Gepäckbeförderung** auf der Insel vom Hafen zur Unterkunft: Spedition Oltmanns, ✆ 0 49 76/2 15.

🚹🚺 Verkehr: Obwohl ausdrücklich darum gebeten wird, keine Fahrräder auf die Insel mitzubringen und es keinen Fahrradverleih gibt, wimmelt es auf der Insel von Drahteseln. Absolutes Radfahrverbot herrscht im Dorf und auf den Wegen zum Strand. Unentbehrlich für Familien mit Kindern sind Bollerwagen, in denen alles Nötige für einen Strandtag verstaut werden kann. Bollerwagenverleih im Haus Nordstern, Wittdün 3, ✆ 3 49; Eikes StrandXpress,

Noorderpad 3, ☎ 91 20 21; Reithalle Petschat, Achter d'Diek, ☎ 14 01.

🛏 **Hotels:** *Hotel Inselfriede,* Süderloog 12, ☎ 9 19 20, zentral und doch sehr ruhig gelegen, mit Fitnesscenter, Hallenbad und Sauna; *Hotel zur Linde,* Noorderloog 5, ☎ 9 19 40, traditionsreiches Hotel mit Restaurant und Bierstube. **Hotelpensionen:** *Strandidyll,* Wittdün 1, ☎ 3 58, klein aber fein, Vermietung erst ab einer Woche Aufenthalt; *Haus Seelust,* Süderloog 21, ☎ 2 25, zentrale, ruhige Lage, auch Appartements. **Häuser mit Frühstück:** *Haus Fallen Anker,* Süderloog 37, ☎ 4 61, separate Gästeküche; *Haus Klasing,* Westend 10, ☎ 2 30, Nichtraucherhaus, Vollwertfrühstück; *Haus Fortuna,* Westerloog 8 u. 10, ☎ 14 22, abends Küchenbenutzung.

🏠 **Jugendherberge:** Bi d' Utkiek 1, ☎ 3 29, nicht weit vom Ortskern, 10 Min. zum Strand, frühzeitige Voranmeldung erforderlich.

🏕 **Zelten:** Schöner Platz in den Dünen im äußersten Südwesten der Insel, ca. 3,5 km vom Fähranleger. Wer nachmittags ankommt, hat vielleicht Glück und kann 1,5 km mit der Pferdebahn abkürzen. Am Campingplatz von Mai bis Mitte September Kiosk mit Lebensmitteln. Frühzeitige Voranmeldung im Sommer unbedingt erforderlich (!), entweder über die Kurverwaltung oder beim Zeltplatz, ☎ 0 49 76/2 88.

Cafés, Restaurants, Kneipen: *Café Teetied*, Süderloog, Tee- und Weinstube, schöne backsteingepflasterte Terrasse am Weg zum Hafen; *Café Klönstuv*, Noorderloog 4, im Hotel Zur alten Inselkirche, Terrasse nach hinten hinaus im lauschigen, von hohen Bäumen gesäumten Garten; *Das alte Inselhaus*, Süderloog 4, Café und Restaurant im ältesten Haus Spiekeroogs, errichtet um 1700, außer leckeren Kuchen auch einfache, deftige Gerichte; *Der Bahnhof*, Café, Galerie, Pizzeria im alten Inselbahnhof, modern und kinderfreundlich, nachmittags Kaffee und Kuchen auch zum Draußensitzen, abends Pizza, Pasta und Salate zu vernünftigen Preisen, Westerloog. **Am Meer:** *Chrissi's Kneipe und Meer* mit Sonnenterrasse und schönem Blick auf Dünen und ein Stück Meer, wunderbar für Sonnenuntergänge, kleine Speisen, in der Hochsaison unregelmäßig Disco, Slurpad. **Ausflugslokal im Westen:** Im *Old Laramie* wird nachmittags Kaffee und Kuchen serviert, abends gibts Bier und Flippern, bis der letzte Gast gegangen ist. Ebenfalls empfehlenswert für abends: *Blanker Hans*, Wüppspoor 2 (direkt am Weg vom Hafen ins Dorf), gemütliche, ganzjährig geöffnete Kneipe, im Sommer nachmittags Kuchen und Eis im windgeschützten Biergarten.

Baden: Spiekeroogs Bade- und Burgenstrand befindet sich nördlich vom Dorf und ist von diesem durch einen mehrere hundert Meter breiten Dünengürtel getrennt. Das Therapiezentrum mit geheiztem Meerwasser-Hallenbad befindet sich im Kurzentrum, abgesehen von einer ca. 3wöchigen Inspektionspause im Dezember oder Januar ganzjährig geöffnet, ✆ 91 93 28.

Kinder: Spiekeroog ist kinderfreundlich. Ein Spielzimmer im Kurmittelhaus ist von ganzjährig Mo–Fr geöffnet. Während der Anwendungen ihrer Eltern werden Kinder beaufsichtigt.

Wangerooge

Besteigung des Alten Leuchtturms • Zu den Türmen im geschichtsträchtigen Westen • Auf dem Deich am grünen Heller entlang • Zum ehemaligen Ostanleger • Strandspaziergänge mit einem Touch weite Welt am Horizont

Der zweitkleinsten und östlichsten der bewohnten Ostfriesischen Inseln, die in ihrer wechselvollen Geschichte zweimal zu Rußland, aber niemals zu Ostfriesland gehörte, wurde im Herbst 1994 vom Bundeswettbewerb »Familienferien in Deutschland« eine Sonderbelobigung zuteil. Das autofreie, liebenswert überschaubare Eiland ist eine ruhige Familieninsel. Die bunte Inselbahn bringt die Urlauber vom einsam am Südwestzipfel der Insel gelegenen Hafen – am östlichen Rande einer weiten, vogelreichen Lagunenlandschaft vorbeizuckelnd – direkt ins Dorfzentrum.

Inselgeschichte

Die erste urkundliche Erwähnung Wangerooges fällt in das Jahr 1327, als das Schiff eines Wangerooger Kapitäns vom Sturm verschlagen wurde und in die Gewalt des Grafen von Holland geriet. Dieser be-

zichtigte ihn der Verschwörung gegen ihn und forderte für seine Freilassung ein Lösegeld. Die Tatsache, daß die Inselbewohner in einem Brief aus diesem Jahr *oppidani* – etwa gleichbedeutend mit dem Begriff »Stadtbürger« – genannt werden, weist darauf hin, daß es auf Wangerooge zu dieser Zeit bereits einen Ort gegeben haben muß. Ab Mitte des 14. Jh. nahmen die Überfälle von Piraten zu, die im Auftrag verschiedener Häuptlinge die vielbefahrene Schiffahrtsstraße vor Wangerooge unsicher machten. Im Schutze der Insel sammelten sich nämlich häufig Handelsschiffe, um Unwetterlagen abzuwarten und dann gemeinsam weiterzufahren. Am 12. März 1592 raubte eine Piratenflotte hier auf einen Streich 23 Handelsschiffe Emder Kaufleute vor Wangerooge aus.

Den Seefahrern diente der Turm der Wangerooger Nikolaikirche im Nordwesten der Insel als Navigationshilfe. Gegen Ende des 16. Jh. stürzte er bis auf eine Resthöhe von 13 m ein. Da der Turm aber ein wichtiger Orientierungspunkt für die sichere Einfahrt in die Weser gewesen war, wandte sich die Bremer Kaufmannschaft an den Grafen Johann von Oldenburg mit der Bitte, einen neuen Turm auf der Insel zu bauen. 1597 wurde der Grundstein für den markanten Seeturm gelegt, der heute als der Alte Westturm bezeichnet wird (s. S. 142). Durch fortschreitenden Landabbruch im Westen und treibenden Flugsand aus den aufgerissenen Dünen sahen sich die Insulaner im 17. Jh. gezwungen, ihre bedrohte, um die Ruine der Alten Inselkirche gruppierte Siedlung in die Mitte ihrer Insel zu verlegen. Ihre Häuser bauten sie um den neuen Turm herum auf. Sie lebten vom Fischfang, der Gewinnung von Muschelschill und Schafhaltung. Im 18. Jh. verschlechterte sich die Wirtschaftslage, die Armut zwang viele, die Insel zu verlassen. Wohnten in der Mitte des 17. Jh. auf Wangerooge 360 Menschen in 60 Häusern, so waren es im Jahre 1775 nur noch 150 Menschen in 28 Häusern.

Seit 1575 in Oldenburger Hand, fiel Wangerooge 1793 durch Erbschaft an Rußland (Katharina die Große, die Zarin von Rußland, war die Schwester des Fürsten Friedrich August von Anhalt-Zerbst), 1807 an Holland, drei Jahre später an Frankreich, dann wieder an Ruß-

Wangerooge

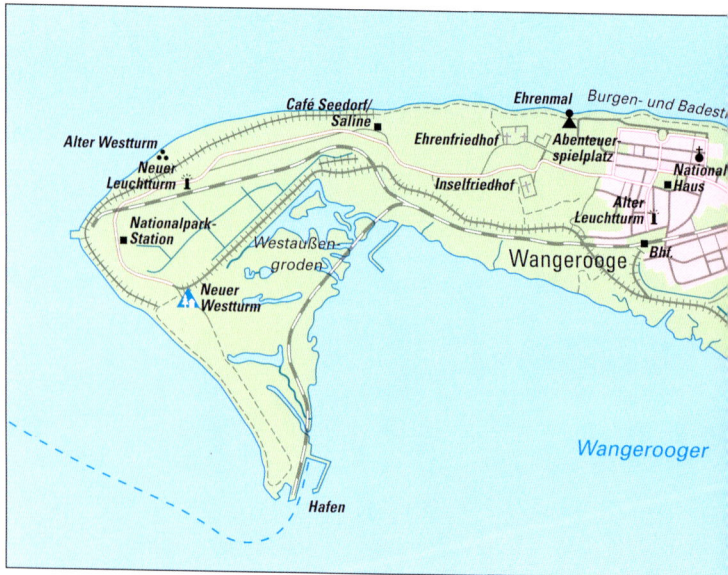

land und 1818 schließlich an Oldenburg, wozu es bis heute gehört. Noch zur Zeit der russischen Herrschaft, nämlich um 1800, kamen die ersten Badegäste, und im Jahre 1804 stiftete die als Landesverwalterin des Zaren amtierende Fürstin von Anhalt-Zerbst einen Badekarren und ein Zelt. Der Fremdenverkehr entwickelte sich nur zögerlich, denn die Insel war schwer zu erreichen und weitere touristische Einrichtungen gab es nicht. Erst unter oldenburgischer Herrschaft ging es bergauf. Sofort nach der Übernahme Wangerooges im Jahre 1818 begann der Großherzog von Oldenburg mit dem Ausbau des Seebades. Bereits 1819 verfügte Wangerooge über ein Logierhaus

mit elf Zimmern, ein Konversationshaus für Veranstaltungen sowie ein Warmbadehaus mit drei Wannen aus Holz. Ab 1829 wurde ein Badekommissar eingesetzt. Engagiert wurde der 60jährige Geheime Hofrat Westing, der, wie ein Zeitgenosse berichtet, von der Nützlichkeit eines Seebades nicht überzeugt war: »Er … lebte der vollsten Überzeugung, daß in der See baden das unnützeste Ding von der Welt sei, daher auch die neuangekommenen Kurgäste mit den Worten ›Was wollen Sie hier? Geld vertrödeln, Langeweile genießen und ungeheilt von dannen gehen?‹ oder mit ähnlichen Reden empfing.« Der griesgrämige Kommissar überließ die Regie seiner 16

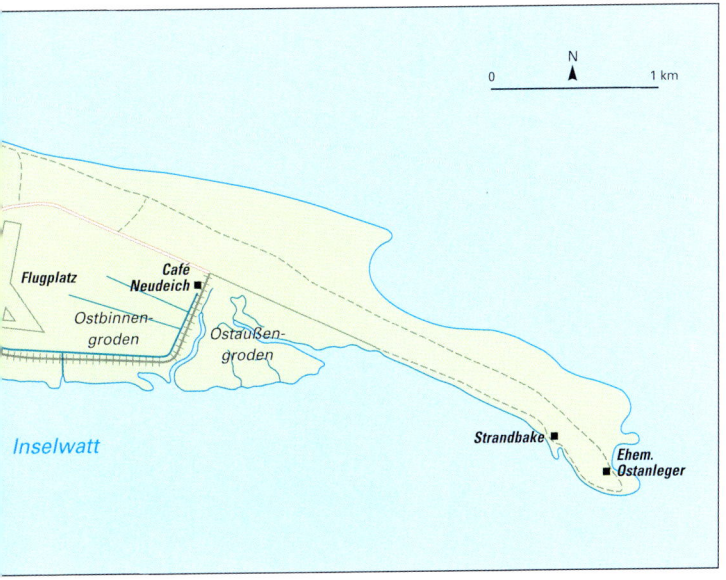

Jahre jüngeren Frau, unter deren dynamischem Walten das junge Seebad aufblühte. Als Gold wert erwies sich die Entscheidung der großherzoglichen Familie, ihre Sommerresidenz auf die Insel (übrigens die einzige in ihrem Besitz) zu verlegen. In ihrem Gefolge besuchten Herzöge, Prinzen und hochrangige Politiker das Seebad. 1854 zählte man schon 820 Gäste. Diese erfolgreiche Badesaison sollte jedoch bis auf weiteres die letzte sein: Schon lange war das einst in der Inselmitte gelegene Dorf um den alten Turm durch massive Dünenabbrüche und Landverluste in den Westen gerückt. Weihnachten 1854 wurde das florierende Nordseebad Wangerooge Opfer einer verheerenden Sturmflut. Die Menschen konnten ihr Leben zwar retten, doch ein Drittel der Häuser war völlig zerstört, die anderen Gebäude stark beschädigt. An vergnügliches Badeleben war kaum mehr zu denken. Die Landesregierung in Oldenburg stellte den umzugswilligen Insulanern finanzielle Mittel für ihre Umsiedlung zum Festland in Aussicht. »… Dann kam die Regierung nach Wangeroog und wollte uns alle von hier weg haben. Sie hielt uns vor, wir sollten einen Vorschuß bekommen, um nach dem Festland überzusiedeln. Wir könnten eine Stätte wählen, wohin wir wollen, und sollten vierhundert oder fünfhundert und sogar sechshundert Reichstaler Vorschuß bekommen. Sie wollten uns am liebsten nach Varel

haben, dieweil der Großherzog dort Land zu bebauen hatte.« Trotz des verlockenden Angebotes entschieden sich einige Alte, auf der Insel zu bleiben: »Dann kam die Regierung wieder und wollte auch uns von hier weg haben, aber das wollten wir nicht, wir wollten auf Wangeroog bleiben. Da sagte die Regierung, wenn wir hierbleiben wollten, dann müßten wir uns selber helfen, wir hätten keine Hoffnung auf Unterstützung, hier auf Wangeroog nicht …« Etwa 80 der 350 Bewohner blieben und begannen wieder einmal von vorn. Die neue Siedlung entstand im damaligen Ostteil der Insel rund um den heutigen Dorfplatz. Mittelpunkt des Ortes wurde der 1855/56 neuerrichtete Leuchtturm. Die Insulaner taten ihr möglichstes, den Fremdenverkehr wieder anzukurbeln, während die preußische Regierung in den folgenden Jahrzehnten in die Befestigung Wangerooges mit Strandmauern und Buhnen investierte. Diese großzügige Unterstützung verdankte Wangerooge nicht zuletzt auch seiner strategisch bedeutsamen Lage am Eingang zum Jadebusen, wo ab 1856 der wichtigste deutsche Kriegshafen, Wilhelmshaven, entstand. In beiden Kriegen wurde militärisch aufgerüstet, auf der Insel wurden Bunker gebaut, Flugabwehr- und Jagdfliegereinheiten wurden stationiert. Kurz vor Kriegsende, im April 1945, wurde Wangerooge das Ziel des schwersten Bombenangriffes auf einer Ostfriesischen Insel. Innerhalb von fünfzehn Minuten legten 480 alliierte Bomber die kleine Insel mit rund 6000 Bomben in Schutt und Asche – 311 Menschen starben. Der größte Teil der Häuser wurde beschädigt oder zerstört, so daß auf Wangerooge heute kaum alte Gebäude zu finden sind.

Das Dorf

Nur wenige Schritte vom Bahnhof »Kehrwieder« erhebt sich der 39 m hohe, schwarz-rot-weiß gestrichene **Alte Leuchtturm,** das älteste noch erhaltene Bauwerk der Insel. Der 1855/56 im damaligen Osten errichtete Leuchtturm tat bis 1969 seinen Dienst, dann übernahm der neue vollelektrische Leuchtturm im Westteil der Insel seine Aufgabe. Über die 161 Stufen der Wendeltreppe gelangt man zur Aussichtsplattform in 35 m Höhe. Der alte Leuchtturm beherbergt seit 1980 das **Inselmuseum,** in dem eine bunte Vielfalt von Exponaten zur bewegten Inselgeschichte ausgestellt ist. Hier gibt es viel zu entdecken: neben einer Bernsteinsamm-

lung und der Dokumentation der großen Sturmfluten auch eine im Juni 1989 auf dem russischen Schiff »Ladogales« verfaßte Flaschenpost mit einer Friedensbotschaft, die im Osten der Insel an Land trieb. Die Außenseite des Leuchtturms schmückt ein Stein mit dem Wappen des Hauses Anhalt-Zerbst, das als Hoheitszeichen bereits an dem 1687 erbauten, steinernen Feuerturm angebracht war (tägl. außer Di 10–12, 15–17 Uhr). Seit Frühjahr 1996 kann man übrigens in einer besonderen Traustube im Alten Leuchtturm heiraten, die Organisation der Traumhochzeit übernimmt der Verkehrsverein.

Der Alte Leuchtturm

Am Bahnhof nimmt die **Zedeliusstraße** ihren Ausgang, Wangerooges Einkaufsstraße und Flaniermeile. Sie führt direkt auf das an der Strandpromenade gelegene Café Pudding zu. Die im Sommer im oberen Bereich für Radfahrer gesperrte Zedeliusstraße ist gesäumt von Restaurants, Cafés, Boutiquen, Kunsthandwerk- und Nippesläden, einer Buchhandlung und einem Kino. Hier liegt auch der bereits 1928 angelegte **Rosengarten,** in dem während der Hauptsaison die Kurkonzerte stattfinden. An den Park grenzt der **Dorfplatz,** in dessen Nähe die ältesten, aus der Mitte des 19. Jh. stammenden Inselhäuser zu finden sind.

Im Rosenhaus hinter dem Musikpavillon am Ostende des Rosengartens ist das **Informationszentrum des Nationalparks Niedersächsisches Wattenmeer** untergebracht. Eine Ausstellung informiert über Tiere, Pflanzen und den Lebensraum Wattenmeer. Neben täglichen Filmvorführungen werden regelmäßig Diavorträge und Filmvorführungen, naturkundliche Exkursionen (zu Fuß oder mit dem Fahrrad) und Kinderstunden angeboten (tgl. geöffnet, Friedrich-August-Straße 18, ✆ 0 44 69/7 02 99). Westlich vom Dorfzentrum, an der »Straße zum Westen« sowie im Bereich des **Tuunpadd,** der sich von der Friesenstraße durch ein kleines Kiefernwäldchen zum Friedhof schlängelt, lagen früher Dünengärten, die sogenannten »Tuuns«, in denen Gemüse angebaut wurde.

Die Insulaner verwandten viel Mühe darauf, Wälle gegen den Wind aufzuwerfen und mit Hilfe von Schafmist und Kompost den weißen Dünensand in Gartenerde zu wandeln. Das Wäldchen erstreckt sich mit einer kurzen Unterbrechung weiter Richtung Nordwesten parallel zum Dünengürtel an der Nordseite der Insel. Hier findet man im Schatten der Kiefern eine Kriegsgräberstätte. In der kreisrunden Gedenkstätte liegen u. a. die Opfer des Bombenangriffs vom 25. 4. 1945 begraben. Oben auf den Dünen westlich des Kurmittelhauses und des Schwimmbads ragt ein dunkles Holzkreuz empor. Es steht auf einem Bunkergrab und erinnert an die 14 Soldaten und 6 Wehrmachtshelferinnen, die hier bei dem schweren Bombenangriff im April 1945 starben. Der unterhalb dieser Kriegsgräberstätte angelegte Abenteuerspielplatz ist ein Traum in feinem weißem Sand.

Erwähnenswert ist die 1962/63 erbaute **katholische Kirche** in der Westingstraße im nordöstlichen Teil des Dorfes. Auf zwei großflächigen Wänden sind aus farbigen Glassteinen Szenen aus dem Alten und Neuen Testament dargestellt. Thema der vorwiegend in Rot gehaltenen Nordwand sind die Kreuzwegstationen. Auf der Südwand dominieren mit dem Wasser in Verbindung stehende Themen in blauen Farbtönen, z. B. Noah in der Arche und der den Jonas ausspeiende Wal (tagsüber geöffnet).

Der Westen

Verschiedene Wege – am Watt oder am Strand entlang, über die Fahrstraße oder durch die Dünen – führen nach Westen, in den ältesten Teil Wangerooges. Hier hat sich bis zur Mitte des 19. Jh. die von ›Wanderlust‹ und Sturmfluten geprägte Inselgeschichte abgespielt. Zwischen 1667 und 1892 nahm die Insel im Westen etwa 2 km ab, im Norden verlor sie 1 km ihres Landes an die See, während sie im Osten über 4 km zulegte. Das Westende Wangerooges befand sich einst dort, wo heute das Ostende der Nachbarinsel Spiekeroog liegt.

Ein günstiger Ausgangspunkt für eine Wanderung oder Radfahrt Richtung Westturm ist der Bahnhof. Die Straße »Am Wattenmeer« führt schnell in unbebautes Gebiet und folgt dem Süddeich parallel zu den Gleisen der Inselbahn. Linkerhand breiten sich weite Wattwiesen aus, im Norden zieht sich eine grüne Dünenkette hin, in deren Schutz kleine Kieferngehölze gedeihen. Bevor der Weg auf den Westgrodendeich abzweigt, führen die Gleise der Inselbahn durch ein Deichschart, das bei hohen Sturmfluten geschlossen wird. In Höhe der ehemaligen Haltestelle Saline (der Name erinnert an ein Salzgewinnungswerk, das ein Oldenburger Kaufmann 1832 errichtete, aber bereits 1854 wieder aufgeben mußte) sieht man mehrere kreisrunde Tümpel – ehemalige Bombentrichter, in denen sich Grundwasser gesammelt hat. Zwischen der nach Süden zum Anleger oder Hafen abzweigenden Inselbahn und dem nach Südwesten führenden Westgrodendeich erstreckt sich der Westaußengroden mit der **Lagune,** einem ausgedehnten, verzweigten Salzwasserseengebiet, dessen Betreten zum Schutze der Vögel ganzjährig verboten ist. Die Lagune ist Menschenwerk, sie entstand, als man hier im Jahre 1912 Schlick und Sand für den Bau des Westgrodendeiches entnahm. Durch die im Wasser schwebenden, von der Flut täglich mitgeführten Schlickteilchen droht nun allerdings die Verlandung dieses wunderschönen, auf den Ostfriesischen Inseln einzigartigen Vogelschutzgebietes.

Der weithin sichtbare, 1933 fertiggestellte **Neue Westturm** gilt als Wahrzeichen Wangerooges. Er ist der Nachbau des Alten Westturms, der 1597 bis 1600 auf Drängen der Bremer Kaufmannschaft als Orientierungsmarke für die Schiffahrt errichtet worden war. Gut 300 Jahre diente der Alte Westturm als Kirche, das Stockwerk darüber als Lager für Strandgut. Gelegentlich wurden die Räume aber auch als Gefängnis, Eiskeller und, in der Franzosenzeit, als Waffenlager genutzt. Nach der um 1863 wegen der immer weiter vordringenden See erzwungenen Aufgabe des Westdorfes stand der mächtige Turm, einst krönender Dorfmittel-

Westlagune

punkt, allein auf weitem Strand, von Meereswellen umspült. Doch nicht das Wasser wurde dem einsamen Riesen zum Verhängnis. In Erwartung eines Angriffs englischer Flugzeuge, welchen der Turm als Orientierungszeichen hätte dienen können, entschied man sich zu Beginn des Ersten Weltkriegs, das markante Bauwerk zu sprengen. An der Buhne B, der zweiten westlich des Neuen Leuchtturms, markiert eine große runde Steinfläche den ehemaligen Standort des Alten Westturmes.

Wangerooge blieb von feindlichen Angriffen verschont, doch die Insulaner und die langjährigen Stammgäste trauerten um das ge-

sprengte Wahrzeichen. Schon bald machte man sich an die Verwirklichung der Pläne für eine Nachbildung ein ganzes Stück weiter südlich. Der neue Turm, der nach seiner Fertigstellung die Jugendherberge aufnahm, wurde im Gegensatz zum alten mit Fenstern ausgestattet. Im zweiten Stock mauerte man den alten Wappenstein des Vorgängers ein. (Der neue Westturm ist nur für Jugendherbergsgäste zugänglich, eine Innenbesichtigung ist nicht möglich.)

Auch der 1969 in Dienst genommene vollautomatische **Neue Leuchtturm** ist ein Wahrzeichen Wangerooges. Er ist mit 67,2 m das höchste Gebäude der Insel (keine Innenbesichtigung).

Zum **Hafen** im äußersten Südwesten gelangt man entweder über den Strand oder auf dem Radweg am Westturm vorbei. Am Pier sind Fährschiffe und Frachter festgemacht, im inneren Hafenbecken liegen Segel- und Motorboote. Das Holzhaus des Hafenmeisters steht zum Schutz vor Sturmfluten auf hohen Stämmen. Ankommende Urlauber steigen in die wartende Inselbahn um. Da kein Spazierpfad durch die Lagune führt, muß man für den Rückweg entweder wieder am Westturm vorbei (am Strand oder auf dem Fahrweg) oder die Bahn ins Dorf zurück nehmen.

Der Osten

Im Osten liegen zwei der drei Wangerooger Naturschutzgebiete: der Ostinnen- und der Ostaußengroden sowie die sandige Ostspitze. Mit dem Fahrrad und natürlich auch zu Fuß kann man den 1923–25 eingedeichten **Ostinnengroden** umrunden. Vom Bahnhof aus folgt man am besten dem Deich um den Dorfgroden. Der 1902 erbaute Deich brach während der Sturmflut von 1962 auf einer Länge von 230 m und wurde daraufhin auf 6 m über N.N. erhöht. Eine Gedenktafel erinnert an die Gewalt des Wassers: »Water ist Segen, Water ist Not, Lat uns den Segen, Bewahr us vör Not.« Der sich anschließende Ostgrodendeich hielt der Sturmflut stand, wurde aber ebenfalls auf 6 m erhöht. Bis zum **Café Neudeich** kann

man auf dem Deich wandern, der den Ostinnengroden mit dem Flugplatz umschließt. Der 1937 als Naturschutzgebiet anerkannte, Spaziergängern nicht zugängliche Ostaußengroden ist Brutplatz einer Kolonie von Brandseeschwalben. Unweit des geschützt am Deich liegenden Cafés befindet sich eine Nationalparkstation (Information, naturkundliche Führungen s. Aushang).

Von hier aus kann man über die Dünen zum Strand spazieren oder aber nach rechts abbiegen und den Weg südlich der dicht bewachsenen Ostdünen zur Ostspitze wandern. Direkt am Weg zum **ehemaligen Ostanleger** steht die »Neue Strandbake« von 1907. Von hier sieht man dunkle Pfahlreihen aus dem Sand ragen, Reste des ehemaligen Ostanlegers, den ein Gleis mit dem Ort verband. Der zu Beginn des Jahrhunderts gebaute Anleger, der eine gezeitenunabhängige Verbindung von Wilhelmshaven und Bremerhaven nach Wangerooge ermöglichte, war bis zu seiner Aufgabe stets ein kostspieliges Sorgenkind der Gemeinde und der Schiffahrtslinien. Versandung, Unterspülung, Sturmfluten und Eistreiben machten ihn immer wieder unbrauchbar. Insgesamt zwölf Mal mußte der Anleger bis zu seiner endgültigen Aufgabe im September 1958 allein wegen Versandung verlegt oder verlängert werden.

Von der östlichen Inselspitze fällt der Blick auf die kleine, künstlich geschaffene Insel **Minsener**

Zaungäste im
Vogelparadies

Oog. Seit 1908 wurden auf einer Sandbank Buhnen und Leitdämme angebracht, um die nach Osten wandernden Sande aufzuhalten und das wichtige Fahrwasser nach Wilhelmshaven vor der Versandung zu schützen.

Auskunft: Gemeinde- und Kurverwaltung im Haus des Gastes, Obere Strandpromenade, ☎ 0 44 69/ 9 90, Fax 9 91 14. Der Verkehrsverein (Zimmernachweis) gegenüber vom Bahnhof ist Mo–Fr 9–12, 14–17, Sa 10–12 Uhr sowie immer bei Ankunft der Züge der Inselbahn geöffnet, ☎ 9 48 80, Fax 94 88 99. Der Veranstaltungskalender »Alles auf einen Blick« wird in der Saison monatlich herausgegeben.

Flug: Ab Harle mit Luftverkehr Friesland Harle, Flugplatz Harle, 26409 Wittmund-Carolinensiel, ☎ 0 44 64/9 48 10.

Fährverbindung: Ab **Harlesiel** an den meisten Tagen drei Abfahrten zu wechselnden Zeiten, da tideabhängig. Die Fahrzeit beträgt etwas über 1 Std. (incl. 20 Min. Inselbahn). Auskunft: Bahnhof Harlesiel ☎ 0 44 64/94 94 11; Bahnhof Wangerooge ☎ 0 49 69/ 94 74 11.

Parken: Wangerooge ist eine autofreie Insel; nicht sturmflutsichere Parkplätze (keine Garagen) liegen in Anlegernähe. Für Garagenunterstellung sind Vorbestellungen zu raten. Garagen: Auto-Gralmann, ☎ 0 44 64/3 90; Garagen und Stellplätze: Heyken, ☎ 0 44 64/3 07, Fax 13 30; Wachtendorf/Eilers, ☎ 0 44 64/94 20 21, Fax 94 84 99. Gepäckdienst auf der Insel; Firma Hundorf-Tammen, ☎ 0 44 69/ 3 52 u. 14 26 (steht bei der Ankunft am Bahnhof, bei der Abreise nur auf Anforderung).

Verkehr: Fahrräder sind auf Wangerooge das wichtigste Verkehrsmittel. Während der Hauptsaison ist der obere Teil der Zedeliusstraße für Radfahrer gesperrt. Auf der oberen und unteren Strandpromenade ist das Radfahren ganzjährig verboten.

Unterkunft: *Strandhotel Upstalsboom*, Strandpromenade 21, ☎ 87 60, exklusivste Adresse der Insel, mit Schwimmbad, Sauna und Solarium; *Hotel Hanken*, Zedeliusstr. 38, ☎ 87 70, traditionsreiches Hotel eine Minute vom Strand; *Park Hotel*, ruhige zentrale Lage am Dorfplatz 16, ✆ 8 70 80; *Pension Teestube,* Friedrich-August-Str. 13, ✆ 256. **Pensionen mit Frühstück:** *Haus Langhoop,* Villa Marie, Friedrich-August-Str. 6, ✆ 2 77; *Haus Zum Damenpfad,* Peterstr. 27, ✆ 3 26; *Haus am Steingarten,* Friedrich-Aug.-Str. 5, ✆ 2 90.

Jugendherberge im Westturm im Westen der Insel (3,5 km vom Dorf), ✆ 4 39. Anmeldung erforderlich. Wer vom Hafen zur Jugendherberge laufen will (ca. 20 Min.), muß bei der Gepäckaufgabe in Harlesiel Bescheid geben, daß er sein Gepäck bereits am Hafen in Empfang nehmen will.

Cafés, Restaurants, Kneipen: Viele Stammgäste kehren im gemütlichen Restaurant *Teestube* ein, zum Klang einer alten Spieluhr gibts ostfriesischen Tee sowie Fisch- und Fleischspezialitäten, Friedrich-August-Straße. Im *Radieschen* (Café, Restaurant, Bistro) gibts Vegetarisches für Gourmets, Zedeliusstraße. Das *Café Treibsand* (Café, Bistro und Kneipe) ist auch nett für ein Glas Wein am Abend, Zedeliusstraße. **Nur für abends:** *Ahoi,* Kneipe an der Strandpromenade. Oben-

drüber im *Strandkorb* mit langer Holztheke hat man Blick aufs Meer. **Ausflugslokale im Westen:** Beliebt bei Wanderern und Radfahrern ist das *Café Seedorf* an der Saline, große Sonnenterrasse im Schutz der Westdünen. Ein gutbesuchtes Ausflugslokal ist das *Harle-Hörn* in Höhe des Badestrandes West, Sonnenterrasse, durchgehend warme Küche (auch Fahrradverleih). **Im Osten:** *Café Neudeich,* Kaffee, Kuchen und Speisen, geschützt hinterm Deich.

Baden: Das Hauptbad liegt unmittelbar unterhalb vom Café Pudding, Ost- und das Westbad schließen sich nahtlos an den Hauptstrand an. Hunde sind nur östlich des Ostbades erwünscht. Ein FKK-Strand fehlt auf Wangerooge. Das Meerwasser-Freizeitbad »Oase« bietet von Ebbe und Flut unabhängiges Schwimmvergnügen bei 28 °C, geschlossen von Anfang Nov. bis Mitte Dezember.

Kinder: Im »Haus des kleinen Gastes« an der oberen Strandpromenade gibt es Bastel- und Spielnachmittage. Im Kindergarten werden 3–6jährige Kinder während der Anwendungen betreut, Ostern bis Ende September.

Schnee in den Dünen

Die Küste

Seehafenstadt Emden

Durch die Krummhörn
nach Greetsiel

Marienhafe, das Haupt-
quartier Klaus Störtebekers

Norden-Norddeich

Kutterromantik und alte
Häuptlingsstädte zwischen
Norden und Carolinensiel

Symbol Ostfrieslands: Der Leuchtturm von Pilsum

Emden

Besuch des Hafens: Ostfrieslands Tor zur Welt • Vom Rathaus zu den Museumsschiffen im Ratsdelft, Besichtigung des historischen Pelzerhauses und der Kunsthalle • Umrundung der Altstadt auf dem baumbestandenen Stadtwall • Entlang des malerischen Falderndelftes zur Kesselschleuse

Die im 16. Jh. für ihren unermeßlichen Reichtum berühmte Handelsmetropole Emden zählt zu den bedeutendsten Seehäfen Deutschlands und bildet nach wie vor das kulturelle und wirtschaftliche Zentrum Ostfrieslands. Im Zweiten Weltkrieg zu fast 80 % zerstört, wurde die Stadt auf dem Grundriß des mittelalterlichen Stadtkerns wiederaufgebaut. Das Hafenbecken, der »Ratsdelft«, markiert die Stelle, wo zur Geburtsstunde Emdens vor 1200 Jahren die Ems verlief. Damals hieß die Siedlung *Amuthon* (Ort an der Mündung des Flusses A in die Ems), aus der Lagebezeichnung entwickelte sich der heutige Name. Zweigeschossige Backsteinhäuser mit Mansardendächern säumen die Straßen der Altstadt, Historisches mischt sich mit Modernem. Der baumbestandene, zu Beginn des 17. Jh. aufgeworfene und fast vollständig erhaltene Stadtwall umgibt das historische Zentrum und bietet inmitten des städtischen Trubels eine Oase der Ruhe und üppiger Natur. Auf einer Bootsfahrt durch die zahlreichen Kanäle (insgesamt 150 km!) lernt man erstaunlich malerische Ecken dieser bemerkenswert lebendigen Stadt kennen. Die großen Betriebe der Autoproduktion und der Schiffswerften liegen im süd- bzw. südwestlichen Teil der Stadt am Hafen, der immer im Mittelpunkt der wechselvollen Geschichte Emdens stand.

Stadtgeschichte

Um die Wende des 8./9. Jh. ließen sich an der Stelle der späteren Stadt zunächst friesische Fernhändler auf einer »Warf«, einem künstlich aufgeworfenen Erdhügel, nieder und schufen einen Handelsplatz. Aufgrund ihrer verkehrsgünstigen Lage im Mündungsgebiet der Ems entwickelte sich die kleine Einstraßensiedlung bis zu Beginn des 15. Jh.

Rüstkammer der Emder Bürgerwehr

zu einem Hauptort des friesischen Handels. Dessen Bewohner schlugen selbstbewußt die Beitrittsangebote der Hanse aus, kassierten statt dessen Wegzölle auf der Ems und öffneten ihren Hafen dem Erzfeind der Hanse, den Vitalienbrüdern, die mit Vorliebe die schwerbeladenen Hansekoggen überfielen. Verärgert besetzten die Hamburger schließlich Emden. In den zwei Jahrzehnten der Oberhoheit Hamburgs (1433–1453) erfolgte der planmäßige Ausbau und die Befestigung der Stadt. Durch gezielte Förderung entwickelte sich das Emder Zollrecht zum Stapelrecht: Jedes Schiff, das Emden auf der Ems passieren wollte, mußte seine Waren verzollen und drei Tage in der Stadt zum Verkauf anbieten. Dieses 1494 vom späteren Kaiser Maximilian I. bestätigte Privileg bildete eine der wichtigsten Grundlagen für die wirtschaftliche Entwicklung Emdens. Nach 20 Jahren überließen die Hamburger die Stadt der mit ihnen verbündeten Greetsieler Häuptlingsfamilie der Cirksena. Ab dem Jahre 1464 erkoren diese – als frischgekürte Grafen von Ostfriesland – Emden zur Residenzstadt, bauten den Hafen aus und förderten systematisch Handel und Schiffahrt.

Seine Hochblüte erlebte der Seehafen ab 1570, als während des Niederländischen Befreiungskrieges Tausende von Glaubensflüchtlingen aus Holland, Brabant und Friesland nach Emden flohen. Emden wurde Mittelpunkt des Calvinismus in Norddeutschland. Viele Glaubensflüchtlinge brachten Kapital, Schiffe, und Handelsbeziehungen nach Emden mit, das jetzt mit etwa 20 000 Einwohnern zu den größten Städten Deutschlands zählte. Im Jahre 1575 sind 600 Schiffe von Emder Kaufleuten bereedert – das war vermutlich mehr als der gesamte damalige Bestand der englischen Flotte. Doch mit dem wachsenden Wohlstand und dem damit einhergehenden neuen Selbstbewußtsein der Emder Bürger verschärften sich auch die Spannungen zwischen ihnen und dem Cirksena-Grafen Edzard II., von dessen Bevormundung sie sich zu befreien suchten. Im März 1595 jagten sie die vier vom Grafen eingesetzten Bürgermeister und den alten Magistrat aus der Stadt, im Juli wurden die durch die völlig unblutig verlaufene »Emder Revolution« erkämpften Freiheiten vom Grafen vertraglich bestätigt. Fortan wählten die Bürger ihre eigene Verwaltung und regelten die städtischen Angelegenheiten selbst. Mit Stolz siegelten sie nun nach dem Vorbild der römischen Republik alle Veröffentlichungen »S.P.Q.E.« (Senat und Bürgerschaft von Emden).

Dennoch ging Emdens Blütezeit einem raschen Ende entgegen. Entscheidend für die wirtschaftliche Talfahrt war die Rückkehr der niederländischen Glaubensflüchtlinge in ihre Heimat. Verheerende Folgen hatte auch die durch eine Sturmflut verursachte Verlagerung der Ems: Der Fluß, der vorher direkt an der Stadt vorbeigeflossen war, verlief jetzt 3 km von Emden entfernt. Das alte Flußbett, bisher die Hafenzufahrt, drohte zu verschlicken. Um 1750 lebten nur noch 7 000 Menschen in Emden, das sich immer mehr zur Landstadt entwickelte. Seit 1744 war die Verwaltung auf die neuen preußischen Herrscher übergegangen. Obwohl diese Emden als Hafenstadt nach Kräften förderten, ging es erst wieder Ende des 19. Jh. aufwärts. Durch den Bau des Ems-Jade-Kanals (1888) und des Dortmund-Ems-Kanals (1898) erhielt die Stadt Anbindung ans Binnenland, vor allem an die Industriereviere an Rhein und Ruhr. Im Verlauf weniger Jahrzehnte entwickelte sich Emden nun zu einem leistungsfähigen Umschlaghafen für die Ein- und Ausfuhr von Massengütern wie Erz und Kohle. Heute geht die Entwicklung hin zum Stückgut- und Industriehafen, Kohle wird kaum noch, Erz überhaupt nicht mehr umgeschlagen. Außerdem ist Emden einer der größten Autoverladehäfen Europas – zunächst export-orientiert, ist in den letzten Jahren auch der Import von Autos bedeutend gestiegen.

Wichtigster Arbeitgeber der gesamten Region ist das Volkswagenwerk (Leitwerk für das Modell Passat). Ein wesentlicher Wirtschaftsfaktor sind auch die Werften, allen voran die Thyssen-Nordseewerke. Der schwierigen Auftragslage zum Trotz hat sich eine Reihe kleinerer

Werften durch den Bau von Spezialschiffen einen guten Namen gemacht. Am Außenhafen befindet sich der Borkumanleger mit einem beachtlichen Passagieraufkommen: 1994 wurden rund 823 000 Personen und 97 500 Personenwagen zur westlichsten der Ostfriesischen Inseln befördert. Beträchtlich angewachsen ist der Fremdenverkehr auch in Emden. In den Sommermonaten kommen Tausende von Touristen von den Inseln und Küstenorten, um die kulturell ausgesprochen lebendige Stadt zu erkunden – 100 000 Besucher zählt allein die Emder Kunsthalle pro Jahr.

Alter Hafen und Rathaus von Emden

Stadtbummel

Fast alle Sehenswürdigkeiten der Stadt sind vom Rathaus am Ratsdelft, dem historischen Hafenbecken mitten im Zentrum, zu Fuß zu erreichen (Stadtplan in der hinteren Umschlagklappe). Das **Rathaus** ist das Wahrzeichen der Stadt. Sein Vorgänger, der in der Blütezeit Emdens nach dem Vorbild des Antwerpener Rathauses in der zweiten Hälfte des 16. Jh. von Laurenz van Steenwinckel errichtet wurde, versank während des Bombenangriffs am 6. September 1944 in Schutt und Asche. Von 1959 bis 1962 wurde es von Bernhard Wessel unter Berücksichtigung der früheren architektonischen Gliederung in modernisierter Form wiederaufgebaut. Die erhaltengebliebene

Bausubstanz, u. a. das alte Hauptportal mit dem Spruch *Concordia res parcae crescunt* (Durch Eintracht wachsen kleine Dinge) wurde in den Neubau integriert. Das Rathaus beherbergt heute das **Ostfriesische Landesmuseum** und die berühmte Städtische Rüstkammer. Einblicke in die Geschichte und Architektur Emdens gewähren ein Stadtmodell von 1929, das Original-Modell des Emder Rathauses sowie zahlreiche alte Stadtansichten und Karten, unter ihnen die »Fabricius-Karte« von 1589, die bedeutendste frühe Karte von Ostfriesland. Besonders sehenswert sind die sieben rechtzeitig vor dem Bombenangriff ausgelagerten, vom niederländischen Glasmaler Jan Janssen anno 1576 geschaffenen Glasfenster des alten Rathauses. Unter der hochkarätigen Gemäldesammlung niederländischer und Emder Künstler des 17. Jh. nehmen die Werke des 1630 in Emden geborenen Marinemalers Ludolf Backhuysen einen herausragenden Platz ein. Im Dachgeschoß zeigt die **Rüstkammer** matt schimmernde Spieße, Harnische, Musketen, Hellebarden, Morgensterne und Piken aus dem 15. bis 18. Jh. Diese in Deutschland einmalige Sammlung wurde übrigens nicht nach und nach zusammengetragen, sondern ist in ihrem Kern die gesamte Ausrüstung der Emder Bürgerwehr, die während der Revolution 1595 dem gräflichen Landesherrn die Selbstverwaltung ihrer Stadt abtrotzte. Der Weg zum Turm des Rathauses

führt durch das Museum. Von oben schweift der Blick über die von Grachten durchzogene Stadt und den Hafen (April bis Sept. Mo–Fr 11–13, 14–17 Uhr; Sa 13–17 Uhr, So 11–17 Uhr; Okt.–März Di–Fr 11–13, 14–16 Uhr, Sa 13–16 Uhr, So 11–16 Uhr, Neutorstraße).

Unten im **Ratsdelft** sollte man sich eine **Hafenrundfahrt** nicht entgehen lassen, sie vermittelt einen spannenden und ausgesprochen informativen Einblick in das Wirtschaftsleben der Stadt (März bis Ende Okt., bei genügend Interessenten Mo–Sa 10, 11, 13, 14, 15, 16 Uhr, So 11, 13, 14, 15, 16 Uhr, in der Saison auch noch 17 Uhr).

Im alten Hafen liegen mehrere Museumsschiffe. Das leuchtendrote **Museumsfeuerschiff »Deutsche Bucht«** wurde von 1914–18 auf der Meyer-Werft in Papenburg gebaut und versah 65 Jahre lang in der Deutschen Bucht seinen Dienst. Seit 1984 liegt es im Delft vor Anker, es beherbergt ein schiffahrtsgeschichtliches Museum. (April–Okt. Mo–Fr 10–13, 15–17 Uhr; Sa und So 11–13 Uhr, Führungen bei Bedarf. Zunehmender Beliebtheit erfreuen sich Trauungen im Kapitänssalon.) Gleich nebenan liegt seit 1988 der **Seenotrettungskreuzer »Georg Breusing«** vor Anker. In 25 Dienstjahren (1963–1988) wurden von der Station Borkum in der Emsmündung aus 1672 Menschen gerettet. Zu besichtigen sind die nautischen Einrichtungen, die Maschinenanlagen sowie die Unterkünfte der Besatzung. Außerdem erfährt man Wissenswertes über die Geschichte der deutschen Seenotrettung und manch dramatische Rettungsaktion (April–Okt. und Weihnachtsferien tgl. 10–13, 15–17 Uhr). Ein paar Schritte weiter ist der **Herings-Segellogger** festgemacht. Wechselausstellungen dokumentieren die große Zeit der Heringsfischerei (Öffnungszeiten wie Feuerschiff).

Mit Kindern kommt man kaum am Otto-Haus vorbei (Ecke Große Straße/Am Delft). »**Dat Otto Huus**« bietet im Erdgeschoß Ottifanten-Schnickschnack zum Verkauf, im oberen Stock wird anhand eines »kleinen musealen Schmunzelkabinetts« die Karriere des aus Emden stammenden Komikers Otto Waalkes dokumentiert. Der Eintrittspreis ist für karitative Zwecke bestimmt (April–Okt. Mo–Fr 9.30–18 Uhr, Sa 9.30–13 Uhr, So 10–16 Uhr; Nov–März Mo–Fr 9.30–13, 15–18 Uhr, Sa 9.30–13Uhr; am 1. Sa im Monat immer bis 16 Uhr).

Am Westufer des Ratsdelft weist das Emder **Hafentor** auf die Einfahrt des historischen Hafens hin. Es wurde 1635 von Martin Faber in niederländischem Baustil errichtet. Den oberen Abschluß der rundbogigen Durchfahrt bildet ein barokker Giebel mit dem eingemeißelten Sinnspruch: *Et pons est Embdae et portus et aura Deus* (»Gott ist für Emden Brücke, Hafen und Segelwind«).

Vom Ratsdelft sind es nur wenige Minuten zur **Pelzerstraße,** die vom 12. bis zum 16. Jh. Standort der

Pelzerhaus

Pelz- und Fellhandelshäuser war. Auf dem Weg dorthin geht es leicht bergauf, wir befinden uns auf der über tausendjährigen Warf, auf der die ersten Händler und Handwerker im 9. Jh. ihre Häuser errichteten. In der Pelzerstraße Nr. 12 steht das um 1585 erbaute **Pelzerhaus,** das einzige im Bereich der historischen Altstadt vom Bombenhagel verschonte Beispiel flämisch-niederländischer Architektur. Mit seiner schönen dreigeschossigen Renaissancefassade zeugt es vom einstigen Glanz der Hafenstadt. Heute beherbergt es ein Kulturzentrum mit wechselnden Ausstellungen sowie ein mit historischen Möbeln ausgestattetes Restaurant-Café (Di–Fr 11–13, 14–17 Uhr).

Der Pelzerstraße folgend gelangt man zur **Großen Kirche,** der *Moederkerk* (Mutterkirche) der calvinistischen Gemeinden Nordwesteuropas. Die Geschichte des im Krieg zerstörten Gotteshauses reicht bis ins 12. Jh. zurück. Unter Ulrich Cirksena, dem ersten ostfriesischen Grafen, wurde die Einraumkirche im 15. Jh. zum imposanten Bauwerk ausgebaut. Vom prachtvollen Renaissance-Grab des 1540 gestorbenen, ebenfalls aus dem Geschlecht der Cirksena stammenden Enno II. überlebte nur ein Teil den Bombenangriff. Erhalten blieb auch das Ostportal mit dem *Schepken Christi,* einem Steinrelief, das ein Schiff sowie die Zeilen »Godts Kerk verfolgt, verdreven, Heft Godt hyr Trost gegeben« zeigt. Es erinnert an die Glaubensflüchtlinge aus den Niederlanden im 16. Jh. Heute hat die Reformierte Kirche mitten in dem gewaltigen Kirchenschiff, das erst in den letzten Jahren unter Einbeziehung der Ruinen wiederaufgebaut wurde, ein einzigartiges Studienzentrum eingerichtet. In ihm ist die berühmte, seit 1578 kontinuierlich gewachsene »Bibliothek der Großen Kirche« (heute A Lasko-Bibliothek) untergebracht. Westlich der Ruine wurde von 1948–49 mit Hilfe der Evangelischen Kirchen der Schweiz die sogenannte **Schweizer Kirche** aufgebaut.

Als im Mai 1944 Emden durch einen Großangriff zu 80 % zerstört wurde, überlebten viele seiner Bewohner in den zahlreichen mit Hilfe ausländischer Arbeiter, Kriegsgefangener und KZ-Häftlinge gebauten Bunkern, von denen heute immerhin noch 29 das Stadtbild prägen. Ein paar Straßen von der Große Kirche entfernt, dokumentiert das in einem solchen Schutzbau untergebrachte **Bunkermuseum** eindrücklich die Zeit des Nationalsozialismus sowie die furchtbaren Folgen des Zweiten Weltkriegs (Mai bis einschl. Oktober Di–Fr 11–13 und 15–17 Uhr, Sa und So 11–13 Uhr, Holzsägerstr. 6).

Keinesfalls sollte man einen Besuch der vielgepriesenen Kunsthal-

Kunsthalle

le versäumen. Vom Rathausplatz oder der Großen Straße schlendert man durch überwiegend verkehrsberuhigte Geschäftsstraßen Richtung Norden, passiert den Neuen Markt mit seinen gemütlichen Bistros und Kneipen (Wochenmarkt Di, Fr und Sa 8–13 Uhr), überquert die verkehrsreiche Hauptstraße Agterum und gelangt über eine Brükke in das gepflasterte, stille Sträßchen Hinter dem Rahmen. Die am Kanal gelegene **Kunsthalle** spendierte Henri Nannen, ehemaliger Chefredakteur des Magazins »Stern«, seiner Geburtsstadt. Das von Friedrich Spengelin entworfene, 1984–86 entstandene Museumsgebäude birgt eine bedeutende Sammlung von Kunstwerken des 20. Jh., darunter Werke von Feininger, Kirchner, Kokoschka, Macke, Marc, Modersohn-Becker und Nolde (Di 10–20 Uhr, Mi–Fr 10–17 Uhr, Sa/So 11–17 Uhr, Hinter dem Rahmen 13. Nach dem Kulturgenuß: ›Museumsstube‹ an der Kunsthalle, Restaurant und Bistro-Café, im Sommer Terrasse direkt am Wasser, Hinter dem Rahmen 5a).

An der Anlegestelle Kunsthalle finden von April bis Ende Oktober täglich um 11 und 13 Uhr mit der »Jantje Viss« **Kanalrundfahrten** statt. Eine Bootsfahrt durch die zahlreichen Wasserläufe bietet überraschend malerische Aspekte der industriell geprägten Arbeiterstadt (Mo–Fr 11 und 15 Uhr, Sa, So 12 und 15 Uhr). Die Kunsthalle ist auch ein günstiger Ausgangspunkt

Kunstgenuß in Emden

für einen **Wallspaziergang.** Für die 4–5 km lange Wanderung sollte man mindestens eineinhalb Stunden veranschlagen. Die baumbestandene, parkähnliche Wallanlage, die mit Rasenflächen und einem Netz von Spazier- und Radfahrwegen um die Innenstadt herumführt, wurde 1606–1616, kurz vor dem Dreißigjährigen Krieg, vom Festungsbaumeister Geert Evert Piloot als Befestigungsanlage erbaut. Sie mußte die »freie Stadtrepublik« Emden gegen Truppen des ostfriesischen Landesherrn schützen. Die ursprünglich zehn Zwinger der nie eroberten Anlage wurde im 19. Jh. teilweise mit Windmühlen bebaut. Sehenswert ist die üppig mit Grün bewachsene **Vrouw Johanna Mühle** von 1804, die restauriert und wieder gangbar gemacht wurde. Der dreistöckige Galerieholländer steht im Marienwehrster Zwinger im Nordosten des Walls und kann besichtigt werden. Von der 1795 entstandenen, zuletzt 1970–73 umgebauten **Roten Mühle** ist nur noch der Rumpf erhalten. Von hier lohnt sich ein Abstecher zur **Kesselschleuse** von 1884, Europas einzige in Betrieb befindliche Vierkammer-Schleuse, die jährlich etwa 2400 Schiffe passieren. Sie verbindet vier Wasserwege mit unterschiedlichen Wasserständen miteinander: den Ems-Jade-Kanal, den Falderndelft mit Hafen, das Fehntjer Tief und den Stadtgraben. Entlang der Wasserstraßen läßt es sich wunderschön spazieren.

Südlich der Schleuse liegt noch ein weiterer Zwinger mit der 1810 erbauten, heute baufälligen **Weißen Mühle »De weite Molen«,** die heute als Lagerhaus dient. Von hier kann man – am einfachsten der Mühlenstraße folgend – zum Falderndelft spazieren. In dem zwischen Delft und Wallanlage gelegenen Viertel, beispielsweise in der Kranstraße und am gepflasterten Rosentief, findet man noch einige Zeugnisse des niederländischen Klassizismus, die einen Eindruck vom alten Emden vermitteln. In der Friedrich-Ebert-Straße beeindrucken das schön restaurierte **Gödenser Haus** von 1551 (Nr. 1–3, direkt gegenüber der Neuen Kirche, heute ein Studentenwohnheim) sowie eine alte Likörfabrik (Nr. 5, heute ein Möbelhaus). Die **Neue Kirche** gilt als frühestes Beispiel barocken Kirchenbaus in Ostfriesland. Sie ist die erste und bedeutendste Predigerkirche in Norddeutschland. Erbaut wurde sie in den Jahren von 1643–48 nach dem Vorbild der Amsterdamer Noorderkerk, die

Giebelfront nach dem der Westerkerk. Im Jahre 1944 beschädigt, wurde sie 1949/50 in den alten Formen wiederaufgebaut. Das Nordwest-Portal schmückt das Emder Wappen, das »Engelke up de Muer«. Auf dem Uhrenturm sieht man eine farbenprächtige, fast orientalisch anmutende Nachbildung der Kaiserkrone als Sinnbild für die angestrebte, vom Kaiser aber nie anerkannte Reichsunmittelbarkeit der Stadt. Über die Brückstraße gelangt man zurück zum Rathaus. Schöner aber ist der Weg am Falderndelft und Ratsdelft entlang.

🛈 **Auskunft:** Informationspavillon (Touristeninformation und Zimmervermittlung) am Stadtgarten schräg gegenüber vom Rathaus, ☏ 0 49 21/9 74 00. Hier erhält man einen kostenlosen Stadtplan mit ausführlichen Spaziervorschlägen. Außerhalb der Öffnungszeiten informiert ein Informationsterminal an der Außenseite des Gebäudes über freie Quartiere und Veranstaltungen. Überaus empfehlenswert sind die Stadtführungen: April–Okt. Sa 11 Uhr, Juni–Sept. Mi 11 Uhr, ab Infopavillon am Stadtgarten.

🛏 **Hotels:** *Alt Emder Bürgerhaus,* Friedrich Ebert Str. 33, ☏ 2 42 41, original Jugendstilhaus am Stadtwall, Restaurant; *Deutsches Haus,* Neuer Markt 7, ☏ 9 27 60, zentral, Restaurant mit Nordseespezialitäten; *Goldener Adler,* Neutorstr. 5, ☏ 9 27 30, am Delft neben dem Rathaus, mit Restaurant; *Parkhotel Upstalsboom,* Friedrich-Ebert-Str. 73–74, ☏ 82 80. **Preiswerter:** *Am Boltentor garni,* Hinter dem Rahmen 10, ☏ 9 72 70, direkt neben der Kunsthalle; *Ems-Hotel,* Nesserlander

Str. 129a, ☎ 9 39 00, am Borkum-Anleger. **Pensionen:** *Haus Am Tief*, Ringgang 57, Emden-Twixlum, ☎ 6 60 06, direkt am Kanal, eigener Bootsanleger, Kanu; *Klara Janssen*, Dollartstr. 7a, ☎ 2 49 03, im Südwesten der Stadt, Nähe Borkum-Anleger; *Navtec-Haus*, Martin-Faber-Str. 1, ☎ 3 29 77, am Falderndelft, besonders für Nichtraucher und Allergiker; *Christiane Reimann*, Briggweg 4, ☎ 64 94.

Jugendherberge an der Kesselschleuse, 85 Betten, ☎ 2 37 97, direkt am Kanal, ideal zum Kanufahren, Kanuverleih nebenan, ☎ 2 50 66.

Campingplatz: Campingplatz »Knock«, ☎ 0 49 27/5 67, (s. S. 159).

Restaurants: Es gibt in Emden überraschend viele Straßencafés, Bistros, moderne Kneipen und internationale Küche. Mit den ersten Sonnenstrahlen im Frühjahr kommt Boulevardstimmung in den verkehrsberuhigten Fußgängerzonen zwischen dem Ratsdelft und den Märkten auf. Wer sich hungrig und womöglich mit Kindern auf die Suche nach einem Restaurant macht, sollte sich in Richtung Neuer Markt halten. Dort gibt es von allem etwas: *Pizzeria Piccolo,* Pizzen, Fleisch, am Wochenende frischen Fisch, Neuer Markt 17; *Zorbas,* Amphitheater-Restaurant, griechische Spezialitäten, Neuer Markt 18; *Deutsches Haus,* Restaurant, bekannt für exklusive Nordseespezialitäten, Neuer Markt 7. Am Ratsdelft liegen zwei Restaurantschiffe: Im *Feuerschiff »Deutsche Bucht«* gibts ostfriesische Küche und Meeresspezialitäten. Das 1912 gebaute, holländische Segelschiff *Nautilus* ist für leckere, große Pfannkuchen bekannt.

Kneipen, Disco: Viele Kneipen liegen am Neuen Markt: *Take it easy,* American Bar und Bistro, hier kann man es vom Nachmittag (große Straßenterrasse) bis spät in die Nacht aushalten, Neuer Markt 20. Im gleichen Haus die Diskothek *Madison,* Fr, Sa ab 22 Uhr.

Durch die Krummhörn nach Greetsiel

Auf der Störtebekerstraße durch uralte Warfendörfer ins idyllische Fischerdorf Greetsiel • Abstecher nach Pewsum und Marienhafe

Weit ist das Land zwischen dem Dollart im Süden und der Leybucht im Norden. Zur Zeit der ersten Besiedlung, noch lange vor Beginn unserer Zeitrechnung, lagen die Dörfer im Gebiet der Krummhörn auf den Uferwällen der damals noch weit ins Land reichenden Meeresbuchten und Flüsse. Später, als die Fluten immer höher stiegen, boten künstlich aufgeworfene Hügel (Warfen oder auch Wurten genannt) den Menschen Schutz vor dem Wasser. Ihre Häuser und Höfe scharten sich um die auf dem höchsten Punkt der Warf errichtete Kirche, die im Falle einer Sturmflut oder eines feindlichen Angriffs die letzte sichere Zuflucht bot. Neunzehn solcher Warfendörfer liegen in den fruchtbaren Marschen der Krummhörn. Wuchtige, im Mittelalter aus Tuff- und Backstein errichtete Kirchen bilden ihren Mittelpunkt. Sie bergen einzigartige Kunstschätze, darunter Orgeln aus sechs Jahrhunderten, wie sie in dieser Zahl in keiner anderen Landschaft Deutschlands zu finden sind.

Die Störtebekerstraße verläuft durch die Marschenlandschaft Krummhörn bis nach Greetsiel immer einige Kilometer landeinwärts, so daß man, um einen Blick aufs Meer zu werfen, auf Nebenstraßen abzweigen muß. Auf dem Weg von Emden Richtung Krummhörn führt zunächst linker Hand eine Seitenstraße zur **Knock.** Hier befindet sich das größte Siel- und Schöpfwerk Europas. Zusammen mit dem Schöpfwerk Greetsiel besorgt es die Entwässerung der tiefgelegenen Krummhörn. (In Freepsum, 5 km nordwestlich von Emden, liegt der tiefste Punkt Deutschlands: 2,3 m unter dem Meeresspiegel.) Rechts und links der Straße vor dem Schöpfwerk sieht man die Bronzestatuen zweier preußischer Herrscher, die wesentlich zu Ostfrieslands Entwicklung beigetragen haben: Der »Große Kurfürst« Friedrich Wilhelm (1640–1688), der im Zuge des Ausbaus preußischer Seemachtsinteressen den Seehandel Emdens unterstützte, schaut seewärts. Der Blick Friedrichs II. von Preußen, Fürst von Ostfriesland (1744–1786), der die Binnenkolonisation der unzugänglichen ostfriesischen Moore ermöglichte und den Bau neuer Siele förderte, schweift landein.

Camping: Am sich landeinwärts anschließenden Speichersee Mahlbusen liegt landschaftlich sehr reizvoll inmitten weiter Marschlandschaft der Campingplatz Knock, ☎ 0 49 27/5 67.

Nach Norden erstreckt sich das Gebiet des **Rysumer Nacken,** in dem in den vergangenen Jahrzehnten große Landgewinne erzielt wurden. Nachdem hier im 16. Jh. zwei Dörfer untergegangen waren, machte man sich erst nach dem Zweiten Weltkrieg daran, das verlorene Land zurückzugewinnen. Mit dem Baggergut, das bei der Vertiefung der Ems und des Emder Hafens anfiel, wurde ein 1000 ha

großer Polder aufgespült und für einen neuen Industriestandort auserkoren. In den 70er Jahren wurde hier von der norwegischen Firma Philipps Petroleum Norsk A/S der Erdgas-Terminal Emden angelegt. Das Erdgas wird über eine 1380 km lange Pipeline von den norwegischen Nordseefeldern wie Ekofisk, Statfjord, Gullfaks, Troll und Sleipner angelandet, in der Erdgas-Aufbereitungsanlage gereinigt und an westeuropäische Ferngasgesellschaften weitergeliefert. Eine weitere Pipeline leitet das Gas Richtung Norden in die Krummhörn, wo es in unterirdischen Salzkavernen gespeichert wird.

Durch ebenes grünes Land führt die Störtebekerstraße dann an Dörfern vorbei, die früher einmal Seeanbindung hatten und im Verlauf der Jahrhunderte durch Landge-

Stolzer Fürst am Kock

Ein Hauch von Ewigkeit

Die reichste Orgellandschaft der Welt

Die Seitenflügel der in mattem Taubenblau und Sandsteinfarben gehaltenen Rysumer Orgel schmückt ein Himmel von goldenen Sternen, die Sonne und Mond umrahmen: ein »Seligkeitsding«, um es mit einem Begriff von Astrid Lindgren zu benennen. Die um 1457 von Meister Harmannus aus Groningen geschaffene Orgel scheint von der kleinen Kirchengemeinde am südlichen Rand der Krummhörn in Naturalien bezahlt worden zu sein. In der Chronik des Eggerik Beninga heißt es nämlich im Jahr des Orgelbaus, daß die Rysumer den Häupt-

Orgel von Rysum

ling Victor von Freese gebeten hätten, »ere vette beeste« (ihre fetten Kühe) über die Ems nach Groningen zu schaffen, damit sie ihre Schulden wegen »des örgels« bezahlen könnten.

Kein anderes Land der Welt weist eine derart reiche Orgellandschaft auf wie die Ems-Dollart-Region zwischen dem niederländischen Groningen und Wilhelmshaven. Und mittendrin Ostfriesland:

Nirgends finden sich auf einem so eng begrenzten Gebiet so viele originale Orgeln aus einem Zeitraum von fast 600 Jahren. Die Anfänge des ostfriesischen Orgelbaus fallen in die Blütezeit des Landes unter Ulrich Cirksena I., der 1464 in den Reichsgrafenstand erhoben wurde. Unter ihm und seinen Nachfolgern entstanden klangvolle Instrumente. In der zweiten Hälfte des 16. Jh. erlebte der Orgelbau einen Aufschwung, als nach der Reformation neben vielen niederländischen Kaufleuten auch Instrumentenbauer aus religiösen und politischen Gründen ihre Heimat verließen und sich in Emden ansiedelten. Aber erst ab Mitte des 17. Jh. ging man dazu über, die Orgel als Begleitinstrument zum Kirchengesang zu benutzen. Vorher war sie nur im Wechsel mit den von der Gemeinde gesungenen Strophen gespielt worden.

Orgel von Marienhafe

Die beherrschende Persönlichkeit in der norddeutschen Orgelgeschichte war der Hamburger Arp Schnitger (1648–1719), der fast vierzigjährig mit dem Bau der großen Orgel in Norden begann. Einen weiteren Höhepunkt erreicht die Orgelbautätigkeit in Ostfriesland unter dem Schnitger-Schüler Gerhard von Holy. Die von ihm erbaute Orgel in Marienhafe ist die am vollständigsten erhaltene zweimanualige Barockorgel Ostfrieslands, das von ihm in Dornum geschaffene Instrument zählt zu den größten historischen Dorforgeln in Deutschland. Insgesamt sind in Ostfriesland rund 60 Orgeln aus der Zeit vor 1850 zu finden. Zu Beginn des 20. Jh. wies der Orgelbau in Ostfriesland keine bedeutenden Meister mehr auf. Erst als ab Mitte der 20er Jahre die Restaurierung vieler Instrumente in Angriff genommen wurde, gewann dieses Handwerk wieder an Bedeutung. 1954 ließ sich der Orgelbauer Jürgen Arend in Leer nieder. Seine Restaurierungsarbeiten, beispielsweise in der Hamburger St. Jacobi Kirche, in der Hofkirche zu Innsbruck oder der Ludgerikirche in Norden gelten als richtungsweisend. Arend, dessen Werke u. a. in den USA, den Niederlanden, in der Schweiz, in Japan, Kanada, Norwegen, Italien und Australien zu finden sind, wird als der bedeutendste Restaurator historischer Orgeln angesehen.

So ist es kein Wunder, daß sich Ostfriesland in den letzten Jahrzehnten zu einem Zentrum der europäischen Orgelkultur entwickelt. Musiker und Orgelbauer aus der ganzen Welt zieht es hierher, um auf den wunderbaren Instrumenten zu spielen, aber auch, um die gelungenen Restaurierungen heutiger Orgelbauer zu studieren. Denn die Ostfriesen, denen man nachsagt, daß sie ein bißchen hintenan sind, die haben ihre Schätze über die Jahrhunderte behütet und genossen. Die Rysumer Orgel erklingt seit über 500 Jahren im sonntäglichen Gottesdienst, sie ist die einzige, auf der man noch spätgotische Orgelmusik im Originalklang hören kann.

winnung und Eindeichung ins Landesinnere gerückt sind. So kann man sich heute nur wundern, wie in die kleinen, mehrere Kilometer landein gelegenen »Kuhdörfer« der kostbare rheinische Tuffstein gelangte, der teilweise für die mächtigen Kirchenbauten verwendet wurde.

Von all den bildhübschen Warfendörfern in den ostfriesischen Marschen ist keines so schön, klassisch rund und gut erhalten wie **Rysum** am südwestlichen Rand der Krummhörn. Die schmalen Straßen des Ortes ziehen sich in drei Ringen um die Warf, sternförmig gekreuzt von verschiedenen »Lohnen«, die auf die Dorfmitte zuführen. Im Zentrum erhebt sich die rechteckige, im 15. Jh. aus Tuff- und Backstein erbaute Kirche, in der sich die einzige noch erhaltene spätgotische Orgel des Landes befindet. In Sichtweite der Kirche erhebt sich ein prächtiger restaurierter Galerieholländer, von dem sich ein malerischer Blick über das Dorf bietet.

Die nächste Perle in der Reihe der Warfendörfer ist der ehemalige, nur 1 km nördlich von Rysum gelegene Häuptlingssitz **Loquard.** Dessen Burg wurde um 1400 im Zuge einer Strafexpedition von der Hamburger Hanse zerstört, weil Häuptling Sibrand die zur Plage gewordenen Seeräuber trotz mehrmaliger Verwarnung aktiv unterstützt hatte. Es heißt, daß bei ihm auch Klaus Störtebeker Unterschlupf gefunden habe. Erhalten blieb die Kirche, eine romanische Saalkirche aus der zweiten Hälfte des 13. Jh., deren größte Schätze wohl der Taufstein aus dem 13. Jh. und der spätgotische, vermutlich von einem Niederländer geschnitzte Passionsaltar aus der Zeit um 1520 sind. Den Kirchturm krönt übrigens kein Hahn, sondern ein Schwan, der als Hinweis auf Martin Luther gilt; ein Schwan ziert auch den Beschlag des Schlosses in der Kirchentür. Loquard ist eine der drei lutherischen Gemeinden in der Krummhörn, die übrigen Gemeinden gehören der evangelischen reformierten Kirche an.

Camping: Camping Dyksterhus, kleiner, privater Campingplatz, ☎ 0 49 27/4 89.

Wiederum nur einen Kilometer weiter Richtung Norden passieren wir das kleine, mehr als 1000 Jahre alte Runddorf **Campen** mit einer sehenswerten, um 1295 errichteten Einraumkirche aus rotem Backstein. Der dreijochige Innenraum wird von einem reich mit Malereien und Zierrippen ausgestatteten Kuppelgewölbe überspannt, das in Ostfriesland nicht seinesgleichen findet. Prächtig verziert ist auch die spätbarocke Schnitzkanzel von 1794. Am Nordrand des hübschen Warfendorfes passiert man das direkt an der Hauptstraße gelegene **Ostfriesische Landwirtschaftsmuseum.** Die nebeneinanderliegenden Höfe Heikens und Ohling, die – dem alten Bautyp der ostfriesischen Gulfhöfe entsprechend – Wohn-, Scheunen- und Stallbereich unter einem Dach vereinen, beherbergen u. a. eine riesige Sammlung landwirtschaftlicher Geräte und Maschinen, die in Ostfriesland bis in unsere Zeit für die landwirtschaftliche Arbeit in Marsch, Geest und Moor verwendet wurden. Die Wohnbereiche der Höfe werden noch von ihren Besitzern genutzt. (Mitte Mai–Mitte Okt. Di–Fr 10–13, 14–17 Uhr, Sa und So 14–17 Uhr, in den Oster- und Herbstferien Di So 14–17 Uhr; Krummhörner Landesstraße.)

Das Wahrzeichen von Campen ist der 65 m hohe **Leuchtturm.** Der Abzweig von der Hauptstraße ist ausgeschildert. Die 1892 fertiggestellte, zu Beginn der 90er Jahre renovierte Dreibein-Stahlkonstruktion steht unmittelbar am Deich und bietet sich als Ausgangspunkt für Wanderungen entlang der Küste an. Im Innern führen 308 Stufen nach oben zur Aussichtsplattform, die eine fantastische Aussicht über die unendliche grüne Weite der

Krummhörn und das Meer gewährt (Di, Mi, Fr, Sa, So 14–16 Uhr).

Von Campen sind es 2 km nach **Upleward.** Ein feuriger Drache schmückt das Wappen des kleinen, fast 900 Jahre alten Warfendorfes, das zu Beginn des 15. Jh. erstmals als Sitz der Häuptlingsfamilie Beninga erwähnt wird. Deren Wasserburg wurde vor etwa 200 Jahren abgerissen, erhalten ist die aus dem 15. Jh. stammende, in gotischem Stil errichtete Backsteinkirche.

Baden/Camping: In Upleward befindet sich die beste Bademöglichkeit der Krummhörn. Hier wurde ab Mitte der 80er Jahre ein Sandstrand aufgespült, ein Kiosk und sanitäre Anlagen eingerichtet, der Campingplatz (mit Laden und Restaurant) vergrößert, ☎ 0 49 23/5 25.

Unübersehbar ist die Anlage der Ruhrgas AG kaum zwei Kilometer landein. Sie ist ein Bestandteil des Ruhrgas-Transportsystems. Das Erdgas aus der norwegischen Nordsee wird vom Erdgas-Terminal Emden in die Krummhörn transportiert, wo es in unterirdischen Kavernen im Salzstock Groothusen gespeichert und bei Bedarf entnommen wird. Kavernen sind unterirdische, durch Auswaschung (Solung) des Salzgesteins entstandene Hohlräume. In der Krummhörn gibt es bisher drei solcher Salzkavernen mit einem Fassungsvermögen von 750 000 m³. Sie liegen in einer Tiefe zwischen 1500 m und 1780 m. Es ist geplant, den Speicher um fünf Kavernen zu erweitern.

Nächster Stopp ist **Groothusen,** ein im frühen Mittelalter an der mittlerweile verlandeten Bucht von Sielmönken gegründeter Handelsplatz. Im Nordwesten der Langwarf erhebt sich die zu Beginn des 15. Jh. aus Back- und Tuffstein erbaute langgestreckte Kirche inmitten eines gepflegten, blumenreichen Friedhofs. Der wuchtige Glockenturm stammt aus dem Jahr 1225. Wunderschön ist die von Friedrich Wenthin geschaffene, in vornehmem Perlweiß und Gold gehaltene Orgel von 1801. Das Bronzetaufbecken wurde von Gert Klinghe um 1450 angefertigt.

Von den ehemals drei Burgen des Ortes ist nur noch die **Osterburg** als Zeugnis längst vergangener ostfriesischer Häuptlingsherrlichkeit erhalten geblieben. Das Mittelstück des dreiflügeligen, hufeisenförmig angelegten Bauwerks stammt noch aus der zweiten Hälfte des 15. Jh., der flankierende Ostflügel aus dem 16. Jh., der Scheunenflügel aus dem ersten Jahrzehnt des 18. Jh. Der Burgbesitzer, ein direkter Nachkomme der Häuptlingsfamilie Haitetsna, zeigt bei Interesse die sorgfältig gehüteten Schätze der Vergangenheit: eine umfassende Ahnengalerie, kostbare Möbel und Bücher, darunter die erste, 1616 vom Greetsieler Gelehrten Ubbo Emmius in lateinischer Sprache geschriebene Geschichte Ostfrieslands. Die Osterburg liegt rechter Hand gleich nach der Abzweigung Richtung Greetsiel (Besichtigung nur nach Verein-

Manningaburg

barung, Enno Kempe, ☎ 0 49 23/12 70).

Zu empfehlen ist ein Abstecher in das 2 km östlich von Groothusen gelegene Marktstädtchen **Pewsum,** Verwaltungszentrum der Gemeinde Krummhörn. Für die Besichtigung der geschichtsträchtigen Burg und bestens erhaltenen Windmühle, die beide zum **Ostfriesischen Freilichtmuseum** gehören, sollte man sich Zeit lassen und zwischendurch vielleicht in einem der traditionsreichen Gasthöfe am Markt einkehren.

Bereits 945 als *Pewesheim* urkundlich erwähnt (die Endung »um« bedeutet »heim«), war der Ort ab Beginn des 15. Jh. Sitz des Häuptlingsgeschlechts der Manninga. Im Jahre 1565 wurde die 1458 errichtete Burg samt Mühle an Graf Edzard II. verkauft. Die Vorburg der im Goldgelb überreifer Quitten gestrichenen, von einem Burggraben und hohen Laubbäumen umgebenen **Manningaburg** birgt heute eine sehenswerte Sammlung zur ostfriesischen Häuptlings- und Burgengeschichte (Mitte Mai–Mitte Okt. Di, Do 10–12.30, 15–17 Uhr, Sa, So 15.30–17.30 Uhr). In dem mit alten Möbeln eingerichteten Trauzimmer kann man stilvoll heiraten. Das am Ortsausgang an der Hauptstraße Richtung Woquard gelegene **Mühlenmuseum** ist in einem Galerieholländer aus dem Jahr 1843 und dem angrenzenden Gulfhaus untergebracht. Umfassend und kenntnisreich ist hier die Geschich-

te von Landwirtschaft, Handwerk, Deichbau und Entwässerung Ostfrieslands dokumentiert (Mitte Mai–Mitte Okt Di, Do 10–12.30, 15–17 Uhr, Sa, So 15.30–17.30 Uhr).

ℹ️ **Auskunft:** Verkehrsbüro, 26736 Pewsum, Cirksenastr. 11, ✆ 0 49 23/84 89.

🛏️ **Unterkunft:** Hotel zur Post, Cirksenastr. 19, ✆ 2 71 (Café, vis-à-vis Manningaburg). **Pensionen:** Bokelmann, Woquarder Reihe 1, ✆ 73 76; Coordes, Fritz-Lottmann-Str. 1, ✆ 81 62; Müller, Eiskehörn 97, ✆ 6 37; Röth-Weber, Krummhörner Ring 16, ✆ 99 00 07; Dirksen-Wollers, Gerhard-de-Buhr-Ring 34, ✆ 76 47.

An der Störtebekerstraße, 3 km nördlich von Groothusen und 2 km vom Deich entfernt, liegt die kleine Warfensiedlung **Manslagt.** Ursprünglich Sitz der Familie Beninga, kam sie im 15. Jh. unter die Herrschaft der Cirksena. Die Kirche entstand um 1400 in spätgotischem Stil. Sehenswert ist die 1714 in Amsterdam angefertigte Kanzel, die Orgel von 1777 sowie der aus dem 13. Jh. stammende Taufstein.

❌ **Restaurant:** *Manslagter Bauernstuben* mit großer Gartenterrasse im historischen Ortskern.

Weiter gehts Richtung Norden. Weithin sichtbar überragt die im 13. Jh. in drei Bauphasen erbaute

---

Kirche von Pilsum

Kreuzkirche das beschauliche Warfendorf **Pilsum.** Sie gilt als eine der schönsten Kirchen des Landes. Majestätisch erhebt sich das dem hl. Stephanus geweihte Gotteshaus über die stillen Lohnen, in denen sich rote Backsteinhäuser mit hübschen Gärten dicht aneinanderdrängen. Der mächtige, an den Seiten mit Blendarkaden, oben mit weißen Zinnen verzierte Vierungsturm (der einzige in Ostfriesland) diente jahrhundertelang als Seezeichen für die Schiffahrt. Im Innern der weißgetünchten Kirche sind zahlreiche Fragmente gotischer Wandmalereien erhalten. Erwähnenswert ist das von Hinrik Klinghe gearbeitete Bronzetaufbecken von 1463, die barocke Kanzel von 1704 sowie die gerade restaurierte Orgel des Orgelbauers Valentin Grotian von 1694.

Der in Pilsum nach Westen abzweigende »Diekstickerweg« (Dieksticker »bestickten« die Grasnarbe zur Festigung des Deiches mit Roggenlangstroh) führt am **Windenergiepark Krummhörn** vorbei. Seit 1989 stehen dort zehn schnurrende Windräder, von denen jedes etwa 300 kW Strom erzeugt (Informationspavillon Mi 10–13, 14–16 Uhr; Sa 10–13 Uhr). Die schmale Straße führt weiter zum Deicharbeiterdenkmal **Diekskiel** (etwa 2 km vom Ort). Es ist den vielen Generationen von Deicharbeitern gewidmet, denen es zu verdanken ist, daß es in Ostfriesland nicht »Landunter« heißt. Deichrichter Brahms faßte nach der verheerenden Weihnachtsflut im Jahre 1717 die Situation der ostfriesischen Marschen treffend zusammen: »Kein Deich, kein Land, kein Leben«.

Tip: Vom Denkmal am Deich aus werden im Sommer regelmäßig Wattwanderungen angeboten. Ab Diekskiel wird jeden Sonntag um 9 Uhr geboßelt, wer Lust hat, kann sich dem Pilsumer Boßelverein anschließen. Kurz vor Pilsum zweigt der Weg zum 4 km entfernten Käsehof Rozenburg ab. Dort gibt es leckeren Käse, frische Butter, Milch und Quark (in der Saison tgl. geöffnet, halbstündige Führungen durch die Käserei Di und Do 15 Uhr).

Nördlich des Ortes ragt in weiter Ferne auf dem Deich der gelb-rot gestreifte **Leuchtturm von Pilsum** empor (s. S. 147). Er macht sich nicht nur in der Werbung gut (»Wie das Land, so das Bierchen …«), sondern schmückt auch die Titelseite so mancher Veröffentlichung über Ostfriesland. Ruhm erwarb er auch als Film-Zuhause des berühmten Ostfriesen Otto Waalkes. Viele mehr oder minder begabte Graffiti-Künstler haben den Turm genutzt, um Grüße an »Otto, den Außerfriesischen« zu bestellen. Der Turm ist nur zu Fuß oder mit dem Rad zu erreichen. Wer mit dem Auto unterwegs ist, parkt am besten auf dem Parkplatz am Rande des nordwestlich von Greetsiel gelegenen **Naturschutzgebietes Leyhörn,** das im Zuge der Küstenschutzmaßnahmen in der Leybucht entstand. Statt der noch bis Anfang der 70er Jahre geplanten Volleindeichung, also der vollständigen

Abriegelung der Leybucht, baute man eine eingedeichte »Nase«, das Leyhörn, nach Nordwesten ins Meer hinein, an deren Ende ein Sperrwerk mit Entwässerungssiel und Schleuse liegt. Binnendeichs erstreckt sich ein 200 ha großer Speichersee und ein tideunabhängiges Fahrwasser zum Greetsieler Hafen. Die Feuchtwiesen im südlichen Bereich des Leyhörn bieten Bodenbrütern wie Uferschnepfen, Rotschenkel und Kiebitzen geeignete Brutplätze, in den Schilfzonen am Rande des Speicherbeckens sind Entenvögel, Rohrsänger und andere Wasservögel zu finden. Zwei Wanderwege erschließen Spaziergängern und Radfahrern dieses faszinierende junge Naturschutzgebiet. Der Greetmer Deich im Süden des Leyhörn (2,1 km vom Greetsieler Hafen) trifft auf den Hauptdeich, der am westlichen Rand des Leyhörn zur Schleuse führt (4,3 km). Auf dem Parkplatz am südwestlichen Ende des Leyhörn informiert eine große Stellwand über das »Jahrhundertbauwerk« und das Naturschutzgebiet.

Greetsiel

Der im 14. Jh. von der Häuptlingsfamilie Cirksena als Handelsort angelegte, ausgesprochen malerische Fischer- und Künstlerort mit seinen sorgfältig restaurierten Giebelhäusern aus dem 17. und 18. Jh., den

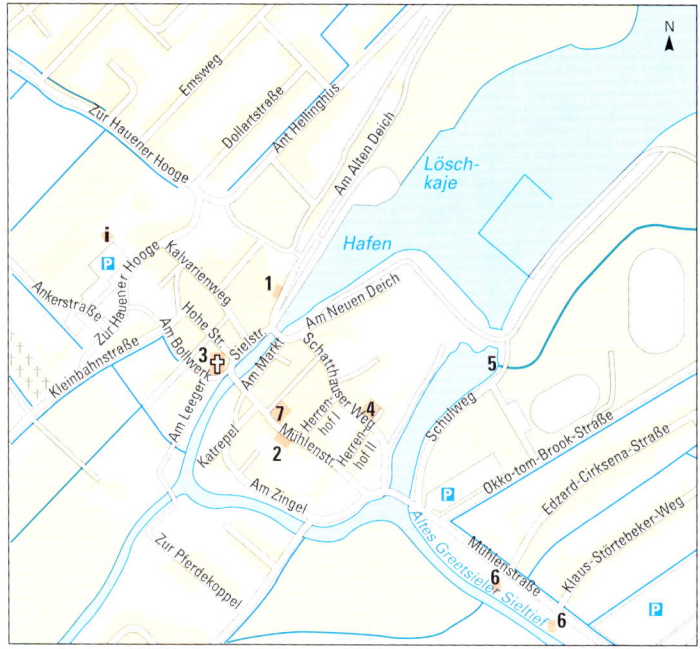

Greetsiel 1 Poppinga's Alte Bäckerei 2 Von Halemsches Haus 3 Evangelisch-reformierte Kirche 4 Nationalpark-Haus 5 Schöpfwerk 6 Zwillingsmühlen 7 Buddelschiffmuseum

baumbestandenen Klinkerstraßen entlang dem Alten Siel und den stilvollen Restaurants gilt mit einigem Recht als der schönste Sielhafenort an der deutschen Nordseeküste. Viele Maler, Kunsthandwerker und Fotografen arbeiten hier und bieten in urigen Werkstätten und kleinen Galerien ihre Arbeiten zum Verkauf. Schön ist der Geburtsort des berühmten Historikers Ubbo Emmius (1547–1625) ohne

Zweifel, möglicherweise aber auch zu schön, um wahr zu sein. Man fühlt sich hin- und hergerissen zwischen euphorischer Begeisterung und dem Gefühl, durch eine wunderhübsche Puppenstube zu spazieren. Die Preise sind üppig, und es scheint, als könnten es sich viele Einheimische kaum noch leisten, in Greetsiel zu wohnen. Ohnehin ist der Rummel zu groß. In der Hauptsaison übersteigt die Zahl

Greetsiel

der Touristen das erträgliche Maß.
Erst im tristen Spätherbst, wenn
viele Boutiquen und Cafés schließen, erinnert der Ort an ein Mär-
chen aus vergangener Zeit.

Seine erste urkundliche Erwähnung fand der erst nach dem Ein-

bruch der Leybucht gegründete
Hafenort im Jahre 1388 in zwei
Briefen des Ritters Ocko tom
Brook. Zur gleichen Zeit errichtete
hier die ostfriesische Häuptlingsfa-
milie Cirksena ihren Stammsitz.
Ihre im Verlauf der Jahrhunderte
immer wieder heftig umkämpfte
Burg, die mehrere Male den Besit-
zer wechselte, wurde 1777 von
Friedrich dem Großen endgültig

und Ems. Jeden Morgen fahren die Kutter zum Fang aus. Der Greetsieler Hafen ist erst seit 1991 tideunabhängig. Von 1988 bis 1991 entstand die Schleuse vor Greetsiel (s. S. 204). Das bis dahin ständig von Verschlickung bedrohte Fahrwasser wurde vom Hafen zur Schleuse verlegt. Für die Fischer bedeutet das, daß sie sich nicht mehr nach dem täglich wechselnden Hochwasser richten müssen. Ihre Ladung löschen die Krabbenfischer jetzt nicht mehr am alten Kai, sondern an der neuangelegten, ein Stück weiter östlich gelegenen Löschkaje.

Bootstouren: Mit der M/S Gretchen werden in der Saison täglich eineinhalbstündige, höchst informative Touren zur Seeschleuse Leysiel (inkl. Schleusung) angeboten, Abfahrt am Ende der Löschkaje.

Im historischen Ortskern gibt es viel zu entdecken. Die meisten der malerischen schmalen Giebelhäuser entlang des Hafenbeckens und am Alten Siel stammen noch aus dem 17. und 18. Jh. Ein Kleinod ist beispielsweise **Poppinga's Alte Bäckerei.** Das im 17. Jh. errichtete und Anfang der 80er Jahre dieses Jahrhunderts restaurierte Gebäude beherbergt ein kleines Bäckereimuseum, das Besuchern der Teestube und den Käufern ostfriesischer Spezialitäten zugänglich ist (wechselnde Kunstausstellungen, Sielstraße 21). Eines der schönsten Wohngebäude des Klassizismus in Ostfriesland ist das 1794 erbaute

geschleift. Die Preußen, die 1744 die Herrschaft in Ostfriesland übernommen hatten, bauten gegen Ende des 18. Jh. den Hafen aus. Aus dieser Zeit stammt auch das **Alte Siel,** welches das innere Sieltief vom Hafen trennt.

Hauptattraktion des **Hafens** sind die Krabbenkutter. In Greetsiel liegt die mit 28 Fahrzeugen größte Krabbenkutterflotte zwischen Weser

von Halemsche Haus in der Mühlenstraße. An der Ecke Hohe Straße/Sielstraße steht die zwischen 1380 und 1410 erbaute, evangelisch-reformierte **Kirche** mit freistehendem Glockenturm (Juni–Sept. Mo–Fr 15–18 Uhr, So 11.30–17 Uhr).

Am östlichen Rand des von Wasserläufen umgebenen Zentrums von Greetsiel steht das im Jahr 1989 in einem alten Gulfhaus eingerichtete **Nationalpark-Haus** mit einer Fülle von Informationen über den Lebensraum Wattenmeer. Die Führungen durch die Ausstellung mit spannenden Erklärungen zum Seewasseraquarium, die Mikroskopiernachmittage sowie die

Freilandexkursionen sind ausgesprochen kindgerecht und erlebnisreich (April–Oktober, Schatthauser Weg 6, ☏ 0 49 26/20 41).

Empfehlenswert ist auch ein Spaziergang zum **Schöpfwerk.** Das 1887 hier im Deich eingebaute Neue Siel wurde bis 1957 genutzt und soll – wie auch das Alte Siel – im Zuge des Hafenumbaus nach einer umfassenden Renovierung wieder geöffnet werden.

Das Wahrzeichen Greetsiels sind die ca. 21 m hohen **Zwillingsmühlen** am südlichen Ortsausgang, kaum mehr als fünf Minuten vom Zentrum entfernt (s. hintere Umschlagklappe). Die erste Windmühle (vom Ort aus gesehen) stammt in der heutigen Form aus der Mitte des 19. Jh. Sie beherbergt eine Teestube mit Kunstgalerie (April–Okt. tgl. 13–18 Uhr). Die äl-

Fischkutter in Greetsiel

tere, am Ortsausgang emporragende Mühle von 1706 brannte zweimal aus, zuletzt 1920. Die damalige Besitzerin kaufte daraufhin eine bei Aurich stehende, 1710 errichtete Mühle, ließ sie abbrechen und in Greetsiel wieder aufbauen. Sie ist bis heute in Betrieb (gemahlen wird allerdings nur noch ein paar Stunden im Monat) und kann tagsüber besichtigt werden (Verkauf von Andenken, Büchern und Vollkornerzeugnissen wie Mühlenbrote, Mehl, Schrot und Müsli). Nebenan in Schoof's Mühlencafé läßt es sich – im Sommer auf einer lauschigen, windgeschützten Terrasse direkt am Wasser – bestens Tee trinken.

An den Zwillingsmühlen legt das Greetsieler »Laugskip« nach **Eilsum** ab. Der Ort zählt zu den ältesten Warfendörfern in der Krummhörn. Sehenswert ist die mächtige Kirche mit ihrem einzigartigen Chorturm aus dem 13. Jh., die in ihrem Innern spätromanische, leider stark zerstörte Secco-Malereien birgt. Das kupferne Taufbecken ist 500 Jahre alt. Die angebotenen Kanalfahrten (April–Okt.) schließen eine Ortsführung und Kirchenbesichtigung mit ein (tägliche Abfahrten, Dauer ca. 2,5 Stunden).

Erlebnisreich sind auch Rundfahrten mit dem **Kanal-Taxi** (April–Okt. Abfahrt Greetsiel, Pilsumer Weg an den Telefonzellen, vom Dorf kommend vor den Mühlen, dort auch Verleih von Kanus, Ruderbooten und Fahrrädern).

Auskunft: Verkehrsbüro, 26736 Greetsiel, Hauener Hooge 15, ✆ 0 49 26/9 18 80, Fax 20 29 (nordwestlich des Zentrums). Die Gästeführergilde Krummhörn bietet hervorragende Ortsführungen durch Greetsiel, Rysum, Pewsum und Loquard an. Der ausführliche Veranstaltungs-Kalender »Krummhörn-Kurier« ist im Verkehrsbüro erhältlich.

Hotels: *Hotel Witthus,* Im Kattrepel 5–9, ✆ 5 40; *Hotel Greetsiel,* Mühlenstraße 29, ✆ 16 01; *Hotel-Restaurant Schatthaus,* Schatthauserweg 8, ✆ 17 11; *Hotel Hohes Haus,* Hohe Straße, ✆ 18 10; *Hotel Zum Alten Siel,* Am Markt 1, ✆ 3 39. **Pensionen:** *Barfs,* Am alten Deich 2, Hellinghus, ✆ 3 09; *Haus Sonneck,* Edzard-Cirksena-Str. 71, ✆ 5 19; *Gästehaus Funk,* Inselstr. 11, ✆ 21 90; *Wehr,* Sielstr. 3, ✆ 5 21; *Zink,* Emsweg 16, ✆ 7 40.

Jugendherberge: JH Greetsiel, freundliches modernes Haus mit Fahrradverleih, frühzeitige Voranmeldung unbedingt erforderlich, Kleinbahnstr. 15, ✆ 5 50.

Cafés und Restaurants: In Greetsiel herrscht an gemütlichen Restaurants kein Mangel, die meisten von ihnen bieten durchgehend warme Küche an. In allen Cafés wird der Tee auf dem Stövchen serviert, in den Restaurants überwiegen Fischspezialitäten, aber am Markt bietet ein Italiener auch Pizza und Spagetti an. *Hohes Haus,* historisches, liebevoll restauriertes Gebäude direkt am Siel, deftige Hausmannskost, dazu mitunter Akkordeonmusik aus Ostfriesland, Hohe Straße; *Sielgatt,* gediegenes Restaurant und Café mit Sommerterrasse, eines der ältesten Häuser von Greetsiel, Am Markt 6; *Greetsieler Börse,* freundliches, im Stil der Jahrhundertwende eingerichtetes Kneipenrestaurant, Mühlenstraße 29; *Witthus,* vielgerühmtes

Restaurant und Hotel, Teestube, Gartencafé und Kunstgalerie, Im Kattrepel 5–9. Unten am Hafen bietet der *Hafenkieker* den besten Blick auf die Kutter, gemütliche Spelunkenatmosphäre, Fischgerichte gegen den kleinen Hunger, Am Hafen 1; *Fischerhus*, stilvolles Café-Restaurant mit Hafenblick, ostfriesische Spezialitäten, hausgemachte Kuchen, Sielstr. 5.

❗ Tip: Der Ortskern von Greetsiel ist in der Saison für Autos gesperrt. Urlauber, die ein Quartier gebucht haben, dürfen dies zum Entladen anfahren. Gegenüber vom Verkehrsbüro befindet sich »Gesundheit-Oase« mit Schwimm- und Bewegungsbad sowie das Haus der Begegnung mit Bücherei, Café und Spielräumen für Kinder. Kindern wird auch ein Besuch im **Buddelschiffmuseum** gefallen, es zeigt 500 Buddelschiffe aus aller Welt (je nach Saison tgl. 10–18, 19 oder 20 Uhr, im Jan. geschl., Mühlenstraße 23).

Feste: Der Internationale Kunst- und Handwerksmarkt im Juli zieht viele Besucher an. Im Rahmen der traditionellen **Greetsieler Woche** stellen Maler und Kunsthandwerker ihre Arbeiten aus. Treffpunkt aller Drachenfreunde und -bastler ist das **Drachenfest** Anfang September.

Abstecher nach Marienhafe

Nicht nur der »Marienhafer Dom« – bis 1829 der gewaltigste Kirchenbau in ganz Ostfriesland – und die alten Windmühlen locken Besucher in den Flecken Marienhafe ca. 1650 Einwohner) mitten im Brookmerland, etwa 15 km östlich von Greetsiel. Vor allem die Tatsache, daß hier gegen Ende des 14. Jh. der berüchtigte Pirat Klaus Störtebeker mit seinen Kumpanen Unterschlupf gefunden haben soll, macht neugierig. Zu jener Zeit hatte die Leybucht ihre größte Ausdehnung, Norden war ein Hafenort mit Anbindung zur Nordsee. Der Sage nach konnten die Seeräuber ihre Schiffe direkt an der die Kirche umgebenden Stadtmauer festzurren.

Die wahrscheinlich zwischen 1230 und 1250 erbaute **Marienkirche** diente mit ihrem stattlichen 81 m hohen Turm als Seezeichen und Wehrturm, aber auch als Hauptquartier und Beutespeicher der Piraten, wie man sich erzählt. Im Verlauf der Jahrhunderte büßte die ursprünglich 75 m lange und 23 m breite dreischiffige Gewölbebasilika – von Ubbo Emmius um 1600 als »großartigster Tempel zwischen Weser und Ems« bezeichnet – jedoch einiges an Glanz ein. 1829 wurden sogar Teile der Kirche abgerissen, weil sie sich in einem äußerst baufälligen Zustand befanden. Es blieb eine Restkirche mit einem auf eine Höhe von 31 m gestutzten Westturm und dem Mittelschiff. Sehenswert ist die 1710–1713 von G. von Holy geschaffene Orgel, der Bentheimer Taufstein aus dem 13. Jh. sowie die Kanzel von 1669. Von einem ehemals 250 m langen Sandsteinrelief mit 127 Einzelbildern, das unter dem Dachgesims an der Außenwand der Kirche verlief, sind nur Fragmente erhalten geblieben und im

Seezeichen und Wehrturm, Beutekammer und Hauptquartier der Piraten: Die Kirche von Marienhafe

Innern des Turmes angebracht. Die Motive reichen von biblischen Szenen über Episoden aus der altgermanischen Sagenwelt zu spöttischen Tierfabeln (Reineke Fuchs) und erotischen Darstellungen. Im Turm ist heute in der **Störtebekerkammer** ein kleines ›Museum‹ untergebracht, das Auskunft gibt über die interessante Kirchengeschichte, u. a. kann man die ursprüngliche Kirche als Modell besichtigen. Vom Turm breitet sich das Panorama des grünen Brookmerlandes aus (April bis Oktober Mo–Do 10–12, 14–17 Uhr, Fr 10–12, 14–16.30 Uhr, Sa 10–12 Uhr, So 14–17 Uhr).

Am Rand des Kirchplatzes haben die Bewohner von Marienhafe dem Robin Hood der Nordsee ein Denkmal gesetzt. Empfehlenswert ist eine kleine private Störtebekerausstellung, in der das Leben des Piraten in Bildern dargestellt ist. Dort läuft auch ein informativer Film über das landschaftlich sehr reizvolle, historisch überaus interessante Brookmerland (tgl. außer Di 10–22 Uhr, Bahnhofstraße 10, daneben Störtebekers Teestube mit Ostfriesischen Spezialitäten).

Räuberhauptmann Klaus Störtebeker

Unangefochtener Held der südlichen Nordsee ist ein Pirat. Die nach ihm benannte Störtebekerstraße durchzieht ganz Ostfriesland, auf einem Großteil der Strecke mehr oder minder parallel zum Störtebekerdeich. Sie führt durch alle Orte, die in Verbindung mit dem berühmten Räuberhauptmann gestanden haben könnten. Aus dem Leben des Räubers, der angeblich 6 l Bier ohne abzusetzen hinunterstürzen konnte (Störtebeker = Stürz den Becher), ist kaum etwas bekannt. In Klageschriften der Engländer über die Seeräuberei werden in den Jahren 1394–99 immer wieder Klaus Störtebeker und sein Kumpan Gödeke Michels als Anführer genannt. Die Rufus-Chronik erwähnt einen »Clawes Störtebeker«, der vor Helgoland gefangengenommen wurde. Ziemlich sicher ist auch, daß der Räuberhauptmann im Herbst 1401 in Hamburg auf dem Grasbrook hingerichtet wurde.

Störtebekers Lebensweg ist untrennbar mit der sagenreichen Geschichte der »Vitalienbrüder« verknüpft, die in der Ostsee ihren Anfang nahm. Im Streit zwischen der Königin Margarethe von Dänemark und dem Herzog Albrecht von Mecklenburg um den schwedischen Königsthron hatten die Hansestädte Rostock und Wismar Kaperbriefe ausgestellt. Erfahrene Kapitäne, darunter auch Herzöge und verarmte Adlige aus Mecklenburg und Pommern, setzten sich an die Spitze der Freibeuter, die den in Stockholm belagerten Albrecht mit Lebensmitteln (Viktualien – daher der Name Vitalienbrüder) versorgten und nebenbei – durch die Kaperbriefe legitimiert – alle dänischen und norwegischen Schiffe überfielen, die ihnen vor den Bug kamen. Sie wurden auch »Likedeeler« genannt, weil alle Besatzungsmitglieder den gleichen (»like«) Beuteanteil (»deel«) erhielten. Nach Beendigung des dänisch-schwedischen Krieges (1389–1395) beschlossen viele der Freibeuter, die Geschmack am lukrativen Räuberleben gefunden hatten, im Geschäft zu bleiben, unter ihnen auch Klaus Störtebeker. Von einem Korps des Deutschen Ritterordens aus der Ostsee vertrieben, mußten sie ihr Revier in die Nordsee verlegen. Die buchtenreiche ostfriesische Küste bot sich dank ihrer Lage am vielbefahrenen Schiffahrtsweg zwischen Hamburg, Bremen und dem Ärmelkanal als ideales Operationsfeld an. Die untereinander verfeindeten ostfriesischen Häuptlinge, auf deren Konten selbst der eine oder andere Seeraub ging, waren nicht abgeneigt, den Räubern Unterschlupf zu gewähren

– im Gegenteil, sie erhofften eine Beteiligung an der Beute oder Unterstützung im Kampf gegen ihre Feinde.

Es heißt, daß Störtebeker Marienhafe – damals noch von See her durch das sogenannte Störtebekertief zu erreichen – zu seinem Hauptstützpunkt erkor und obendrein die Tochter des Häuptlings Keno tom Brook heiratete; Beweise dafür gibt es keine. Einen Teil der Beute, die die Piraten englischen, dänischen und hansischen Schiffen abjagten, sollen sie den Armen geschenkt haben. Einen Touch von Robin Hood mag niemand Deutschlands berühmtestem Piraten absprechen, wenngleich die »Störtebeker-Fakten« eher dichterischen Phantasien denn nachweisbaren Tatsachen entstammen. Namhafte Dichter wie Achim von Arnim, Clemens Brentano, Theodor Fontane, Willi Bredel, Joachim Ringelnatz und Wilhelm Lobsien inspirierte der »edle Räuber« zu sozialkritischen Balladen und Romanen. Das Autorenteam Boehncke/Sarkowicz faßt in seinem Buch »Mit Totenkopf und Enterhaken« das Phänomen der Piraten-Romantisierung treffend zusammen: »Die Seeräubergesellschaft wurde schon früh von den sozial Deklassierten als eine positiv besetzte Gegenwelt gesehen, in der es selbstverständlich auch keine Standesschranken mehr gab. Was den kleinen Fischern, Bauern und Tagelöhnern vorenthalten wurde, ein gerechter Anteil an dem, was sie erwirtschafteten, das erträumten sie sich von der Gegengesellschaft der Desperados.«

Norden-Norddeich

Bummel durch die älteste Stadt Ostfrieslands • Besichtigung der mittelalterlichen Ludgerikirche und des einzigartigen Teemuseums • Ausflug zum wunderschönen Schloßpark in Lütetsburg und zur Seehundaufzuchtstation im Nordseebad Norddeich

Norden

Norden, die »Stadt hinterm Deich« (ca. 25 000 Ew.) lockt mit einem bezaubernden Kern: Am großen, baumbestandenen Marktplatz stehen die imposante Ludgerikirche, das Alte Rathaus und eine ganze Reihe stattlicher Bürgerhäuser. Die Idylle wird allerdings durch den zeitweise sehr lebhaften Autoverkehr auf der Bundesstraße 72 gestört, die quer durch Norden unmittelbar am Marktplatz vorbeiführt. Auch an den beiden ältesten Handelstraßen der Stadt, der Oster- und der Westerstraße, gibt es noch einige architektonische Kleinode aus dem 17. und 18. Jh. zu entdecken. In weiten Teilen der südlich und östlich des Marktes gelegenen Norder Altstadt überwiegt ansonsten unspektakuläre Architektur neueren Datums. In der Erneuerungsphase, die im Rahmen eines Bundes-Sanierungsprogramms seit Ende der 60er Jahre die Stadtplanung prägte, verschwand bedauerlich viel historische Bausubstanz.

Norden entstand auf einem von der Marsch fast ganz umschlossenen, bis zu 9 m hohen Geestrücken, auf dem ursprünglich vier kleine Siedlungen lagen. Ausgehend von einer ersten Kirche entwickelte sich entlang der Oster- und der Westerstraße eine Reihensiedlung, in der sich Handwerker und Händler niederließen, die mit Bremen und Westfalen Geschäfte trieben. 1277 wurden Landfriedensrichter in dem umtriebigen Handelsflecken eingesetzt, für dieses Jahr setzt man auch den Zeitpunkt der Stadtgründung fest. Nordens überregionale Bedeutung läßt sich auch daran erkennen, daß hier im späten 12. Jh., möglicherweise auch früher, die Benediktiner und im 13. Jh. die Dominikaner ihre Klöster erbauten. Erst durch verheerende Sturmfluten, die den Einbruch der Leybucht zur Folge hatten, wurde Norden im 14. Jh. Hafenstadt, war Ende des 15. Jh. sogar zeitweise der führende Hafen an

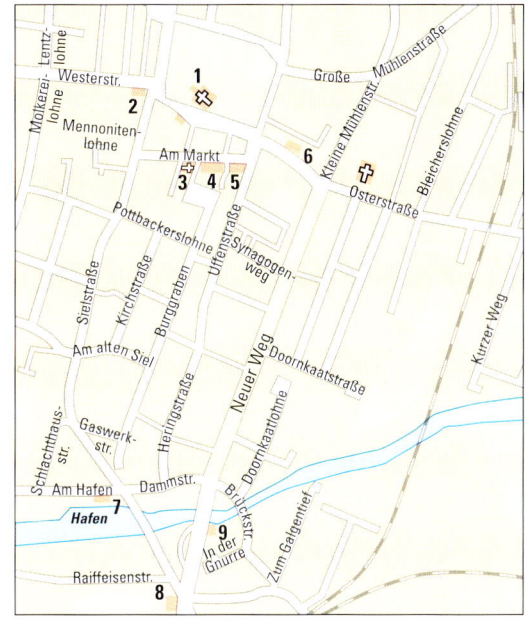

der ostfriesischen Küste. Viele der imponierenden Bürgerhäuser entstanden in dieser Blütezeit und dokumentieren noch heute den damaligen Wohlstand der Stadt. Erst mit der zunehmenden Verlandung und Eindeichung der Leybucht verlor Norden schließlich seine Bedeutung als Handelshafen. Durch den Bau des Leybuchtsiels 1929/30 wurde die Stadt endgültig vom offenen Meer abgeschnitten.

Nordens Zentrum und zugleich schönste Sehenswürdigkeit ist der knapp sieben Hektar große **Marktplatz.** In seiner Mitte erhebt sich die mächtige, teils aus rheinischem Tuffstein, teils aus Backstein gebaute **Ludgerikirche** mit einem freistehenden, um 1300 entstandenen Glockenturm. Die Kirche, die im Zuge einer umfassenden Renovierung in den Jahren 1981 bis 1985 zum Nationaldenkmal erklärt wurde, trägt ihren Namen nach eben jenem friesischen Missionar, der als Bischof von Münster (744–809) versuchte, seine Landsleute zu bekehren. Der größte und bedeutendste mittelalterliche Sakralbau Ostfrieslands stammt aus mehreren Epochen. Ältester Teil ist das 1235–50 erbaute romanische Langschiff mit halbrunder Apsis im Osten, ehemals kleinen Rundbogenfenstern und flacher Holzbal-

Feuerwalze aus dem Norden

Die Wikinger

Den ersten durch und durch unangenehmen Kontakt mit den von Norden her einbrechenden Wikingern, die unvermutet von See her auftauchten, beutegierig ihre flachen Drachenschiffe auf den Strand zogen, plünderten und brandschatzten und so schnell wie sie gekommen waren wieder verschwanden, hatten die Friesen zur Zeit Karls des Großen. Das war knapp zwei Jahrzehnte nach dem Überfall auf das vor der englischen Küste gelegene Kloster Lindisfarne im Jahre 793, der die zweieinhalb Jahrhunderte währende, ganz Europa in Angst und Schrecken versetzende Zeit der Wikingerzüge einleitete. Aus gutem Grund eilte Karl der Große, Herrscher über das Frankenreich, noch in seinem Krönungsjahr (800 n. Chr.) an die Nordseeküste, um die Überfälle der »Nordmänner« abzufangen und eine Küstenabwehr samt Leuchttürmen sowie die Heerfolge zu organisieren. Zehn Jahre später fiel ein normannisches Heer unter ihrem ebenso kraftvollen wie kriegerischen König Göttrik in das Frankenreich ein. Sein Ziel war Aachen, wo er den großen Karl von seinem Thron zu stoßen gedachte. Aus dem tolldreisten Plan wurde nichts, weil Göttrik vorzeitig starb, möglicherweise Opfer eines sorgfältig geplanten fränkischen Attentats.

Die Beziehung zu den Normannen gestaltete sich für die Nordseebewohner im gesamten 9. Jahrhundert höchst unerfreulich. Ausführlich schildert der aus Greetsiel stammende Historiker Ubbo Emmius im fünften Band seiner zwischen 1596 und 1616 erschienenen sechsteiligen »Friesischen Geschichte« die Chronik der frühen Wikingerüberfälle: Die Normannen warfen sich wie ein unerwarteter Wirbelsturm mit einem gewaltigen, Tod und Verwüstung hinterlassenden Heer auf Friesland. Entlang der gesamten Küste errichteten sie Stützpunkte, die sie als Basis für ihre Streifzüge nutzten. Auf den Flüssen drangen sie auch ins Landesinnere vor. Paris und Hamburg wurden

kendecke, die 1746 durch ein Holztonnengewölbe ersetzt und gegen Ende des 19. Jh. noch einmal umgestaltet wurde. Das 1318 in Angriff genommene Querschiff

erhielt 1445 seine heutige Gestalt. Zur gleichen Zeit ließ der Norder Häuptling und spätere erste ostfriesische Reichsgraf Ulrich Cirksena den Hochchor mit Umgang errich-

anno 845 erobert, geplündert und in Brand gesteckt. Der reiche friesische Handelsplatz Dorestad an der Rheinmündung fiel ab 834 teilweise jährlich den unersättlichen Räubern zum Opfer. Kein Wunder, daß Europa sich der entsetzlichen Plage zu erwehren suchte. Chronisten berichten von heftigen, aber vergeblichen Kämpfen gegen den »Hammer des Nordens« in England, Schottland und Irland. Die (Ost)Friesen, die als Bauern ihren Grund und Boden sowie ihre politische Freiheit immer hartnäckiger als ihre Nachbarn verteidigt hatten, verzeichneten dagegen einige wesentliche Erfolge gegen die Normannen.

Als sie um 873 wieder einmal einfielen, stellten sich ihnen bewaffnete Friesen entgegen und töteten in einer Schlacht 800 Normannen. Trotz ihrer enormen Verluste drangen die Nordmänner nur wenige Jahre später erneut nach Ostfriesland vor und setzten sich an der Küste nordöstlich von Norden fest. Sie drohten, die Stadt zu zerstören, in der sich um diese Zeit Rimbert, der Erzbischof von Bremen und Hamburg, aufhielt. In einer flammenden Rede machte er den versammelten Friesen Mut, ihr Land um des Glaubens und der Freiheit willen zu verteidigen. Unterstützt von seinen eindringlichen Gebeten brachten die Bauern den Normannen im Jahre 884 in der Hilgenrieder Bucht nordöstlich von Norden eine empfindliche Niederlage bei. Viele, die ihre Rettung in der Flucht suchten, wurden durch Gräben, Bäche und Flüsse, die das flache Land durchzogen, aufgehalten, andere ertranken jämmerlich im Watt zwischen dem Festland und den Inseln. Die von einem zeitgenössischen Chronisten notierte Zahl der Toten ist mit über 10 000 Mann sicherlich zu hoch gegriffen. Doch selbst wenn man eine Null abzieht, bleibt das Bild einer gewaltigen Niederlage. Die Sieger eigneten sich die verwaisten normannischen Schiffe an und landen darin, wie in den *Annales Fuldensis* aus dem Jahre 885 zu lesen ist, »eine riesige Beute an Gold, Silber und wertvollem Hausgerät. Sie wurden allesamt zu reichen Leuten«. Auch nahmen sie wieder jenes Land in Besitz, das ihnen die Räuber aus dem Norden entrissen hatten. Laut Überlieferung bildeten sie eine Genossenschaft, die diese Ländereien bis zum heutigen Tage verwaltet: die Theelacht zu Norden.

ten. Der 1596 entstandene Fürstenstuhl trennt den heute für Trauungen, Taufen und kleinere Gottesdienste genutzten Hochchor vom Querschiff.

Das sehenswerte Innere der Kirche birgt unendlich viele Schätze: einen sechseckigen Taufstein aus der Zeit um 1260–80, ein Chorgestühl von 1481 mit Schnitzwerk in

Norden, Ludgeri-
kirche

den Wangen, ein Taufbecken aus
Bentheimer Sandstein, ein kunst-
volles, um 1510 aus Sandstein ge-
arbeitetes Tabernakel sowie eine
überaus prächtig geschnitzte Kanzel aus dem Jahre 1712. Der von
einem spätgotischen Baldachin ge-
krönte Hochaltar von 1582 ist über
alle drei Flügel hinweg mit goldenen Lettern bedeckt – Texte aus
dem Ersten Korintherbrief in mittel-
niederdeutscher Sprache. Die kostbare 1686–92 von Arp Schnitger
aus Hamburg erbaute Orgel wurde

zu Beginn der 1980er Jahre von
Jürgen Arend restauriert. Sie gilt als
eine der klangschönsten Barock-
Orgeln ganz Nordeuropas. (Mo
10–12.30 Uhr, Di–Sa 10–12.30,
15–17 Uhr, im Winter Sa nachmittag geschlossen). Im Sommer finden wöchentlich am Mittwoch-
abend Orgelkonzerte mit Künstlern
aus aller Welt statt.)

Auf dem an eine Warf erinnern-
den **alten Friedhof** stand einige
Jahrhunderte lang eine zweite, auf
alten Stadtansichten noch zu se-

hende Kirche, die 1288–1314 erbaute Andreaskirche. Im Jahre 1531 fiel sie dem brandschatzenden Balthasar von Esens zum Opfer und wurde nach 1720 als baufällig abgetragen. Einige Fragmente und Bilder der Andreaskirche finden sich im Heimatmuseum im Alten Rathaus. Mitten auf dem alten Friedhof liegt der sogenannte »Warzenstein«. Der Sage nach soll der Bischof von Bremen im Jahre 884 auf diesem Felsbrocken so innig um den Sieg der Friesen über die Normannen gebetet haben, daß die Abdrücke seiner Knie auf dem Findling zurückblieben. Dem sich in der Vertiefung sammelnden Regenwasser werden Heilkräfte insbesondere gegen Warzen zugeschrieben.

Auf der Westseite des Marktplatzes steht das historische **Alte Rathaus.** Das im Jahre 1531 zerstörte, 1539–1542 wiederaufgebaute Bauwerk mit dem einzigen in Ostfriesland noch erhaltenen Treppenturm beherbergt seit 1922 das sehenswerte **Heimatmuseum** mit Sammlungen zur Geschichte der Stadt. Schwerpunkte sind u. a. die Wohnkultur des 18. und 19. Jh., Deichbau und Küstenschutz, Handel und Handwerk. Auch eine komplette Zinngießerei, eine Schuhmacherei, ein Kolonialwarenladen von 1900 sowie eine Blaufärberwerkstatt sind hier aufgebaut. Im unteren Stockwerk des Alten Rathauses befindet sich von alters her die **Theelkammer,** der Versammlungsraum der Theelacht.

Die »Schusterkugel« im Heimatmuseum bündelt das Kerzenlicht

Dies ist eine Genossenschaft von Erbbauern, die seit über 1100 Jahren besteht (*Theel* bedeutet Anteil, *Acht* Genossenschaft). Kurz vor Ostern und kurz vor Weihnachten treffen hier die *Arfburen* (Erbbauern) und die *Koopburen* (Kaufbauern, die einen verkäuflichen Anteil haben) zusammen, um »nach uralten Bräuchen und genossenschaftlichen Grundsätzen« den Erlös der Erbpacht zu verteilen. Die Theelacht geht der Überlieferung nach zurück auf die Normannenschlacht von 884, nach deren siegreichem Ausgang die Friesen das zurückeroberte Land nordöstlich von Norden gemeinsam in Besitz nahmen und verwalteten. Nur direkte Nachfahren der Sieger gelten als Erbbauern. Das Wappen der »Theelacht to Nörden« ist an der Außenwand des Alten Rathauses angebracht.

Seit 1989 ist im Nachbarhaus das **Ostfriesische Teemuseum** untergebracht, das erste Museum die-

Mennonitenkirche in Norden

ser Art in Europa. Neben einer umfassenden Kulturgeschichte des Tees entdeckt man hier viele ergötzliche Weisheiten über das ostfriesische Nationalgetränk sowie eine stattliche Sammlung mit Teegeschirren aus verschiedenen Ländern und Epochen. In der gemütlichen, mit Wandfliesen stilgerecht ausgestatteten Teeküche werden regelmäßig Teeseminare abgehalten. Beide Museen sind über denselben Eingang erreichbar (Di–So 10–16 Uhr, im Winter geschlossen).

Besonders schön ist die Südseite des Marktes mit einer geschlossenen Häuserzeile historischer Bauwerke aus Renaissance und Barock. Die hochherrschaftliche **Men-** **nonitenkirche** (Markt 16–18) ist ein dreiteiliger, palaisartiger Gebäudekomplex mit Freitreppe, geschweiftem Dach und steinernen Fruchtgehängen nach niederländischem Vorbild. Der zweistöckige Mitteltrakt, im Jahre 1662 als Privathaus des gräflichen Amtmanns errichtet, wurde 1795 von der Mennonitengemeinde gekauft. Die linke Hälfte wurde zum Kirchenraum ausgebaut und mit einem zierlichen Turm gekrönt. Die Seitenflügel stammen von 1796 und 1835. Linkerhand schließt sich das 1884 im klassizistischen Stil erbaute **neue Rathaus** an. Ein Kleinod sind die in niederländischem Frühbarock anno 1617 entstandenen **Dree Süsters** (Drei Schwestern) am Markt 12, 13 und 14 (Nr. 14 ist ein Nachbau, in ihm befindet sich die Touristeninformation).

Ein weiteres Schmuckstück Nordens ist in der Osterstraße Nr. 5 zu finden: Das **Schöninghsche Haus** aus dem Jahr 1576 gilt als das am reichsten verzierte Patrizierhaus der Renaissance in Ostfriesland (s. S. 50). Die ganz in Fenster aufgelöste Vorderfront gliedern Bänder von hellem Sandstein und muschelartig verzierte Halbkreisfelder. Die Sandsteinfiguren, die an den Seiten des Giebels angebracht sind, schildern die Heldentaten des Herakles. Etwas schlichter ist dagegen ein in der Westerstr. 89 erhalten gebliebenes, anno 1656 im Stil der Spätrenaissance errichtetes Bürgerhaus mit elegant geschwungenem Giebel.

Die vom Marktplatz Richtung Süden führenden Straßen enden am **alten Hafen** von Norden. Noch zu Beginn dieses Jahrhunderts fuhren Norder Schiffe nach Portugal, England, Skandinavien und zu den Ostseeländern. Der Hafen ist heute umgestaltet, die schützenden Deiche und alten Sieltore sind verschwunden, aber das stattliche **Pack- und Zollhaus** von 1857 ist noch vorhanden.

Südlich des Hafens, nur wenige Minuten vom Zollhaus, erhebt sich die eindrucksvolle **Deichmühle.** Der voll funktionsfähige vierstöckige Galerieholländer von 1900 gehört mit 28,5 m zu den höchsten Mühlen Ostfrieslands (Besichtigung Mitte Juni–Aug. Mo–Fr 10–12, 15–17 Uhr, Bahnhofstr. 1). Schräg gegenüber, auf der anderen Seite der stark befahrenen B 72,

steht die Gnurre Mühle, in der ein **Muschel- und Schneckenmuseum** (März–Okt. Di–Fr 14.30–18 Uhr) und ein liebevoll eingerichteter Laden mit erlesener Keramik untergebracht ist. Im Jahre 1855 erbaut, brannte die Mühle bereits 1864 durch Blitzschlag fast völlig ab und wurde neu errichtet. Bis 1930 wurde sie mit Windkraft, danach mit Motorkraft betrieben (Besichtigung April–Okt. Mi 15–17 Uhr). Ein dritter Holländer, die **Westgaster Mühle,** steht am westlichen Ortsausgang an der Verlängerung der Westerstraße Richtung Westermarsch. Die Mühle mit einem angeschlossenen beeindruckend großen Müllerhaus beherbergt ein gemütliches Café sowie einen Naturkostladen, in dem man sich mit Gemüse und Obst versorgen kann (Mo–Fr 10–12.30 Uhr, 15–18 Uhr, Alleestr. 65).

Auskunft: Verkehrsbüro Norden mit Touristinformation, 26506 Norden, Am Markt 1, ☎ 0 49 31/9 86-2 01. Veranstaltungskalender und Adressen sind in der Kurzeitung »De Utrooper« angegeben. Die Arbeitsgemeinschaft der Norder Stadtführer bietet zwischen März und Okt. die äußerst interessante Stadtführung »Rund um den Norder Marktplatz« an: (1 mal, in den Ferien 2 mal wöchentlich), Treffpunkt an der Touristeninformation.

Bahn: Die **Museumseisenbahn**-Küstenbahn-Ostfriesland auf der stillgelegten Bahnstrecke von Norden über Hage nach Dornum verkehrt von Juni bis Mitte Okt. jeden Sonntag. Ab Norden: 10, 12, 14, 16 Uhr, ab Hage jeweils 15 Minuten später; Rückfahrt von

Dornum 11, 13, 15, 17 Uhr. Die Bummelfahrt über Land läßt sich schön mit einer Fahrradtour verbinden, die Bahn ist auf den Transport von Rädern eingestellt.

Unterkunft: *Hotel zur Post,* Am Markt 3, ✆ 27 87; *Deutsches Haus,* Neuer Weg 26, ✆ 1 89 10, mit Restaurant; *Hotel Reichshof,* Neuer Weg 53, ✆ 17 50. Relativ preiswert sind die Übernachtungen in den meisten **Gasthäusern:** *Neemann,* Beningastr. 4 4, ✆ 1 21 12; *Stender,* Alleestr. 15, ✆ 28 51; *Brüning,* Kampweg 33, ✆ 65 37; *Gästehaus Elly,* Parkstr. 31, ✆ 28 42; *Beninga.*Kampweg 40, ✆ 67 66

Wer sich für Schlösser und Landschaftsgärten begeistert, sollte sich einen Ausflug zum Wasserschloß **Lütetsburg** in Hage, 6 km östlich von Norden, gönnen. Der hier im 16. Jh. ansässige Häuptling Unico Manninga ließ in der handgeschriebenen und illustrierten »Lütetsburger Hauschronik« die unglaublich prunkvollen, reich mit Gold geschmückten Trachten der Friesinnen festhalten (s. S. 48). Bis heute bewohnt die in die Dynastie der Manninga im 16. Jh. eingeheiratete Familie zu Inn- und Knyphausen die Lütetsburg. Das 1960 erbaute Schloß ersetzt die durch Feuersbrunst zerstörte vorherige Anlage von 1896. Älteren Datums ist die Renaissance-Vorburg mit dem barocken Torturm von 1740. Das Schloß ist nicht zu besichtigen. Wunderschön aber präsentiert sich der ab ca. 1790 in englischem Stil umgestaltete Schloßpark, der zu den schönsten Parkanlagen

Norddeutschlands gehört. Mächtige alte Baumgruppen inmitten grüner Auen, verschlungene Wasserläufe mit kleinen Brücken, meterhohe, im Frühjahr farbenprächtig blühende Rhododendren, stille Teiche mit verwunschenen Inseln, eine verschwiegene Holzkapelle im Tannendickicht – eine Welt sehr fern von Wind und Watt. (Die Parkanlage ist durch die Gärtnerei zugänglich, in der hellen Jahreszeit ab Mai tgl. 9–21 Uhr, sonst tgl. 9–17 Uhr.)

Norddeich

Der für seine Seehundaufzuchtstation und die Funkstelle Norddeich-Radio berühmte Stadtteil Nordens ist das größte Nordseebad an der ostfriesischen Küste. Ab 1835 mauserte er sich von einer Fischersiedlung zum Hafenort, bereits seit 1871 fahren hier die Schiffe der traditionsreichen Reederei Norden-Frisia regelmäßig nach Norderney ab, seit 1888 auch nach Juist. Auf der weit ins Hafenbecken hineinragenden Mole endet die Bundesbahn. Fast stündlich legen die Autofähren nach Norderney ab, seltener, da tideabhängig, und ohne Autos geht es nach Juist. Im Osthafen liegen die Fischkutter, die außer Krabben auch Seezungen, Schollen und Miesmuscheln anlanden. Der Westhafen bietet Platz für bis zu 400 Yachten.

Die dichtbefahrene B 72, die von Aurich und Norden herführt, ist auch die Hauptstraße von Norddeich. Parallel zu ihr verläuft der Dörperweg. Hier findet man das Kurzentrum mit Meerwasser-Hallenbad sowie die Kurverwaltung. Gleich nebenan die größte Attraktion Norddeichs: das **Freizeitzentrum Wellenpark.** In diesem großzügig angelegten Komplex gibt es neben einem Kinderspielhaus, einen Abenteuerspielplatz, einer Minigolfanlage und einem Tiergehege auch das **Nationalparkzentrum** mit **Seehundaufzucht- und Forschungsstation,** in der jährlich 20 bis 50 mutterlose Seehunde großgezogen und wieder ins Meer entlassen werden. Die Schwerpunkte der sehenswerten Ausstellung über den Nationalpark Niedersächsisches Wattenmeer sind Vogelwelt, Meeressäuger, Umweltverschmutzung und Tourismus. Angesichts ölverschmierter Vögel und verlassener Seehundbabies zwischen Frühsommer und Herbst werden hier nicht nur Kinder sehr eindrucksvoll an die Bedeutung des Umweltschutzes und die eigene Verantwortung für den Erhalt der Natur herangeführt (tgl. ganztags geöffnet, Dörperweg 22, ✆ 0 49 31/89 19).

ℹ Auskunft: Touristeninformation und Zimmervermittlung im Haus der Kurverwaltung, 26506 Norddeich, Dörper Weg, ✆ 0 49 31/98 62 00). Führungen der Norder Stadtführer: »Vom Fischerdorf zum Nordseebad«, einmal wöchentlich, Treffpunkt Kurver-

Seehundaufzuchtstation in Norddeich

waltung. Spannend sind **Wattwanderungen** zur Itzendorfplate zwischen Norddeich und der Insel Juist. Hier lag einst der in der Weihnachtssturmflut von 1717 versunkene Ort Itzendorf (Termine werden durch Aushang bekannt gegeben).

Unterkunft: *Fährhaus,* Hotel-Restaurant-Café, direkt an der Hauptstraße, Am Hafen 1, ☎ 9 88 77; *Hotel Regina Maris,* mit Caféterrasse zum Deich und Bierstube *Blinkfuer,* Badestr. 7c, ☎ 1 89 30; *Seeblick,* Hotel-Restaurant, Badestraße 11, ☎ 80 86; *Hotel Deichkrone,* Muschelweg 21, ☎ 80 31; *Hotel Nordseegruß,* Norddeicherstr. 19, ☎ 80 82. **Gästehäuser:** *Eilts,* Badestr. 12, ☎ 8 11 96; *Leubner,* Buhnenstraße 7, ☎ 89 41; *Remmers,* Buhnenstr. 8, ☎ 85 07; *Osterkamp,* Seehundstr. 1, ☎ 84 76. **Ferienwohnungen:** *Endelmann,* Albatrosstr. 32, ☎ 87 79; *Mennenga,* Albatrosstr. 52, 55, 56, ☎ 8 15 64; *Tolle,* Badestr. 2, ☎ 8 12 23; *Heyken,* Badestr. 4a, ☎ 88 68; *Jenssen,*

Deichstr. 5, ☎ 89 23; *Haus Wattkieker,* Deichstr. 1, ☎ 98 40 13; *Itzenga,* Dörper Weg 3, ☎ 65 48; *Haus Christa,* Dörperweg 19, ☎ 1 50 50.

Jugendherberge: Strandstraße, ☎ 80 64.

Camping: Auf dem ehemaligen Gelände der Küstenfunkstelle Norddeich-Radio, etwa 1,5 km westlich des Ortskerns hinterm Deich liegt seit 1984 der neue Campingplatz »Nordseecamp Norddeich« (Lebensmittel, Restaurant »Funkenpunste«, Wohnwagenvermietung, ☎ 80 73).

Baden: Westlich des Hafens erstreckt sich der etwa 2 km lange Sand- und Grünstrand. Bei Ebbe kann man sich im Freibad mit Blick aufs Meer im Wasser tummeln. Im Dörperweg findet man ein modernes Meerwasser-Hallenwellenbad mit Kinderplantschbecken, Sauna, Bowling-Bahn und Restaurant-Café.

Zwischen Norden und Carolinensiel

Durch die malerischen Sielhäfen entlang der Krabbenküste • Auf den Spuren der alten Häuptlinge in Nesse, Dornum und Esens • Besuch des Buddelschiffmuseums im Nordseeheilbad Neuharlingersiel • Im Sielhafenmuseum in Carolinensiel, wo die große Zeit der Segelschiffahrt lebendig wird

Die Störtebekerstraße führt von Norden aus weiter Richtung Osten, immer hinter dem schützenden Deich, durch die Küstenorte Neßmersiel, Dornumersiel, Benseroel, Neuharlingersiel bis Carolinensiel-Harlesiel. Radfahrer können häufig auch auf weniger frequentierte, deichnähere Straßen ausweichen. Als Wanderer auf der Deichkrone erlebt man den Gegensatz von bleigrauem Watt zur saftig grünen Marsch am intensivsten. Abstecher wenige Kilometer landeinwärts nach Nesse, Dornum und Esens lohnen für alle, die mal genug von der ewig steifen Brise haben, sei es, um ein wenig von der Atmosphäre eines alten Häuptlingssitzes zu genießen, sei es, einfach nur im Schutze der geradegewachsenen, dichten Laubbäume ein Eis zu genießen.

Neßmersiel

Im 1969/70 erbauten Hafen von Neßmersiel legen die Fähren nach Baltrum ab, das Dorf selbst liegt weit hinter dem Deich. Durch Landgewinnung und Eindeichung des Polders »Neßmer Neuland« im Jahre 1570 verschlammte der ursprüngliche Hafen, mußte um 1700 schließlich aufgegeben und seewärts verlegt werden. Im Bereich des alten Hafens siedelten sich Schiffer, Händler, Handwerker und Bauern an. Der neue Hafen gedieh. Bis in die 30er Jahre dieses

Nach der Wattwanderung

189

Zu Fuß nach Baltrum

Jahrhunderts war er Umschlagplatz für Raps, der von hier aus nach Bremen, Hamburg, Holland und Norwegen verschifft wurde. Wegen neuerlicher Verschlammung und wirtschaftlicher Umorientierung verlor Neßmersiel im Folgenden seine Funktion als Handelshafen. Erst im Jahre 1969/70 wurde am Rande des Wattenmeers ein neuer Fährhafen gebaut.

Zu besichtigen gibt es nicht viel in dem kleinen Nest, das außerhalb der Saison wie ausgestorben wirkt. Auf dem Weg zum Hafen passiert man linkerhand den **Plaats Heykena,** einen 1842 errichteten Bauernhof, der zu den schönsten Höfen Ostfrieslands zählt.

Westlich des Hafens erstreckt sich ein Sandstrand mit farbenfrohen Strandkörben und einem Kinderspielplatz. Ohne den obligatorischen Campingplatz und großartige Kureinrichtungen findet man hier mehr Muße als in den anderen Küstenbadeorten, die schöne Landschaft zwischen grünen Polderwiesen und grauem Watt zu genießen.

Erlebnisreich sind die Wattwanderungen nach Baltrum, zurück geht es mit der Fähre oder einem Fischkutter (in der Saison taglich; Information G. Diekmann, H. Besemann, ✆ 0 49 33/18 09). In der ehemaligen Schule an der Störtebeker Straße können sich Kinder in einer überdachten »Strandlandschaft« mit Abenteuerspielplatz und Sandkasten tummeln (auch Bastelraum, Kaminzimmer und Aufenthaltsraum für die Erwachsenen).

Nesse

Nur wenige Kilometer landein passiert man auf dem Weg nach Dornum eine kleine, auf einer Langwarft gelegene Handelsniederlassung aus dem 8./9. Jh. Bemerkenswert ist die aus Tuffstein erbaute evangelische Kirche, eine einschiffige Saalkirche aus der Zeit um 1200 mit einem spätgotischen Chor von 1493. Kirchenschiff und Chor werden durch den Lettner, eine steinerne, gegen Ende des 15. Jh. errichtete Schranke getrennt, die im Mittelalter die hohe Geistlichkeit vom niederen Volk separierte. Die auf den Lettner gesetzte Orgel stammt aus dem Jahre 1709. Das

Kirche von Nesse

älteste und wertvollste Inventarstück ist das reich mit Figuren, Arkaden und Rankenfries geschmückte, etwa 1 m hohe Sandstein-Taufbecken von 1250/70. Westlich der Kirche steht das ehemalige Pfarrhaus, ein stattlicher zweigeschossiger Backsteinbau aus der ersten Hälfte des 16. Jh. Das schmale, hohe Backsteingebäude zur Linken dient als Gemeindehaus. Ein riesiger Gulfhof rundet das Ensemble würdiger Bauwerke ab.

Dornum und Dornumersiel

Die ehemalige Herrlichkeit **Dornum,** 5 km von der Küste entfernt, ist ein charmantes Städtchen mit ca. 2000 Ew. und einer beeindruk-

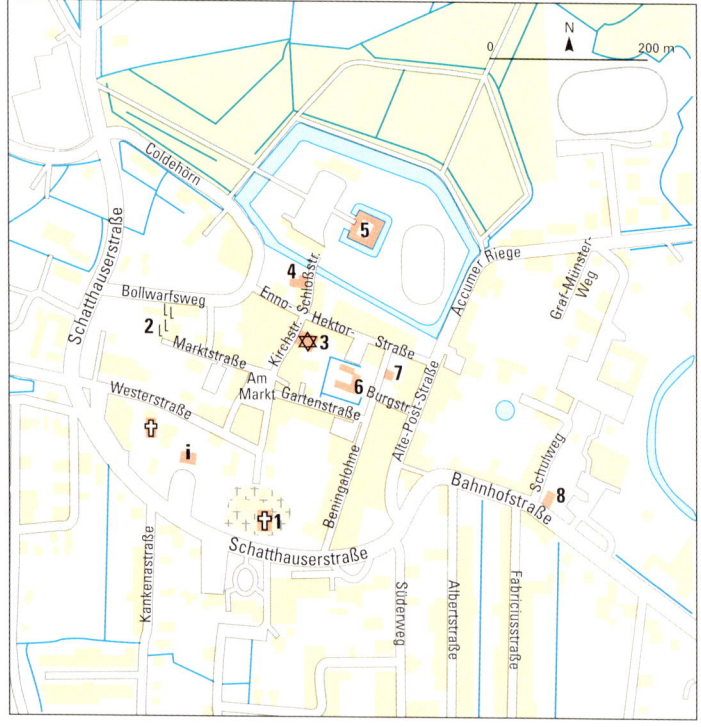

Dornum 1 Bartholomäuskirche 2 Jüdischer Friedhof 3 Synagoge 4 Amtshaus 5 Schloß 6 Beningaburg 7 Oma-Freese-Huus 8 Bockwindmühle

kenden Vielfalt an historischen Sehenswürdigkeiten aus der Ära der ostfriesischen Häuptlinge. Der Beiname »Herrlichkeit« bedeutet, daß hier einst Häuptlinge mit eingeschränkter Autonomie herrschten. Eine Stadtbesichtigung beginnt man am besten an der Touristeninformation im Süden der Altstadt. Auf einer Warf erhebt sich hier die

1992–1995 restaurierte **St. Bartholomäuskirche.** Der schlichte rechteckige Backsteinbau mit dem freistehenden verwitterten Glockenturm stammt aus dem letzten Drittel des 13. Jh. Seit dem späten 17. Jh. besitzt das Innere ein hölzernes Tonnengewölbe, auf der Nord- und der Westseite doppelgeschossige Emporen in dezentem

Grau, Taubenblau und Seegrün. Auf der Westempore nimmt die von Gerhard von Holy aus Aurich geschaffene Orgel von 1710–11 fast die gesamte Breite ein. Bemerkenswert sind einzelne Stücke der prächtigen barocken Innenausstattung, so etwa der von Meister Cröpelin aus Esens um 1683 gefertigte Altaraufsatz und die vermutlich ebenfalls von ihm um 1660 gearbeitete, reich mit Heiligenfiguren geschmückte Kanzel mit Schalldeckel. Kanzel und Altaraufsatz sind Geschenke der Familie von Closter, in deren Besitz sich zu jener Zeit die Herrlichkeit Dornum befand. Unterhalb der Kanzel entdeckt man die in den Boden eingelassene schwarzmarmorne Grabplatte des im Jahre 1594 gestorbenen Gerhard II. von Closter mit einem Hochrelief des Verstorbenen in voller Rüstung. Im Grabkeller unter dem Chor ruhen elf weitere Angehörige Dornumer Häuptlingsfamilien. Etwa um 1270 entstand der schlichte, durch sechs Arkadensäulen gegliederte Taufstein aus Sandstein (April–Mitte Okt. Mo–Sa 10–12, 15–17 Uhr; So nach dem Gottesdienst bis 12 Uhr und 15–17 Uhr).

Von St. Bartholomäus führt die Kirchstraße am Marktplatz vorbei direkt zum Schloß. Den kleinen gepflasterten Marktplatz umgeben mehrere traditionsreiche Gasthäuser, in einem Café kann man bei Tee und Kuchen die beschauliche Kleinstadtidylle genießen. Vom Markt geht eine schmale Straße zum **jüdischen Friedhof** ab. Der älteste Grabstein stammt von 1721, der jüngste aus dem Jahr 1945. Die **Synagoge,** heute Informations- und Gedenkstätte der ehemaligen jüdischen Gemeinde in Dornum, steht in der Kirchstraße. Die sog. »Reichskristallnacht« (9./10. November 1938), in der in ganz Deutschland jüdische Einrichtungen, Schulen und Geschäfte zerstört und teilweise niedergebrannt wurden, überstand sie als einzige in Ostfriesland nur deshalb, weil sie kurz zuvor an einen nichtjüdischen Tischler verkauft worden war. Die Ausstellung dokumentiert mit Bildern und Exponaten die Geschichte der jüdischen Gemeinde in Dornum von 1775 bis zu ihrer zwangsweisen Auflösung im Jahre 1940, informiert aber auch allgemein über jüdische Geschichte und Religion (Fr, Sa, So 15.30–18 Uhr). Am Ende der Kirchstraße, kurz vor dem Torhaus des Schlosses, steht linker Hand das ehemalige **Amtshaus,** in dem der 1820 in Dornum geborenen Dichter Enno Hektor viele Jahre lebte.

Ursprünglich standen in Dornum drei zwischen 1350 und 1400 erbaute Häuptlingsburgen, die alle in der »Sächsischen Fehde« anno 1514 zerstört wurden. Zwei wurden wiederaufgebaut und stehen heute noch: das Schloß und die Beningaburg (auch Osterburg genannt), beide angeblich bereits um 1380 von Hero Attena, Herrscher über die Herrlichkeiten Dornum und Nesse, gegründet.

Die Beningaburg in Dornum

Das von einem Wassergraben umgebene **Schloß,** das Ende des 17. Jh. seine heutige Form erhielt, ist das Wahrzeichen Dornums. Es ist der Nachfolgebau der 1514 zerstörten Norderburg und beherbergt seit 1951 die Kreisrealschule. Durch ein Torgebäude mit Turm von 1707 gelangt man in den Vorhof, an dessen östlicher Flanke das in Weiß und zartem Gelb gehaltene Hauptgebäude liegt. Eine hölzerne, von zwei Löwen bewachte Brücke endet am Hauptportal, über dem ein Dreiecksgiebel mit Wappen und Sandsteinrelief prangt, das die antike Göttin Pallas Athene zwischen Putten und Akanthusranken zeigt. Den fast quadratischen Innenhof des vierflügeligen Schlosses schmücken barocke Säulenportale und Statuen. Die Schloßanlage liegt inmitten eines weitläufigen Parks, den eine riesige Kolonie von Saatkrähen bevölkert.

Vom Schloß geht es über die von der Kirchstraße abzweigende Enno-Hektor-Straße zur **Beningaburg.** Das von einem Graben umgebene, mit viel Aufwand renovierte Gemäuer beherbergt heute ein edles Hotel-Restaurant. Der Ostflügel mit rundbogiger Durchfahrt datiert im Jahr 1567, das Säulenportal des Südflügels ins späte 17. Jh.

In der angrenzenden Benningalohne ist im **Oma-Freese-Huus** ein kleines Heimatmuseum untergebracht (Di 11–12, Do, So 15–17 Uhr). An der Hauptstraße Richtung Aurich, etwa 5 Minuten zu Fuß vom Zentrum, erhebt sich die schmale, schwarzgebeizte **Bock-windmühle,** eine sogenannte Stän-dermühle. Sie stammt aus dem Jah-re 1626 und ist die letzte ihrer Art in Ostfriesland. Vor der Einführung der Galerieholländer war diese Windmühlenart in ganz Nord-deutschland verbreitet. Ist sie in Betrieb, drehen sich nicht nur Flü-gel und Haube, sondern das ganze (auf einen Bock montierte) Müh-lenhaus in den Wind (Di, Do, So 10.30–12.30 Uhr).

🛈 **Auskunft:** Kurverwaltung/Touri-steninformation: 26553 Dornum, Westerstr. 3, ☎ 0 49 33/20 77 und 29 02, Fax 5 49. Das Informationsblatt »Blinkfuer« (Artikel, Veranstaltungska-lender) ist bei der Kurverwaltung erhält-lich.

🛏 **Unterkunft:** *Beningaburg zu Dor-num,* Beningalohne 2, ☎ 29 11; *Hotel Zum Kronprinzen,* Kirchstr. 11, ☎/Fax· 22 70. **Preiswerte Pensionen:** *Balster,* Ahornweg 4, ☎ 16 23; *Freese,* Beningalohne 5, ☎ 20 42, Burgnähe; *Graf,* Erlenweg 3, ☎ 4 47.

Knapp 5 km sind es von Dornum nach **Dornumersiel.** Bis zu Beginn des 17. Jh. war das Gebiet des heu-tigen Nordseebades noch Watten-meer, der Deich verlief etwa 1,5 km weiter landeinwärts. 1610 wurde der Polder Dornumer-West-accumer Neuland eingedeicht. Zur Ableitung der Binnengewässer war der Bau eines Siels notwendig. Da sich die Siel- und Deichgenossen-schaften Dornum und Esens aber nicht auf einen gemeinsamen Siel-neubau einigen konnten, entstan-den nur wenige Meter voneinander entfernt zwei Siele, das Dornumer-siel und das Westeraccumersiel. An ihnen entwickelten sich zwei Dörfer, die 1717 der verheerenden Weihnachtsflut zum Opfer fielen, danach aber wiederaufgebaut wur-den. Die Sturmflut von 1962 zer-störte große Teile von Dornumer-siel. Neue Deiche und ein großes Schöpfwerk wurden gebaut, vor dem Schöpfwerk ein Hafen für die Fischkutterflotte angelegt. Westlich des Siels und des langgestreckten Mahlbusens, einem Entwässe-rungssee mit Rundwanderweg und Tretbootverleih, wurde ein Cam-pingplatz angelegt und 70 000 Ku-bikmeter weißer Sand aufgespült. Vergnügen für die Kleinen bietet ein beheiztes Meerwasserfreibad und das Kinderspielhaus »Reethaus am Meer«. Nicht nur an Schlecht-wettertagen sollte man im **Natio-nalpark Nordseehaus** vorbeischau-en. Bilder, Exponate und Filme in-formieren über das Wattenmeer, Oll Deep, ☎ 0 49 33/ 15 65.

🛈 **Auskunft:** Kurverwaltung und Touristeninformation, 26553 Dornumersiel, Hafenstr. 3, ☎ 0 49 33/ 9 11 10, im gleichen Gebäudekomplex findet man das Kinderspielhaus, Lese- und Bastelräume.

🛏 **Unterkunft:** *Hotel Huus Störtebe-ker,* Störtebekerstr. 154, ☎ 6 02; **Pensionen:** *Bengen,* Vormann-Stuhr-Weg 5, ☎ 12 38; *Jochems,* Ostfreesen-straat 12, ☎ 4 88; *Meents,* An der Re-ling 5, ☎ 22 17. **Ferienwohnungen:** *Vil-la Dühringshof,* Störtebekerstr. 106, ☎ 02 11/25 22 35, Wohnungen in einem

Total beflügelt

Ostfriesland im Rausch der Windenergie

Die sturmgebeugten Bäume entlang der schnurgeraden Straßen zeugen von der steten Präsenz des Windes in Ostfriesland, wo seit über einem halben Jahrtausend Windmühlen zu den herausragenden Orientierungspunkten des platten Landes gehören. Auch heute bietet sich die ostfriesische Küste für die Nutzung des Windes als alternative Energiequelle an, und so sind in den letzten Jahren Windparks und Einzelanlagen wie Pilze aus dem Boden geschossen. In Utgast südwestlich von Esens-Bensersiel entstand 1996 der größte Windpark Europas. Doch inzwischen sprechen viele Argumente gegen einen unbegrenzten Ausbau von Windenergieanlagen in einer stark vom Fremdenverkehr abhängigen Region, deren Markenzeichen vor allem das offene weite Land ist. Die Freude über die alternative Energie ist mittlerweile sogar den Naturschützern vergangen. Die Naturschutzverbände beklagen, daß sie bei der Standortplanung nicht hinzugezogen werden und meist erst aus der Presse von neuen Windparks erfahren. Denn die Küste wie auch das angrenzende Binnenland haben als Rast- und Brutplatz für die Vogelwelt eine herausragende Bedeutung, doch mittlerweile meiden viele Zugvögel die Regionen der Windanlagen großflächig. Trotz der überall stürmisch geführten Diskussionen boomt das Geschäft mit dem Wind. Grundlage dafür sind großzügige Subventionen sowie das Stromeinspeisungsgesetz von 1990. Seither müssen die örtlichen Energieversorgungsunternehmen Windstrom zu einem Preis abnehmen, der weit über dem liegt, den der Verbraucher bezahlt. Dem Bau sogenannter Einzelanlagen (außerhalb geschlossener Windparks) wurde hingegen im Juni 1994 ein gesetzlicher Riegel vorgeschoben. Für manche Landstriche kam das Gesetz zu spät, dort gehört der Anblick eines »Windspargels« zum Bauernhof dazu wie in anderen Gegenden ein Silo oder eine Getreidescheune.

Ob die, die ein Windrad auf dem eigenen Grund und Boden aufgestellt haben, ihren Entschluß bereuen? Ihnen winkt zumindest finanzieller Gewinn: Ab dem elften Jahr soll eine 500-Kilowatt-Anlage dem Betreiber Jahr für Jahr rund 200 000 DM einbringen. Doch wer so ein Ding in seiner Nähe hat und nichts dran verdient, ist in der Regel unglücklich drüber. Schlimm betroffen sind die »Flashlight-Geschädigten«. Wenn die Sonne zu bestimmten Tageszeiten hinter den sich drehenden Propellern steht, wird das Licht zu zuckenden Blitzen zerhackt, die Wohnzimmer oder Küche in Disco-Atmosphäre tauchen. Auch der Geräuschpegel der surrenden Riesen ist nicht unerheblich. Viele Anlieger klagen über Lärmbelästigung, obwohl der Schallemissionspegel der Räder laut Angaben der Windpark-Firmen unter den zugelassenen Werten liegen.

Gegen einige Firmen gehen betroffene Anwohner mittlerweile juristisch vor. Eine der umstrittensten Windanlagen steht in Oldendorf, westlich von Bensersiel. Das »Ostfriesland Magazin« berichtet im März 1996, daß die Anlage »seit November einen Kreischton entwickkelt, der wie ein vorbeifahrendes rostiges Fahrrad klingt«. Anwohner standen im Eiswinter 1995/96 Todesängste aus, einer berichtet: »Ich habe geglaubt, das Ding fliegt auseinander; es saß voller Eis und lief im Leerlauf«. So abwegig ist die Befürchtung nicht. Im nur wenige Kilometer weiter westlich gelegenen Westaccumersiel flog damals bei starkem Ostwind ein abgebrochener Flügel von immerhin 800 kg 100 m weit durch die Nacht und landete auf einer hartgefrorenen Weide. Die meisten Bürgerinitiativen, die sich gebildet haben, um den Bau von Windkraftanlagen zu verhindern bzw. um die Versetzung bestehender Räder zu kämpfen, sind nicht grundsätzlich gegen die umweltfreundliche Windenergie. Sie machen aber deutlich, daß über das Wie, Wo und Wo-Nicht bisher nicht genügend diskutiert worden ist.

denkmalgeschütztes Herrenhaus; *Ferienhaus Käthe,* Hafenstr. 10, ☎ 5 20, direkt am Mahlbusen, 2 Min. zum Strand; *Haus Hanse-Kogge* und *Haus Goedeke* Michel' Oll Deep 17–19, ☎ 4 85.

Camping: Nordsee-Caravan-Camping direkt an der Nordsee westlich des Hafens, mit Kinderspielhaus, Spielplatz, Schnellimbiß, Restaurant, Freibad, Badestrand, Information und Buchung: Postfach 113, 26549 Dornum, ☎ 20 77, von Mitte April–Ende Sept. ☎ 3 51.

Esens-Bensersiel

Die alte, ausgesprochen hübsche Häuptlingsstadt Esens liegt sturmflutsicher 4 km landein auf einem von Marsch umgebenen flachen Geestbuckel, immerhin 3 m über dem Meeresspiegel. Im 13. Jh. drang die Nordsee bis Esens vor, ein Hafen entstand, der Handel zu Lande und zu Wasser gedieh. Der Ort, um 1310 dann erstmals urkundlich erwähnt, blühte auf. Die mächtigen Häuptlingsfamilien der tom Brook (Ende des 14. Jh.) und Attena (Ende des 15. Jh.) wurden Herren über Esens und das Harlingerland. Um 1400 entstand die erste Burg, gegen Ende des 15. Jh. die erste Befestigungsanlage. Unter dem Junker Balthasar, der 1522–1540 auch die Herrschaft über Wittmund besaß, erhielt Esens das Stadtrecht. Als der Hafen und damit die Seeverbindung zu Beginn des 17. Jh. immer mehr verlandete und Esens von großen Schiffen nicht mehr angefahren werden konnte, wurde 4 km nördlich der Stadt ein neuer Hafen gegründet: Bensersiel. Esens blieb als Marktort das eigentliche Zentrum des Harlingerlandes.

Den Mittelpunkt des beschaulichen Landstädtchens (ca. 6400 Ew.) bildet der mittelalterliche Siedlungskern mit schönen Giebelhäusern, der stattlichen St. Magnuskirche und dem gepflasterten Marktplatz. Fast alle Sehenswürdgkeiten liegen hier in Spazierentfernung. Wer abends durch das Städtchen bummelt, wird bezaubert sein von den altmodischen Straßenlaternen, die ihr warmes Licht auf das gediegene Kopfsteinpflaster von Kirchplatz und Markt werfen. Letzterer überrascht in lauen Sommernächten mit zahlreichen Straßencafés und herumtobenden Kindern durch sein fast südländisches Flair.

Die stattliche **St. Magnuskirche** überragt den von Bäumen umgebenen Kirchplatz. Die heute größte Kirche Ostfrieslands wurde 1848–1854 als Ersatz für den wegen Baufälligkeit abgebrochenen gotischen Vorgängerbau errichtet. Im Innern der 57,5 m langen und 33 m breiten dreischiffigen Kirche befinden sich viele Ausstattungsstücke der älteren Kirche, so etwa die vom einheimischen Meister Hinrich Cröpelin 1673/74 geschnitzten Kniebänke und die reich mit Blattornamenten und Figuren geschmückte Kanzel. Das bronze-

Esens 1 Magnuskirche mit Turmmuseum 2 Rathaus 3 Holarium 4 Kunst-und Wunderkammer 5 Heimatmuseum in der Peldemühle 6 August-Gott-schalk-Haus

ne Taufbecken mit Reliefs der Kreuzigung und der Apostel stammt aus dem Jahre 1474, die hölzernen Trägerfiguren sowie der Deckel entstanden zu Beginn des 17. Jh., der barocke Altaraufsatz mit der von geschnitzten Weinranken umrahmten Kreuzigung im frühen 18. Jh. Imposant ist der Sand-stein-Sarkophag des 1473 gestorbenen Ritters Sibet Attena. Auf dem Deckel liegt die vollplastische Figur des gerüsteten Ritters, der von vier wappentragenden Löwen bewacht wird. Die Orgel wurde von dem Esenser Arnold Rohlfs zwischen 1847 und 1860 gebaut (März–Okt. Di–Fr 10–11.30 Uhr,

14.30–16 Uhr). Der Turm des Gotteshauses beherbergt das **Turmmuseum,** das auf mehreren Etagen die Geschichte der Kirche dokumentiert. Ein Fenster gewährt den Blick ins Innere der Kirchenorgel. Von der obersten zugänglichen Etage des 54 m hohen Turms bietet sich ein weiter Rundblick über die Stadt bis zu den der Küste vorgelagerten Inseln (April–Okt. So 11–12, im Juli und Aug. zusätzlich Di und Do 15–17 Uhr).

Der **Marktplatz** schließt sich unmittelbar an den Kirchplatz an. Eine Bronzeplastik zwischen den beiden Plätzen zeigt – wie übrigens auch das Esenser Wappen – einen Bären mit einem Ziegelstein zwischen den Tatzen. Esens wird gern die Bärenstadt genannt. Bei einer Belagerung der Stadt im 16. Jh.

sich den Luxus leisten konnten, einen Tanzbären durchzufüttern.

An der Ostseite des weiträumigen Marktplatzes erhebt sich das **Rathaus.** Der 1756 von der Generalsfrau von Wangelin als Witwenstift errichtete Bau dient seit 1949 als Rathaus. Im Ahnensaal hängen wertvolle Gobelins und Gemälde (Besichtigung März–Okt. Do nachmittag in Verbindung mit einer Führung durch die St. Magnus-Kirche).

Esens verfügt über mehrere außergewöhnlich interessante Museen und Sammlungen: Im **Holarium** am Kirchplatz erfährt der Besucher, was es mit der Holographie auf sich hat. Nicht nur Kinder sind fasziniert von der Magie dreidimensionaler Bilder, der »Skulpturen aus Licht«, die mit hohem technischem Aufwand in optischen Laboren mit Laserlicht hergestellt werden (April–Okt. tgl. 10–12, 14–18 Uhr). In der nahen Westerstraße, schräg gegenüber der Kurverwaltung, lohnt die **Kunst- und Wunderkammer mit Naturalienkabinett 1862** einen Besuch. Der Begriff »Kunst- und Wunderkammer« stammt aus dem 16. und 17. Jh., als in fürstlichen (manchmal auch bürgerlichen) Privatsammlungen alles ausgestellt wurde, was Staunen hervorrufen konnte. Staunen kann man auch in diesem Museum. Der Textilrestaurator Detlef

kletterte, so will es die Sage, ein im Turm eingesperrter Bär die Innenwände hinauf. Toll vor Hunger begann er, Steine aus den Zinnen zu reißen und die Belagerer damit zu traktieren. Ein Treffer tötete den feindlichen Kommandanten. Die Belagerer gaben auf, da sie annehmen mußten, daß es den Eingeschlossenen wider Erwarten immerhin noch so gut ging, daß sie

Lehmann hat in über 30 Jahren Kurioses, Schönes, Alltägliches, Kostbares und Rares aus der ganzen Welt auf Auktionen ersteigert: Puppen, Spielzeug, Mineralien, Gräberfunde aus dem alten Ägypten, Perlenarbeiten, Damenhüte, Reklameplakate, Prachtbände, turkmenischen Schmuck – eine wahre Wunderkammer, in der man sich verzaubern lassen kann (Di–So 14–17 Uhr, in der Saison tgl. 10–17 Uhr, Westerstr. 13). Esens sehenswertes **Heimatmuseum** ist in der **Peldemühle,** einem Ende der 80er Jahre sehr schön restaurierten Galerieholländer von 1850, untergebracht. Anschaulich und kindgerecht sind hier die Siedlungsgeschichte des Harlingerlandes sowie Dokumente zur Stadtgeschichte präsentiert. Anhand von Modellen und zahlreichen Funden werden die zwei verschiedenen Naturräume Marsch und Geest erklärt. Zum Anfassen und Fühlen gibt es Knochen, Scherben und verschiedene rätselhafte Funde aus dem Watt (Ende März–Ende Okt. Di–So 10–12 Uhr, 14–17 Uhr, Walpurgisstraße).

Am entgegengesetzten Ende des Ortes, in der Burgstraße, steht das **August-Gottschalk-Haus.** In dem 1899 errichteten ehemaligen jüdischen Gemeindehaus dokumentiert eine ergreifende, bislang hauptsächlich aus Bildmaterial bestehende Ausstellung die neuere Geschichte der ostfriesischen Juden. Das Gemeindehaus diente als Versammlungsort, Schule und als Wohnort für den Kultusbeamten, der in der kleinen Esenser Gemeinde Lehrer, Vorbeter und Schächter zugleich war. Von 1899–1927 hatte diese Stellung August Gottschalk inne, dessen Namen das Haus heute trägt. Von besonderer Bedeutung und einzigartig für den gesamten Nordwesten ist die Mikwe, das rituelle Tauchbad, das bei Sanierungsarbeiten unter dem Fußboden wiederentdeckt wurde (April–Okt. Di, Do, So 14–17 Uhr).

ℹ️ **Auskunft:** Kurverwaltung (Touristeninformation, Zimmervermittlung), 26427 Esens-Bensersiel, Kirchplatz, ✆ 0 49 71/91 50, Fax 49 88.

🛏️ **Unterkunft:** *Krögers Hotel,* Bahnhofstr. 18, ✆ 30 65; *Wieting's Hotel,* Am Markt 7, ✆ 45 68. **Preiswerter:** *Gaststätte Zur alten Schmiede,* Hartwarder Str. 19, ✆ 44 71, *Gasthof Lindenhof,* Jüchtor 25, ✆ 45 24. **Pensionen:** *Burghof Bennmann,* Im Burggrund 19, ✆ 75 50, *Gästehaus Zum Garten Eden,* Jüchtor 53, ✆ 71 73, *Pension Galts,* Thedaweg 21, ✆ 21 82; *Pension Nordlicht,* Bensersieler Str. 10, ✆ 6 10. **Ferienwohnungen:** *Wilming,* Sterburer Weg 25a, ✆ 39 51; *Broz,* Alter Postweg 29, ✆ 23 13; *Haus Katharina,* Nobiskruger Weg 6, ✆ 48 06.

🏠 **Jugendherberge:** JH Esens-Bensersiel, Grashauser Flage 2, ✆ 37 17, Fax 6 59.

Das für seine Kinder- und Familienfreundlichkeit preisgekrönte Nordseeheilbad **Bensersiel** ist seit 1859 Fährhafen für die Insel Langeoog. Nennenswerte Sehenswürdigkeiten gibt es nicht. Den Besucher erwarten jedoch die neugeschaffenen

Brücken, die die Deichscharten überspannen und einen herrlichen Ausblick über den lebhaften Yachthaten bieten. Spaziergänger können völlig frei vom Autoverkehr alle Attraktionen von Bensersiel auf Deichkronenhöhe erreichen, so auch die großzügigen Kur- und Freizeiteinrichtungen. Im Sommer locken in unmittelbarer Hafennähe ein weiter Sandstrand sowie ein beheiztes (26 °C) Meerwasserschwimmbecken im Freien mit 80 m langer Riesenrutsche und überdachter Einschwimmhalle. Gleich nebenan im Spielhaus Kunterbunt mit Abenteuerspielplatz dürfen die Kleinen unbeschwert herumtoben. Zum Basteln, Klönen und Lesen kann man sich ins Haus Regenschirm zurückziehen. Die Krönung aller Angebote für kalte Nieseltage ist die ganzjährig geöffnete Nordseetherme »Sonneninsel« neben dem Kurmittelhaus – ein Badespaß in wunderbar tropischer Atmosphäre mit Solarien, Dschungelgrotte, Badetempel, Dampfbädern, Sole-Kurtherme (33 °C) und Kinderbecken. Im ganzen Bad stehen unzählige tropische Gewächse, Bananen- und Apfelsinenbäume, Farne und Rankpflanzen.

Auskunft: Kurverwaltung Esens-Bensersiel in 26427 Bensersiel, ☏ 0 49 71/91 71 11, Fax 49 88, Touristeninformation, Zimmervermittlung, zentral am Bensersieler Hafen, in unmittelbarer Nähe des Schwimmbades und Campingplatzes, in der Saison tgl. geöffnet, außerhalb der Saison geschlossen.

Unterkunft: *Heerens Hotel,* Am Hafen 6, ☏ 22 13; *Hörn van*

Die Sielhäfen

Mit dem Beginn des Deichbaus um das Jahr 1000, der das Land vor den salzigen Fluten des Meeres schützen sollte, standen die Küstenbewohner vor dem Problem, wie sie nun das Binnenland entwässern sollten. Keineswegs nur nach ergiebigen Regenfällen versanken die tiefgelegenen, nun eingedeichten Felder und Wiesen der Marsch unter Wasser. Wohin mit dem Naß? Die einzige Lösung bestand darin, den Deich wieder zu öffnen und Siele einzubauen. Ein Siel ist mit Toren oder Klappen versehen, die sich bei Flut durch den Druck des auflaufenden Wassers schließen und sich selbsttätig wieder öffnen, wenn der Außenwasserstand unter den Binnenwasserstand fällt, damit das Wasser aus dem Binnenland hinausströmen kann. Um das Wasser hinter

dem Deich zu sammeln, wurde und wird die Marsch von einem Netz von Gräben und Kanälen durchzogen, die das Wasser sammeln, in ein sogenanntes Tief (Fahrrinne) leiten und durch das Siel ins Meer führen. Reichte das Gefälle für den natürlichen Abfluß nicht aus, mußten Schöpfwerke mit Pumpen gebaut werden.

Vielerorts werden die Siele als Durchfahrtsöffnung für die Schiffahrt genutzt, in diesem Fall sind sie häufig mit einer kleinen Schleuse versehen. An den Sielen entlang der Küste entstanden Anlegeplätze und kleine Häfen. Von hier aus brachen die Fischer zum Fang auf, unternahmen Schiffer Frachtfahrten entlang der Küste ebenso wie ins Landesinnere. Über schiffbare Kanäle und Flüsse, die das Land durchzogen, als es noch nicht über ein nennenswertes Straßennetz verfügte, versorgten sie das Binnenland. Mit der Eindeichung von Buchten und der fortschreitenden Landgewinnung im Verlauf der Jahrhunderte,mußten die Siele immer wieder nach außen verlegt werden. Die Häfen wanderten mit, die ehemaligen Küstenorte wurden zu Binnendörfern. Besonders deutlich ist diese Entwicklung im Harlingerland zu verfolgen. Die von Sturmfluten ins Land gerissene Harlebucht reichte zur Zeit ihrer größten Ausdehnung bis nach Wittmund und Jever. In jahrhundertelangem Kampf gewannen die Küstenbewohner das verlorene Land wieder zurück. Die neuangelegten Orte an den Deichöffnungen erhielten in der Regel die Endung -siel. So wanderte etwa der Sielhafen von ursprünglich Altfunnixsiel (1599 erbaut) über Neufunnixsiel (1658) bis Carolinensiel (1729), Friedrichsschleuse (1765) und Harlesiel (1957). Die zurückgebliebenen Häfen versanken in Bedeutungslosigkeit. Der alte Hafen von Carolinensiel wurde 1962 gar zugeschüttet und erst 1987 als Bestandteil des Sielhafenmuseums rekonstruiert.

Mit dem Aufkommen immer größerer und schnellerer Dampfer sah die Segelschiffära und damit auch die große Zeit der Sielhäfen im letzten Drittel des 19. Jh. ihrem Ende entgegen. Hafenbecken und Durchfahrten reichten für die Dampfer nicht aus. Die Segelschiffe, die von der Krabbenküste aus einst die Weltmeere befahren hatten, waren nicht konkurrenzfähig. Die Sielhäfen sind heute für die Fischerei, für den Fährverkehr zu den Inseln, als Yachthäfen und damit nicht zuletzt für den Fremdenverkehr von großer Bedeutung. Die im Gegensatz zu den alten Warfendörfern in der Krummhörn relativ jungen Orte haben sich nach dem Zweiten Weltkrieg zu blühenden Küstenbadeorten entwickelt. Sie haben auch etwas zu bieten, was es auf den Inseln schon lange nicht mehr gibt: bunte Fischkutter und Krabben frisch von Bord.

Neuharlingersiel

Diek, Hotel garni, Lammertshörn, ✆ 24 29. **Pensionen:** *Pension Watten-meer,* Seestr. 23, ✆ 91 30-0; *Hotel-Pension Schiffer,* Am Wattenmeer 8, ✆ 16 31, *Pension Rieken,* Am Hafen 8, ✆ 25 00. **Ferienwohnungen:** *Aquantis,* Ferien- und Freizeitanlage, Taddings-hörn, ✆ 20 21 60; *Taddigshörn 284,* Friesenstr. 27, ✆ 46 06; *Haus Wiesen-blick,* Wiesenweg 6, ✆ 24 95. **Preis-werte Zimmer auf dem Bauernhof** in der näheren Umgebung: *Mosishütte,* Coldewind 16, Holtgast, ✆ 8 31; *T. Eis-sen,* Damsum 4, Holtgast, ✆ 44 02; *Fe-rienhof Rixte,* Rotzmense 2, Bensersiel, ✆ 49 38

🏕 **Campingplatz:** Familien- und Kurcampingplatz Bensersiel, Info über die Kurverwaltung Esens-Benser-siel, ✆ 0 49 71/91 50.

Neuharlingersiel

Der Hafen des kleinen, bereits 1693 urkundlich erwähnten Fi-scherortes ist nicht nur einer der äl-testen an der Nordseeküste, son-dern auch einer der schönsten. Landeinwärts, unmittelbar hinter dem Fähranleger zur Insel Spieker-oog, erstreckt sich das schmale, von hübschen Giebelhäusern ge-säumte Hafenbecken, in dem zu je-der Jahreszeit bunte Kutter düm-peln. Gerade heimgekehrte Fischer vertauen ihre Schiffe, stapeln Fisch-kisten, spülen das Deck und ver-kaufen frischgekochte graue Krab-ben direkt vom Kutter. Möwen war-ten auf einen Leckerbissen, Touri-sten flanieren mit Kind und Kegel und gezückten Kameras. Von einer der zahlreichen Bänke entlang der Hafenmauer läßt sich das muntere Treiben bestens betrachten. Auf der Westseite des Hafens liegt das 1971 eröffnete **Buddelschiff-Museum.** Die liebevoll zusammengetragene

Sammlung stellt die Entwicklung des Schiffsbaus und der Schiffahrt dar, beginnend beim Urmenschen, der auf zwei unbearbeiteten Baumstämmen ein Gewässer überquert, über die ägyptischen, phönizischen, römischen und griechischen Schiffe, die Koggen und Fregatten des Mittelalters, die berühmten Segler und Passagierdampfer des 19. Jh. bis hin zum U-Boot, Seenotrettungskreuzer und Krabbenkutter der Neuzeit (April–Okt. tgl. außer Di 10–13, 14.30–17 Uhr). Hinter dem Fähranleger (Hafen West) liegt ein kleines **Museum für Seenotrettungsgeräte** (in der Saison tgl. 9.30–11, 15–17 Uhr).

Vom Innern des Kutterhafens führt der Weg am Anfang der 60er

Auch ein Buddelschiff kann sinken

Jahre neuerbauten Siel- und Schöpfwerk (das erste Siel war 1785 von Friedrich dem Großen in Auftrag gegeben worden) entlang zum schloßartigen **Sielhof.** Der älteste Teil des Baus wurde 1755 errichtet und um 1900 zum barock nachempfundenen Herrensitz umgebaut. Der von einem Park umgebene Sielhof beherbergt heute neben der Verwaltung des Kurvereins ein geschmackvoll eingerichtetes Café mit angebautem gläsernem Pavillon und großer Sonnenterrasse. Ein Rokoko-Zimmer mit Deckenmalereien und das ehemalige Jagdzimmer stehen für Ausstellungen zur Verfügung.

Einen Abstecher lohnt die inmitten saftiger Weiden und fruchtbarer Getreidefelder direkt an der Harle gelegene **Seriemer Mühle** (2 km südlich von Neuharlingersiel). Der 17 m hohe, 1804 erbaute und noch voll funktionsfähige Galerieholländer mit dem optimistischen Namen *De goede Verwagting* (In guter Erwartung) ist ganztägig geöffnet. Von der Galerie bietet sich ein weiter Blick rundum bis zu den Windrädern am Horizont. In der Teestube im angrenzenden Müllerhaus läßt es sich gemütlich klönsnakken und Tee trinken.

Auskunft: Kurverwaltung (Touristeninformation mit Zimmervermittlung), 26427 Neuharlingersiel, Am Hallenbad, ☎ 0 49 74/1 88 12, Fax 1 88 37.

Hotels: *Teestube am Seedeich,* Deichringstr. 27, ☎ 7 85, mit exquisitem Restaurant; *Strandhotel Ihmann,* Zum Deich 4, ☎ 9 19 90, mit Restaurant und Bierbar; *Janssens Hotel,* Am Hafen 7, ☎ 9 19 50, Spitzenlage am Hafen. **Pensionen:** *Haus Seeschwalbe,* Am Tief 25, ☎ 5 28, nur für Nichtraucher; *Janßen's Pension,* Blockshausen 22, ☎ 13 14; *Dirks,* Clienerstraat 4, ☎ 6 96, preiswert; *Janssen,* Bootsweg 1, ☎ 6 47; *Janssen,* Krummhörn 4, ☎ 3 76.

Camping: Winterfester Campingplatz hinterm Deich direkt am Meer in unmittelbarer Nähe des Badestrandes, ☎ 7 12 oder 1 88 16, Fax 4 95.

Baden: Westlich des Hafens erstreckt sich der sandige Badestrand. Unmittelbar hinter dem Deich liegt das Meerwasser-Hallenwarmbad (mit Sauna, Turbobräuner und Tropengarten).

Carolinensiel-Harlesiel

Das in den 1950er Jahren angelegte Harlesiel, Wangerooges Festlandhafen, bildet eine Einheit mit dem weiter im Inland gelegenen, über 250 Jahre älteren Carolinensiel. Dieser Sielhafen entstand, als nach der Weihnachtsflut von 1717 die zerstörten Deiche wiederaufgebaut wurden. Durch die vorgeschobene Deichlinie wurde Land gewonnen, der neue »Groden« nach der damaligen Landesherrin Caroline benannt. Zum Abfluß der Harle fügte man in den Deich ein Siel ein. Um das neuangelegte Hafenbecken entstand ab 1730 einer der bedeutendsten Handelshäfen entlang der ostfriesischen und friesischen Küste. Bereits um 1765 wurde ein weiterer Deich vor den Hafen gezogen, der den Bau einer Schleuse erforderlich machte. Sie wurde nach dem neuen Landesherrn Friedrichsschleuse genannt. Aller guten Dinge sind drei: Von 1953 bis 1957 entstand im Zuge eines neuen Deichbaus schließlich Harlesiel mit einer neuen Schleuse, einem neuen Siel und einem modernen Fährhafen. Carolinensiel und die Friedrichsschleuse sind heute Binnenhäfen. Die Friedrichsschleuse mit dem vorgelagerten Speicherbecken (»Mahlbusen«) des Schöpfwerks Harlesiel bietet etwa 100 Yachten einen Liegeplatz. Der zwischenzeitlich zugeschüttete, in den Jahren 1986/87 wieder in seinen früheren Ausmaßen hergerichtete alte Hafen Carolinensiel ist heute Museumshafen, Mittelpunkt des jährlich am zwei-

Carolinensiel

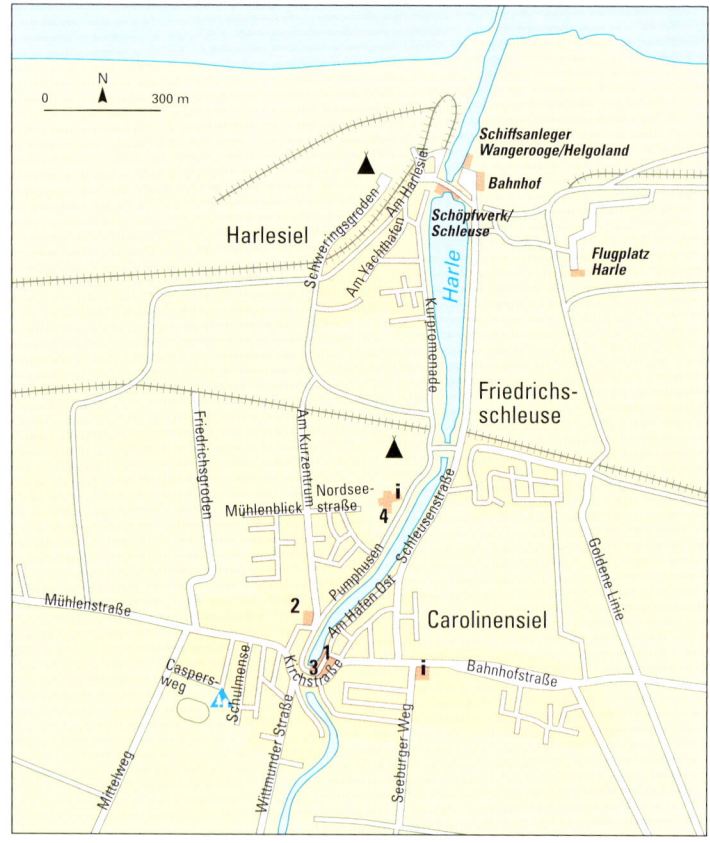

Carolinensiel-Harlesiel 1 Sielhafenmuseum im Mammens Groot Huus 2 Alte Pastorei und Nationalparkhaus 3 Kapitänshaus 4 Haus des Gastes

ten Wochenende im August veranstalteten Hafenfestes, bei dem sich Oldtimer aus dem In- und Ausland ein Stelldichein geben.

Der alte Hafen ist das Herz **Carolinensiels.** Hübsche, von hohen Laubbäumen geschützte Giebelhäuser, alte Speicher und schmucke Segelschiffe erinnern an die große Zeit der Frachtensegler Mitte des 19. Jh. Im **Sielhafenmuseum,** das in drei Häusern am Hafen untergebracht ist, wird die alte Zeit lebendig. Die über mehrere Etagen verteilte Ausstellung im sogenannten **Mammens Groot Huus** aus dem Jahre 1840 dokumentiert die Geschichte der Siele, Häfen und Deiche, der Schiffskultur an der niedersächsischen Nordseeküste, die ihre Blütezeit im 19. Jh. hatte. Zu besichtigen gibt es u. a. einen Kaufmannsladen aus dem Jahre 1892, eine Hafenapotheke, mehrere Werkstätten wie eine Schuhmacherei und eine Seilerei (Mitte März – Mitte Nov. und in den Weihnachtsferien tgl. 10–18 Uhr, Führungen nach Absprache, Am Hafen Ost 8). Die zu Beginn des 19. Jh. ursprünglich als Wohn- und Lagerhaus erbaute **Alte Pastorei** auf der Westseite des Hafens beherbergt eine Dauerausstellung zu Schiffbau und Handwerk (Öffnungszeiten wie Groot Huus). In der alten Pastorei ist außerdem das **Nationalparkhaus** Carolinensiel untergebracht, das mit Ausstellungen, Diavorträgen und naturkundlichen Führungen über den Nationalpark Wattenmeer informiert, Pumphusen 3, ✆ 0 44 64/84 03. Zwischen Groot Huus und Alter Pastorei werden im **Kapitänshaus** mit guter Stube, Küche und historischer Seemannskneipe Aspekte des Lebens an Land dargestellt (Öffnungszeiten wie Groot Huus). Und schließlich verkehrt das Museumsschiff »Marie van't Siel« in der Saison zwischen dem Museumshafen in Carolinensiel und dem Fähr- und Fischerhafen Harlesiel (Ostern bis Ende Okt. jede volle Stunde ab Carolinensiel, jede halbe Stunde ab Harlesiel.

Die drei hintereinanderliegenden Häfen Carolinensiel, Friedrichsschleuse und Harlesiel werden durch die Harle verbunden. Am linken (westlichen) Ufer des ruhigen Flusses verläuft ein schöner Spazierweg. Er ist als Museumsweg angelegt, auf dem 250 Jahre Küsten- und Hafenentwicklung erwandert werden können. Entlang der Harle laden mehrere gemütliche Cafés mit Blick auf den Fluß zum Schauen, Klönen und Teetrinken ein. Von Carolinensiel kommend, passiert man kurz vor der

Gallionsfigur im Sielhafenmuseum

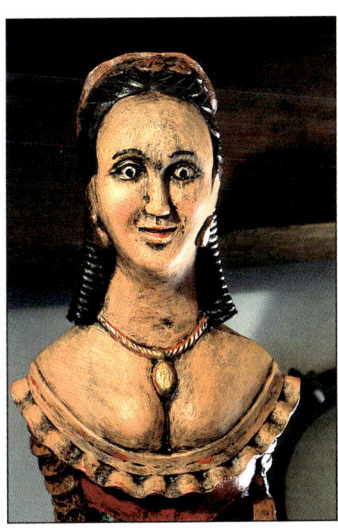

Friedrichsschleuse das moderne, großzügig verglaste »Haus des Gastes« mit 30 °C warmen Solehallenbad, Kinderbecken, Kinderspielhaus, Sauna, Solarium, Leseräumen und Bistro. In **Harlesiel** ist eine kleine Flotte von Fischkuttern beheimatet. Westlich des Hafens erstreckt sich ein feinsandiger, flach zum Wasser abfallender Badestrand. Im Freibad direkt am Strand kann man auch bei Ebbe in Nordseewasser baden.

Viel Spaß macht Kindern ein Abstecher nach **Altfunnixsiel,** 5 km südlich von Carolinensiel. In dem 25 000 m² großen Freizeitpark **Lütge Land** sind originalgetreue Modelle bekannter Burgen, Schlösser und historischer Bauwerke im Maßstab 1 : 25 zu besichtigen. Elektro-Motorboote und -Motorräder, Ufo-Skooter, Nautic-Jet und Sky-Dive gehören zu den beliebtesten Angeboten (April–Okt. 9 – 18 Uhr, Friesenkamp 5).

Auskunft: Information und Zimmervermittlung in 26409 Carolinensiel, Bahnhofstraße 40, ☎ 0 44 64/ 9 49 30, Fax 94 93 23. Im »Harlesieler Kompaß« findet man alle nützlichen Adressen, den Veranstaltungskalender und Fahrpläne. Am besten läßt sich das saftig grüne, platte Land hinter den Deichen mit dem Fahrrad erkunden. Radwanderkarten erhält man in der Kurverwaltung in Carolinensiel. Die Busse zwischen Harlesiel über Esens und Dornum nach Norden befördern Fahrräder,

mehrere Fahrradverleihe in Carolinensiel und Altfunnixsiel.

Hotels: *Gaststätte Erholung,* Am Hafen Ost 5, ☎ 3 10, direkt am Museumshafen; *Hotel Zur Friedrichsschleuse,* Friedrichsschleuse 13, ☎ 94 21 24; *Hotel-Restaurant Am Yachthafen,* Am Yachthafen 32, Harlesiel, ☎ 9 49 90. **Pensionen:** *Deichstübchen,* Pfahldeich 15, Carolinensiel, ☎ 80 88; *Fischer,* Caspersweg 7, Carolinensiel, ☎ 12 44; *Janssen,* Am Yachthafen 43, Harlesiel, ☎ 4 96.

Jugendherberge: Carolinensiel, Herbergsmense 13, ☎ 0 44 64/ 2 52.

Camping in Harlesiel direkt am Badestrand, nur von Mai bis Mitte Sept., ☎ 80 46 (außerhalb der Saison: 9 49 30. In Carolinensiel, Friedrichsgro-

den 2b, ☎ 17 38. Direkt an der Harle liegt der Campingplatz in Altfunnixsiel, Kattrepel 1, ☎ 4 00.

Cafés und Restaurants: Am Hafen und an der Harle sitzt man an sonnigen Tagen wunderschön. *Hotel-Gasthof Erholung,* gemütliche Gaststätte auf der Ostseite des alten Hafens mit kleiner Holzterrasse über dem Wasser; *Puppen-Café,* liebevoll mit alten Puppen und Spielzeug dekoriertes Café mit Sonnenterrasse direkt am Museumshafen, Am Hafen West 12; *Tüdelpott,* gemütliches Café in restauriertem Kapitänshaus an der Uferpromenade, Verleih von Tret- und Ruderbooten sowie Kanus, Pumphusen 10 (ca. 200 m von der Alten Pastorei entfernt); *Café/Pizzeria Piccolo,* ebenfalls mit Terrasse zur Harle, bei Familien mit Kindern beliebt, einfache, preiswerte Gerichte.

Fachbegriffe Küste und Watt

Bake – Weithin sichtbares, gerüstartiges Schiffahrtszeichen als Markierung eines festen Standortes. Zur eindeutigen Identifizierung weichen alle Baken in der Form voneinander ab

Balje (Balge) – Tiefe Wasserrinne im Watt, die auch bei Ebbe nicht trockenfällt. Fahrrinne für die Schiffahrt

Bockmühle – Älteste Windmühlenform, bei der das ganze Mühlenhaus in den Wind gedreht wurde

Brackwasser – Mischung von Salz (Meer)- und Süßwasser

Buhne – Von der Uferlinie ins Meer hinausragender Damm aus Stein, Mörtel, Beton oder auch mit Buschwerk ausgefüllte doppelte Pfahlreihe zur Abdrängung der küstenparallelen Tideströmung

Deichacht – Deichverband, der die Aufgabe hat, durch den Bau und die Instandhaltung der Deiche sein Verbandsgebiet gegen das Meer zu schützen

Delft – Graben, Kanal

Gat (Gatt) – Durchgang, Öffnung. Durch ein Watt und offenes Meer verbindendes Seegat zwischen zwei Inseln fließen die Gezeitenströme

Geest – Abgeleitet von niederdeutsch *güst*, trocken. Sand- und Kiesböden, die während der Eiszeit abgelagert wurden

Gezeiten – Niederdeutsch *Tide*, ungefähr halbtägige Schwankung des Meeresspiegels, im Bereich der Ostfriesischen Inseln 2–3 m (s. S. 16)

Giftbude – Eßbude, die Bezeichnung »Gift« stammt von dem plattdeutschen Ausdruck »Dor giff't wat«, dort gibt es etwas zum Essen und Trinken

Groden – Grünland, deichreife oder eingedeichte Marsch. Eingedeicht: Binnengroden, nicht eingedeicht: Außengroden oder Heller

Grüppen – Meist parallel angeordnete Entwässerungsgräben in der küstennahen Verlandungszone des Watt

Gulfhof – Bauernhaus, bei dem Wirtschafts- und Wohnbereich unter einem Dach liegen. Mittelpunkt ist ein von vier Ständern gebildetes Rechteck, der »Gulf«, in dem Getreide und Heu gestapelt wird

Heller – s. Groden

Herrlichkeit – Halbautonomes Herrschafts- und Verwaltungsgebiet eines Grundherrn mit eigener Gerichtsbarkeit (z. B. Dornum, Emden)

Holländer – Windmühle, bei der nur die Kappe mit den Flügeln in den Wind gedreht wird

Hörn – (Winkel, Ecke, Spitze) in die See ragende Landspitze, Sandbank oder kleine Insel

Kaap – Landmarke als Richtzeichen für Seeleute

Klei – Tonreicher Lehmboden, im Küstengebiet aus Meeressedimenten entstandene Marschböden

Lahnung – Buhnenartige, häufig in rechteckige Felder abgeteilte Dämme aus zwei Pfahlreihen und Buschwerk im Deichvorland, die der Wasserberuhigung und der Sedimentablagerung dienen

Lohne – Schmale Straße, Gasse

Loog – Dorf

Marsch – Küstennaher, vom Meer abgelagerter, fruchtbarer Boden

Nacken – Höhere Wattfläche, oft an die Marsch anschließend (Rysumer Nacken)

Peldemühle – Holländerwindmühle, die zum *Pelden* (= Schälen) der Gerste genutzt wurde. (Bis zur Einführung der Kartoffel vor rund 200 Jahren war dicke Gerstengrütze das Grundnahrungsmittel an der Küste.)

Pensionsvieh – Vieh (vor allem Kühe), das im Sommer zum Weiden auf die Inseln oder an die Küste gebracht wird

Plaats – Großer Bauernhof in der Marsch

Polder (auch Groden, Koog) – eingedeichtes Marschland

Priel – Flache, oft verästelte Wasserrinne im Watt, die bei Ebbe noch Wasser führt

Riff – Langgestreckte Sandbank

Schill – Angespülte Schalen von Muscheln und Schnecken, häufig in Form von ausgedehnten Muschelbänken

Schloot – Künstlich angelegter Graben zur Entwässerung

Siel – Verschließbarer Durchlaß im Deich, durch den bei Ebbe eingedeichtes Land entwässert wird

Sielhafen – Siedlung, die um das Hafenbecken vor dem Siel entstand, hier ließen sich Schiffer, Händler und Handwerker nieder.

Sloop (Schlopp) – Ein durch Sturmflut entstandener Dünendurchbruch

Tide – s. Gezeiten

Tidenhub – Mittlerer Unterschied zwischen Hoch- und Niedrigwasser

Tief – Größerer Wasserlauf in der Marsch und im Watt

Warf (Warft, Wurt) – Künstlich aufgeworfener Erdhügel, der vor Beginn des Deichbaus Schutz vor den Sturmfluten bot.

Danke

Ich möchte mich bei den liebenswerten und gastfreundlichen Insel- und Küstenbewohnern bedanken, die – vor allem außerhalb der Hochsaison – immer Zeit für eine Tasse Tee und einen Klönschnack haben. Ich danke den engagierten Mitarbeitern der Kurverwaltungen, die alle meine Anfragen hilfreich beantworteten.

Mein Dank gilt Chronisten und Heimatforschern wie Hans-Jürgen Jürgens von der Insel Wangerooge, die in jahrzehntelanger Arbeit unerschöpfliches Material zusammengetragen haben, ohne die Bücher wie dieses nicht geschrieben werden könnten.

Den kenntnisreichen Stadtführerinnen Mathilde Imhoff, Theda Stegmann und Tilde Leuze (Norden) verdanke ich viele nützliche Hinweise. Mit Rat und Tat zur Seite standen mir die Mitarbeiter des Emder Stadtarchivs Dr. Helmut Eichhorn, Fokke Müller und Aiko Schmidt.

Für das Korrekturlesen bedanke ich mich herzlich bei Dr. Hubert Farke (Nationalparkverwaltung Niedersächsisches Wattenmeer, Wilhelmshaven) Insa Steffens (Nationalparkhaus Greetsiel), Helmut Klug und Dr. Jan Amelsbarg (IHK Emden), Friederike Sauerwein und Berndt Doeckel (Hamburg).

Für das engagierte Lektorat und ihre bewundernswerte Fähigkeit, immer die Ruhe zu bewahren, danke ich Margarete Graf (DuMont Buchverlag, Köln). Nicht zuletzt bedanke ich mich bei meinen Eltern Irmtraud und Günther Banck, die in allen Lebenslagen für uns da sind.

Nützliche Tips und Adressen

Auskünfte

Alle Insel- und Küstengemeinden geben ausführliche Gastgeberverzeichnisse heraus, die über die Kurverwaltungen erhältlich sind. Darin enthalten sind nicht nur umfassende Auskünfte zu Unterkunftsmöglichkeiten und die Fahrpläne der Fähren, sondern auch alle für die Anreise nützlichen Adressen sowie Informationen von A–Z.

Fremdenverkehrsverband Nordsee
Niedersachsen-Bremen e. V.
Bahnhofstr. 19–20
26104 Oldenburg
✆ 04 41/92 17 10, Fax 9 21 71 90

Fremdenverkehrsverein für den Landkreis Aurich/Ostfriesland e. V.
Postfach 1444
26584 Aurich
✆ 0 49 41/1 64 45, Fax 1 69 80

Inseln

Kurverwaltung **Borkum**, Postfach 1680, 26757 Borkum, ✆ 0 49 22/30 33 17, Fax 38 33; Touristeninformation ✆ 0 49 22/9 33 180-111, Fax 9 33-104

Kurverwaltung **Juist**, Postfach 1464, 26560 Juist, ✆ 0 49 35/80 92 22, Fax 80 92 23

Kurverwaltung **Norderney**, Postfach 1355, 26535 Norderney, ✆ 0 49 32/89 10, Fax 89 11 12

Kurverwaltung **Baltrum**, Postfach 120, 26572 Baltrum, ✆ 0 49 39/8 00, Fax 80 27

Kurverwaltung **Langeoog**, Postfach 1263, 26454 Langeoog, ✆ 0 49 72/69 30, Fax 65 88

Kurverwaltung **Spiekeroog**, Postfach 1160, 26466 Spiekeroog, ✆ 0 49 76/9 19 30, Fax 91 93 47

Verkehrsverein **Wangerooge**, Postfach 220, 26476 Wangerooge, ✆ 0 44 69/9 48 80, Fax 94 88 99

Küste

Verkehrsverein **Emden**, Postfach 2310, 26703 Emden, ✆ 0 49 21/9 74 00, Fax 9 74 09

Fremdenverkehrs-GmbH **Krummhörn-Greetsiel**, Zur Hauener Hooge 15, 26736 Greetsiel, ✆ 0 49 26/9 18 80, Fax 20 29

Fremdenverkehrs-GmbH Krummhörn-Greetsiel, Nebenstelle **Pewsum**, Cirksenastr. 11, 26736 Pewsum, ✆ 0 49 23/84 89, Fax 86 22

Fremdenverkehrsverein Samtgemeinde **Brookmerland**, Am Markt 26, 26529 Marienhafe, ✆ 0 49 34/8 12 48, Fax 8 12 59

Kurverwaltung **Norden-Norddeich,** Postfach 1165, 26501 Norden-Norddeich, ✆ 0 49 31/9 86 02, Fax 98 62 90

Kurverwaltung Samtgemeinde **Dornum** (Dornum-Dornumersiel-Nesse-Neßmersiel), Postfach 1113, 26549 Dornum, ✆ 0 49 33/20 77, Fax 5 49

Kurverwaltung **Esens-Bensersiel**, Postfach 26422, 26427 Esens, ✆ 0 49 71/ 91 50, Fax 49 88

Kurverwaltung **Neuharlingersiel**, 26427 Neuharlingersiel, ✆ 0 49 74/ 1 88-0, Fax 1 88 37

Kurverwaltung **Carolinensiel-Harlesiel**, Postfach 160, 26403 Wittmund-Carolinensiel, ✆ 0 44 64/9 49 30, Fax 94 93 23

Reisezeit

Saison ist von den Osterferien bis zu den Herbstferien, in dieser Zeit haben alle Museen, Schwimmbäder, Hotels und Pensionen geöffnet. Im Winter haben viele Betriebe geschlossen, die Insulaner sind dann weitgehend unter sich, was eine Reise sehr reizvoll machen kann. Da die Nordsee einige Zeit braucht, um sich zu erwärmen, sollte man einen Badeurlaub erst ab Juli planen, wenn die mittlere Wassertemperatur bei 17 °C liegt. Im August steigt sie auf 18 °C, während sie im September auf 16 °C fällt. In der Hochsaison im Sommer sind die Inseln in der Regel ausgebucht, was aber nicht heißt, daß man ständig von Menschen umgeben ist. An sonnigen Tagen, wenn die meisten Urlauber am Strand sind, ist das Inselinnere oft wie ausgestorben. Die Vor- und Nachsaison ist wunderschön zum Spazierengehen und Fahrradfahren. Zu dieser Zeit ist auch das Vogelleben sehr rege, da die Zugvögel auf dem Weg zu ihren Brutgebieten bzw. Winterquartieren hier rasten. An der Küste ist die Zeit der Rapsblüte zwischen Mai und Juni am schönsten. Ab August blühen Strandaster und Strandflieder auf den Salzwiesen. Im Herbst bietet das Quellerwatt eine unglaubliche Farbenpalette, die von leuchtendem Gelborange bis zu tiefem Purpurrot reicht.

Karten

Es gibt eine Vielzahl von Auto- und Freizeitkarten Ostfriesland, in denen die wichtigsten Sehenswürdigkeiten eingetragen und häufig auch beschrieben sind – ideal für all diejenigen, die sich auch auf der Anreise schon mal etwas anschauen möchten.

Die »Neue Heimatkarte von Ostfriesland«, Maßstab 1:20 000, verzeichnet zwar keine Sehenswürdigkeiten, dafür aber ehemalige Deichlinien, Buchten und die Jahreszahlen der eingedeichten Polder (auch für den Schulgebrauch zugelassen, in Buchhandlungen erhältlich). Wer an der Küste Urlaub macht und viel Fahrrad fährt, braucht eine regionale Rad- und Wanderkarte (in der Regel mit guten Ortsplänen) im Maßstab 1:25 000, die es in den Touristeninformationen und Buchläden zu kaufen gibt. Über den Fremdenverkehrsverein für den Landkreis Aurich/Ostfriesland ist ein Kartenset zu beziehen, in dem 420 km ostfriesische Radwanderwege verzeichnet sind.

In den preiswerten Inselkarten, die in jeder Buchhandlung und an vielen Kiosken ausliegen, sind die Wander-, Rad- und Reitwege eingezeichnet.

Detailliert sind die »Kompass-Karten«, die es allerdings nicht für alle Inseln gibt. Auf der Rückseite der Karten von Borkum und Wangerooge findet man einen sehr guten, ausführlichen Informationsteil – allein dafür lohnt der Kauf.

Kostenlos erhältlich sind die von der Nationalpark-Verwaltung herausgegebenen Karten mit naturkundlichen Informationen zu den Naturschutzgebieten. Sie liegen in den Nationalparkhäusern und Informationshütten aus.

Reisegepäck

Auch im Sommer gehören Regenzeug, Wollpulli und feste Wanderschuhe ins Gepäck, in der Vor- und Nachsaison lange Unterwäsche, Schal und Handschuhe ebenso wie ein Sonnentop und Sonnencreme für überraschend sonnige, tropisch warme Stündchen in einem Strandkorb oder im Windschutz einer Düne. Wer an einer Wattwanderung teilnehmen möchte, braucht Gummistiefel oder (alte) Turnschuhe, im Sommer geht's auch barfuß.

Unerläßlich auch für Mützenhasser ist ein Ohrenschutz. Sowohl an der Küste als auch auf den Inseln bläst fast permanent ein rauhes Lüftchen, bei dem man oft vergißt, daß die Sonne auch im April schon intensiv brennen kann – vor allem Kinder brauchen unbedingt einen Sonnenhut.

Anreise

Mit dem Auto

Drei Autobahnen führen direkt nach Ostfriesland: Die A 28 von Oldenburg nach Leer und Emden, die A 31 entlang der niederländischen Grenze nach Leer und weiter nach Emden, die A 29 von Oldenburg nach Wilhelmshaven. Wer an die Küste möchte, sollte auf der A 29 Richtung Wilhelmshaven am Wilhelmshavener Kreuz Richtung Jever abfahren und auf der B 210 bleiben, die einzelnen Inseln sind dann ausgeschildert. Die Strecke durch Jever ist staugefährdet. Wer zu Stoßzeiten unterwegs ist, kann als Alternative die Störtebekerstraße entlang der Küste wählen.

Alle Inseln bis auf Borkum und Norderney sind autofrei. Die Autos bleiben auf dem Festland. Parkplätze und Garagenbetriebe sind überall gut ausgeschildert, für Garagen sind in der Hochsaison Vorbestellungen notwendig (s. Informationen zu den einzelnen Inseln). Dort wo die Garagen etwas weiter vom Fähranleger entfernt sind, nehmen ihre Mitarbeiter die Autos im Hafen entgegen. Zu den meisten verkehrt auch ein Zubringerbus, der in der Regel aber kein Gepäck transportiert. Zum Ausladen gibt es Kurzzeitparkplätze am Anleger. Vor den Fähren werden alle Koffer, Taschen usw. mit Ausnahme des Handgepäcks in Container verladen. (Es spart viel Sucherei, wenn man sich die Nummer seines Containers merkt!) Um nicht in Streß zu geraten, sollte man eine Stunde vor Abfahrt der Fähre am Hafen sein.

Mit Bahn und Bus

Es gibt drei Hauptverbindungen: Aus dem Rhein-Ruhrgebiet über Münster und Leer nach **Emden** und **Norden-Norddeich** (von Norddeich verkehrt ein Bäderbus zu den Küstenorten); aus Hannover und Hamburg über Bremen nach **Oldenburg** und weiter nach Leer. Von Oldenburg gibt es eine Bahnlinie nach **Sande** und **Wilhelmshaven.** Von Sande verkehrt der Tidebus zu den Fährorten an der Küste. Es ist aber auch möglich, mit der Bahn weiterzufahren, eine Nebenstrecke verbindet Sande mit Jever, Wittmund und Esens (von Esens Busverbindung zum Fähranleger in Bensersiel). Alle Bahn-, Bus- und Fährlinien zu den Inseln sind im Kursbuch der Bundesbahn verzeichnet. Die Bahnanschlüsse sind auf Busse und Fähren abgestimmt.

Vom Hauptbahnhof in Emden verkehrt ein Bus zum Borkumkai im äußersten Südwesten der Stadt, einige Züge fahren aber auch direkt bis zum Fähranleger. In Norddeich liegt die Endstation für die Züge auf der Mole, zum Fähranleger (Juist, Norderney) sind es nur ein paar Schritte.

Zu und zwischen den Küstenorten bestehen gute Busverbindungen, teilweise im Halbstundentakt. Auch von den Städten im Inland verkehren mehrmals täglich Busse zur Küste.

Mit dem Flugzeug

Alle Inseln bis auf Spiekeroog haben einen Flugplatz. Direktflüge gibt es von Bremen, Düsseldorf, Berlin, Dortmund, Essen-Mühlheim, Köln und Bonn, Informationen in allen Reisebüros oder über die jeweiligen Flughäfen. Da die Inseln teilweise nur tideabhängig angelaufen werden können, lohnen sich Flüge vor allem für Kurzurlauber. Für Juist gibt es beispielsweise eine sehr preisgünstige Verbundkarte, mit der eine Strecke per Fähre, die andere von Norden-Norddeich mit dem Flieger zurückgelegt wird.

Fluggesellschaften: Ostfriesischer Flugdienst GmbH (OFD), Flugplatz, 26721 Emden, ✆ 0 49 21/89 92-0 (ganzjähriger Linienflugdienst nach Borkum, Juist, Norderney)

Frisia Luftverkehr GmbH, Norddeich-Flughafen, Postfach 1160, 26501 Norden-Norddeich, ✆ 0 49 31/ 93 32-0 (Borkum, Juist, Norderney, Baltrum)

Luftverkehr Friesland Harle, Flugplatz Harle, 26409 Wittmund-Carolinensiel, ✆ 0 44 64/9 48 10 (Langeoog, Wangerooge)

Fährverbindungen zu den Inseln

Borkum, Norderney und Langeoog sind tideunabhängig, die Fähren verkehren nach festem Fahrplan. Alle anderen Inseln sind tideabhängig, d. h. zu täglich wechselnden Zeiten zu erreichen, so daß ein Tagesausflug nicht immer möglich ist. Für alle Fährverbindungen (ausgenommen Norderney) gilt, daß Tagesrückfahrkarten erheblich billiger sind als Mehrtageskarten, im Falle von Borkum sogar um die Hälfte. Wer von der Küste aus mehrere Inseln besuchen möchte, sollte schon zu Beginn des Urlaubs die Fährpläne genau studieren, um die Tage mit der längstmöglichen Aufenthaltsdauer herauszufinden. Tagesparkplätze finden sich in allen Häfen in Anlegernähe. Genauere Angaben über die Anreise zu den einzelnen Inseln finden Sie in den Praktischen Hinweisen am Ende der jeweiligen Kapitel.

Unterwegs auf den Inseln

Nach Borkum und Norderney kann man sein Auto mitnehmen, es ist aber entbehrlich, im befahrbaren Teil der Inseln verkehren regelmäßig Busse. Alle anderen Inseln sind autofrei, Frachten und Passagiere werden mit Elektrowagen und Pferdetaxis befördert. Das **Fahrrad** ist das Verkehrsmittel Nummer 1, nur auf Baltrum und Spiekeroog ist die Mitnahme von Rädern nicht erwünscht, dort gibt es auch keinen Fahrradverleih. Auf allen anderen Inseln findet man eine große Auswahl an Fahrradverleihen, in der Regel mit einem Riesenangebot an Hollandrädern, Tandems, Kinderrädern, Sicherheitssitzen, Anhängern und Bollerwagen. Wer wochenweise mietet, kommt erheblich billiger weg. Die Rad-Beförderungspreise für die Überfahrt mit der Fähre variieren stark. Auf der Fähre nach Norderney kostet zum Beispiel ein Ticket fürs Rad weniger als der Insel-Mietpreis für einen Tag. Auf allen anderen Inseln ist die Beförderung teurer. In der Regel lohnt sich die Mitnahme des Rades finanziell für alle, die länger als drei Tage auf der Insel bleiben. Es sei aber daran erinnert, daß Salz und Sand den Drahteseln enorm zusetzen, nach drei Wochen Urlaub sind sie nicht mehr das, was sie vorher waren.

Die sehr umfangreichen, informativen Gastgeberverzeichnisse mit Preislisten der Hotels, Pensionen und Ferienwohnungen sind über die jeweiligen Kurverwaltungen zu beziehen. Interessenten wenden sich dann direkt an den Vermieter. Man kann der Kurverwaltung oder dem Verkehrsbüro auch seine Unterkunftswünsche mitteilen, diese leiten die Anfrage an die Vermieter weiter. Kurzurlauber müssen mit einem kräftigen Preisaufschlag rechnen, in der Nebensaison sind Zimmer erheblich preiswerter als in der Hauptsaison. Ein Teil der Hotels und Pensionen ist zwischen Ende Oktober bis zu den Osterferien geschlossen. Wer in der Hauptsaison reist, sollte eine Unterkunft möglichst frühzeitig buchen. In der Nebensaison ist vor allem entlang der Küste eine Buchung nicht erforderlich. Am Straßenrand weisen Schilder auf freie Zimmer und Ferienwohnungen, die Auswahl ist reichlich und man kann bleiben, wo es einem am besten gefällt.

Jugendherbergen

Unabhängig vom Lebensalter stehen die Jugendherbergen allen offen, Bedingung ist allerdings die Mitgliedschaft, die auch vor Ort erworben werden kann. Die Schlafräume sind nach Geschlechtern getrennt, Familien und Paare können aber, so Raum vorhanden ist, gemeinsam übernachten. Jugendherbergen gibt es auf allen Inseln außer Baltrum, auf Norderney sogar zwei. In der Saison ist eine schriftliche Voranmeldung nötig. Wer auf den Inseln in der JH wohnt, muß Vollpension nehmen – ideal für Familien, die im Urlaub mal aufs Kochen verzichten wollen. Vollverpflegung bedeutet aber auch, daß man sich pünktlich zu allen drei Mahlzeiten einfinden muß. Statt des Mittagessens ist es allerdings möglich, sich morgens ein Lunchpaket zurecht zu machen. In den Jugendherbergen an der Küste braucht man nur Frühstück zu nehmen. Ein kostenloses Jugendherbergsverzeichnis Norddeutschland kann über den DJH-Landesverband Hannover e. V., Ferdinand-Wilhelm-Fricke-Weg 1, 30169 Hannover, ✆ 05 11/16 40 20, Fax 1 64 02 32 bestellt werden.

Campingplätze

Auf allen Inseln außer Juist und Wangerooge gibt es Campingplätze, nach Borkum und Norderney kann man Wohnmobile oder -wagen mitnehmen. Vorbestellung ist in der Saison auch für Zelte anzuraten. In den Küstenorten liegen die Campingplätze häufig gleich hinterm Deich in Strand-, meist auch in Hafennähe.

Seeluft macht hungrig. Die ostfriesische Küche hat den Ruf, deftig und reichlich zu sein. Typisch für die Küste, wie sollte es anders sein, sind Fischgerichte, die man vielseitig zubereitet in allen Restaurants bekommt. Krabben, an der ostfriesischen Küste auch *Granat* genannt, gibt es in allen Sielhäfen fangfrisch zu kaufen: entweder direkt am Kutter oder in einem der zahlreichen Fischgeschäfte. Doch nicht nur Fisch steht auf der Speisekarte. Ostfriesisches Lammfleisch, insbesondere das aromatische Fleisch der Deichlämmer, die auf Salzwiesen geweidet haben, gilt als Frühjahrsspezialität. Im Herbst bereichern Wildspezialitäten wie Reh, Fasan und Ente die Speisekarten der Inselrestaurants. Ein traditionelles Fischergericht ist *Labskaus*: Pökelfleisch wird mit rohen Zwiebeln durch den Fleischwolf gedreht und mit gestampften Kartoffeln eingekocht. Dazu gibt es saure Gurken, rote Beete und Salzheringe. Mit dem ersten Frost beginnt die Grünkohlsaison. Der auch »Oldenburger Palme« genannte Grünkohl wird meist mit viel Speck und Zwiebeln zubereitet und mit Pellkartoffeln und Mettwurst oder »Pinkel«, einer geräucherten Wurst aus Speck, Zwiebeln und Hafergrütze, serviert. Dazu trinkt man Bier und einen Klaren. Das muß keineswegs immer ein altehrwürdiger Doornkaat sein, in Ostfriesland werden rund 200 verschiedene Sorten Alkohol hergestellt, Schnäpse und Liköre aller Geschmacksrichtungen, von klar und scharf bis dickflüssig, süß und bitter.

Zu den süßen Spezialitäten, die in den meisten Cafés und Restaurants angeboten werden, zählen *Riesbree* (Milchreis mit Rosinen) und Rote Grütze, die mit frischer Sahne oder Vanillesoße übergossen wird. In vielen Ausflugslokalen mit einfacher Speisekarte werden *Stuten* angeboten, das ist ein feines Weißbrot mit Korinthen oder Rosinen, häufig auch mit Käse belegt. Berauschend ist die *Bohntjesopp*, keineswegs eine deftige Bohnensuppe, sondern ein Getränk, das – mit Branntwein, Rosinen und Kandis angesetzt – mehrere Tage zieht und zu vielen ostfriesischen Feierlichkeiten, immer aber zu Taufen und Hochzeiten gereicht wird.

Ostfriesisches Nationalgetränk ist der Tee, der zu allen Tag- und Nachtzeiten genossen wird. Seine Zubereitung verlangt Sorgfalt und Muße. In die vorgewärmte Kanne wird pro Tasse ein gehäufter Löffel Tee gegeben und einer extra für die Kanne. Darüber gießt man sprudelnd heißes Wasser, am besten weiches, ungechlortes Regenwasser, gerade soviel, daß die Teeblätter bedeckt sind. Der Sud muß 3–5 Minuten ziehen, erst dann wird heißes Wasser nachgegossen. Die Teeblätter bleiben in der Kanne.

Urlaubsaktivitäten

Der Fremdenverkehrsverein Aurich/ Ostfriesland verschickt kostenlose Informationshefte mit einer Vielzahl von Informationen und nützlichen Adressen zu folgenden Aktivitäten: Angeln, Segeln und Surfen, Reiten, Sportliches (Tennis, Boßeln, Kegeln, Minigolf...), Schwimmen und Baden (mit den Öffnungszeiten der Schwimmbäder), Veranstaltungen.

Angeln

Das Angeln im Meer ist kostenlos. Von allen Insel- wie auch Küstenhäfen werden Kutterangelfahrten (auf Dorsch und Makrele) angeboten. Für das Angeln in Binnengewässern ist ein Berechtigungsschein erforderlich, der meist in den Kurverwaltungen erhältlich ist – allerdings nur gegen den Nachweis der Sportfischerprüfung.

Baden

Außerhalb der festgelegten Badezeiten und der bewachten Badeplätze ist das Baden im Meer verboten. Tidenkalender mit den Hoch- und Niedrigwasserzeiten erhält man in der Kurverwaltung. Baden ist nur bei auflaufendem Wasser erlaubt. Der Ebbstrom bei ablaufenden Wasser ist besonders auf den Inseln so stark, daß auch geübte Schwimmer ins Meer

gezogen werden. Auch während der offiziellen Badezeiten gilt: Ein am Strand hochgezogener roter Warnball bedeutet Badeverbot für Kinder und Nichtschwimmer, zwei Warnbälle heißen allgemeines Badeverbot. Ausgewiesene FKK-Strände (mit Strandsauna) gibt es nur auf Borkum und Norderney.

Alle Inseln bieten ein Meerwasser-Hallenbad, und auch in den Nordsee(heil)bädern entlang der Küste findet man aufwendige Freizeit- und Erlebnisbäder mit Dampfbädern, Solarien, Saunen. Strandkörbe oder -zelte sind auf allen Inseln zu mieten, sie können meist schriftlich vorbestellt werden (Formular im Gastgeberverzeichnis).

Golf

Nur auf Norderney gibt es einen Golfplatz mit neun Löchern, Golfclub Norderney, ✆ 049 32/92 71 56.

Radfahren

Ostfriesland ist Radland. Ein hervorragend ausgeschildertes Fahrradwegenetz eröffnet die Möglichkeit, die Küste abseits der Hauptverkehrsstraßen zu erkunden. Die starke, häufig aus westlichen Richtungen kommende Brise, die einem das Radfahren manchmal verleidet, kann man umgehen, indem man die Touren nach der vorherrschenden Windrichtung plant, mit Rückenwind läßt es sich über das flache Land fast fliegen. Über den Fremdenverkehrsverein Aurich/Ostfriesland sind mehrere Infobroschüren speziell für Radwanderer zu beziehen, u. a. ein Gastgeberverzeichnis mit Unterkünften entlang der Radwanderwege, die Radler auch nur für eine Nacht aufnehmen, Trockenmöglichkeit für nasse Kleidung, Werkzeug für Reparaturen usw. bieten.

Reiten

Die Inseln sind ein Paradies für Reiter. Nichts ist schöner, als über einen weiten Sandstrand oder durch die Dünen zu galoppieren, und auch auf dem Festland gibt es allerorten Reiterhöfe. Sowohl für Anfänger als auch für Fortgeschrittene werden Ausritte und Unterricht angeboten. Die Adressen der Reit- und Pensionsställe sind im Gastgeberverzeichnis angegeben oder über die Fremdenverkehrsbüros zu erfragen. Auf mehreren Inseln ist es auch möglich, Pensionspferde mitzubringen.

Tennis

Tennisfans kommen auf allen Inseln auf ihre Kosten. Überall stehen überdachte und offene Tennisplätze zur Verfügung, im Sommer werden Gäste-Turniere ausgetragen.

Wandern

Ostfriesland verfügt über ein hervorragend gekennzeichnetes Rad- und Wanderwegenetz. Immer am Deich entlang verläuft der Störtebeker-Weg von Leer nach Wilhelmshaven (187 km). Mögliche Streckenabschnitte: Leer–Emden 35 km, Emden–Greetsiel 39 km, Greetsiel–Norddeich 19,5 km, Norddeich–Dornumersiel 24,5 km, Dornumersiel–Harlesiel 23 km, Harlesiel–Hooksiel 22 km, Hooksiel–Wilhelmshaven 24 km.

Wattwanderungen: Wattwanderungen werden auf allen Inseln und entlang der Küste angeboten. Wer zu Beginn des Urlaubs eine Führung mitmacht, kann sich an seinem frisch erworbenen naturkundlichen Wissen erfreuen. Die Wattführer sind nicht selten Originale, die viele Anekdoten auf Lager haben.

Wassersport

Ein überaus nützlicher Wegweiser für Wassersportler ist das vom Fremdenverkehrsverband Nordsee-Niedersachsen-Bremen herausgegebene kostenlose Informationsheft »Wassersport«. In ihm findet man detaillierte Beschreibungen der Yachthäfen samt Versorgungseinrichtungen sowie eine Auflistung aller Wassersportmöglichkeiten.

Gelegenheit zum **Segeln** und **Surfen** gibts auf den Inseln und an der Küste im Überfluß. Alle Inseln verfügen über Yachthäfen, Segel- und Surfschulen mit Kursen für Anfänger und

Fortgeschrittene. Auf einigen Inseln ist der Verleih von Surfbrettern nur in Verbindung mit einem Kurs möglich. Wer auf eigene Faust segelt oder surft, sollte beachten, daß weite Gebiete des Nationalparks den Vögeln und Seehunden vorbehalten sind. Unerläßlich ist die Anschaffung eines Tidenkalenders, in denen die Zeiten von Ebbe und Flut verzeichnet sind.

Mit **Kanu, Kajak** und **Motorboot** läßt sich das von zahlreichen Wasserläufen durchzogene Land hinter dem Deich erkunden. Eine Wasserwanderkarte mit nützlichen Informationen, u. a. auch Unterkunftsmöglichkeiten in Wassernähe, ist beim Fremdenverkehrsverein Aurich/Ostfriesland oder Verkehrsverein Emden zu kaufen.

Verhalten in der Natur

Wandern, Reiten und Radfahren ist im Bereich des Nationalparks nur auf ausgewiesenen Wegen gestattet. Wanderwege sind grün markiert, die Reitwege rot. Hunde müssen immer angeleint sein, auf bestimmten Wegen ist das Mitführen von Hunden grundsätzlich nicht gestattet. Wattwanderungen sind nur mit geschulten Wattführern zu unternehmen.

Dünen schützen die Inseln zur offenen See hin wie ein Deich. Es ist darum nicht erlaubt, sie abseits der Pfade zu betreten. Wer die ausgewiesenen Wanderpfade verläßt und quer durch die Dünen streift, richtet häufig großen Schaden an. In die achtlos aufgerissene Pflanzendecke kann der Wind ungehindert eingreifen. Die weitere Zerstörung der Düne läßt sich dann häufig nur noch durch gezielte Neuanpflanzungen von Strandhafer aufhalten.

Blumenpflücken ist im Nationalpark verboten. Die wunderschöne silberblaue Stranddistel wie auch die einstmals großen Bestände des Strandflieders wurden durch die Pflückwut der Touristen drastisch dezimiert.

Von **Seehunden** sollte man mindestens 500 m Abstand halten, sie brauchen die Ruhepausen auf den Sandbänken, um ihre Jungen zu nähren und das notwendige Vitamin D für den Haarwechsel zu tanken. Von den Elterntieren scheinbar verlassene Heuler darf man auf keinen Fall anfassen oder gar mitnehmen, statt dessen sollte man die Kurverwaltung oder einen Vertreter des Nationalparks verständigen.

Wanderer und Wassersportler sollten auch von größeren **Vogelansammlungen** mindestens 500 m Abstand halten, um die Vögel nicht beim Fressen, beim Brüten, bei der

Rast oder der Mauser zu stören. Extremem Streß werden die Vögel durch flatternde und sausende **Drachen** ausgesetzt. Drachensteigenlassen ist in der Ruhe- und Zwischenzone verboten, in der Erholungszone zwar grundsätzlich erlaubt, dort aber häufig von den jeweiligen Gemeinden untersagt. Nach ausgewiesenen Drachenflugplätzen kann man sich bei der Gemeinde- oder Kurverwaltung erkundigen.

Wildlebende Tiere wie Fasane, Enten und Möwen sollten nicht gefüttert werden. **Möwen** haben sich in den letzten Jahren auf Kosten anderer Vögel, denen sie die Nester ausrauben, stark vermehrt.

Informationen von A–Z

Ärztliche Versorgung

Auf allen Inseln praktiziert wenigstens ein Badearzt, auf den großen Inseln Borkum und Norderney findet man eine ganze Reihe von Fachärzten und Krankenhäusern. Auf Baltrum und Spiekeroog gibt es keinen Zahnarzt.

Ausflugsfahrten

Von allen Insel- und Küstenhäfen werden Tagesfahrten zu einigen der Inseln und sowie nach Helgoland angeboten. Beliebt sind Fahrten zu den Seehundbänken und Angelausflüge mit einem Fischkutter.

Behinderte

Da Krankenfahrstühle mit Elektroantrieb im Sinne der Straßenverkehrsordnung als Kraftfahrzeug gelten und auf den Inseln Fahrverbot für Kraftfahrzeuge besteht (im Stadtbereich gilt das auch auf Borkum und Norderney), muß eine Ausnahmegenehmigung beantragt werden. Die Adresse ist im jeweiligen Gastgeberverzeichnis angegeben oder in der Kurverwaltung zu erfragen.

Feste

Das Ende des Winters wird mit zahlreichen Osterfeuern zelebriert. In den warmen Monaten werden allerorten traditionsreiche Märkte abgehalten und zahlreiche Feste gefeiert. Festivalähnlichen Charakter haben die Hafen- und Mühlenfeste, Krabbenkutterregatten, Viehauktionen und Handwerksmärkte. Witzig sind die Schlickrennen, im wahrsten Sinne berauschend die Pflaumenmärkte im Herbst. Viele Gäste vom Festland zieht das Borkumer »Klaasohm-Fest« am 5. Dezember an: Nicht ein Nikolaus, sondern gleich sechs rauhe Gesellen mit Schaffellmasken, Möwenflügeln auf dem Kopf und Kuhhörnern in den Händen ziehen johlend durch die Straßen, versohlen alle weiblichen Wesen und springen schließlich von einer Litfaßsäule in die tobende Menschenmenge. Der Fremdenverkehrsverband Nordsee-Niedersachsen-Bremen verschickt die jährlich aktualisierte Broschüre »Bräuche, Märkte, Feste« mit allen Veranstaltungen.

Gesundheit

Das Reizklima an der Nordsee stärkt die Abwehrkräfte des Körpers, kräftigt die Gesundheit, wirkt heilsam bei zahlreichen Krankheiten. In einer Inselbroschüre sind die gesundheitlichen Vorteile einer Kur bzw. eines Inselurlaubs trefflich zusammengefaßt: »Das Frühjahr mit gleichmäßiger und sehr intensiver Sonnenbestrahlung ist besonders geeignet, um Erkältungen und chronische Atemwegserkrankungen zu bekämpfen. In der eher fröhlichen Sommerzeit lassen sich Haut- und Atemwegsbeschwerden am besten lindern. Die ruhige Herbstzeit ist dann eine Wohltat für alle Menschen mit Herz- und Kreislaufbeschwerden. Die intensive Winterzeit ergibt Natur in ganzer Klarheit. Eine Winterkur zählt doppelt und wird für fast alle Krankheiten empfohlen.«

Gottesdienste

Neben evangelischen Kirchen gibt es auf allen Inseln auch katholische Gotteshäuser, da ein Großteil der Badegäste aus überwiegend katholischen Gegenden kommt.

Hunde

Hunde und ihre Besitzer haben es nicht leicht an der Küste und auf den Inseln. Am Badestrand, auf der Promenade und auf fast allen Campingplätzen sind sie unerwünscht. Auf den größeren Inseln stehen ihnen gesondert ausgewiesene Strandabschnitte zur Verfügung. Sie müssen immer und überall an der Leine geführt werden.

Kur

Alle Inselorte und einige Küstenorte sind staatlich anerkannte Nordsee-Heilbäder. Der Weg zur Kur, sei es eine ambulante Vorsorgekur oder eine stationäre Rehabilitationskur, läuft über den Hausarzt, der die Notwendigkeit der Kur bescheinigt. Eine Badekur muß vor Antritt der Reise bei der Krankenkasse beantragt werden (alle drei Jahre möglich). Mit einem Überweisungsschein der Krankenkasse kann man sich die verschiedenen Verordnungen vom Badearzt direkt verschreiben lassen. Eine Kur sollte mindestens vier bis sechs Wochen dauern. Bei der ambulanten Kur zahlt die Krankenkasse einen täglichen Zuschuß für Unterkunft und Verpflegung, sie trägt 90 % der Gebühren für Massagen, Bäder usw. und übernimmt die Arztkosten. Bei einer stationären Kur muß man aus eigener Tasche nur einen kleinen Betrag pro Tag dazubezahlen.

Die Kurmittelhäuser stehen auch Nicht-Kurenden offen, alle Kurmittel, die nicht verschreibungspflichtig sind, können auf eigene Rechnung in Anspruch genommen werden.

Kurtaxe

Kurtaxe müssen alle Urlauber auf den Inseln (auch Tagesgäste) und an der Küste bezahlen, je nach Saison unterschiedlich viel. Dafür erhält man eine Kurkarte, die zum ermäßigten Eintritt von Hallenbädern, Museen und Veranstaltungen der Kurverwaltungen berechtigt. Auf den Inseln kann man den Kurbeitrag bis Mitte Mai im voraus bezahlen (Postkarte im Gastgeberverzeichnis).

Müll

Auch im Urlaub gilt: Der Abfall wird sortiert (Glas, Papier, Verpackungsmaterial, Kompost). Es wird darum gebeten, keine Getränkedosen, Einwegflaschen usw. auf die Inseln zu bringen. Viele Inseln tun ihr möglichstes, um Müll zu vermeiden, leider wird noch nicht auf allen Fähren auf Wegwerfgeschirr verzichtet. Der Inselmüll wird gepreßt und aufs Festland verschifft.

Nationalpark Wattenmeer

Informationszentren des Nationalparks gibt es auf folgenden Inseln: Borkum, Juist, Norderney, Baltrum und Wangerooge. An der Küste in Greetsiel, Norden-Norddeich, Dornumersiel, Carolinensiel (in der Saison täglich geöffnet). Naturkundliche Exkursionen und Vorträge werden durch Aushang bekannt gegeben. Sitz der Hauptverwaltung ist Wilhelmshaven: Nationalparkverwaltung Niedersächsisches Wattenmeer, Virchowstraße 1, 26382 Wilhelmshaven, ✆ 0 44 21/91 10, Fax 04 42/91 12 80.

Orgeln

Das seit 1981 alle zwei Jahre im August stattfindende Dollart-Festival ist das erste grenzüberschreitende Orgelfestival. Von Norden und Greetsiel werden in den Sommermonaten Führungen durch die reiche Orgellandschaft Ostfrieslands angeboten.

Wasserqualität

Die jährliche Untersuchung des ADAC über die Wasserqualität in der

Nordsee bescheinigt dem Meerwasser an der Ostfriesischen Küste – bisher in jedem Jahr – hervorragende Badequalität. (Das Urteil: »einwandfrei sauber« bezieht sich auf das Vorhandensein von schädlichen Bakterien).

Wetter

Wetterberichte und Wassertemperatur hängen in den Kurverwaltungen und an den Hauptbadestränden aus. Deutscher Wetterdienst ✆ 01 90/ 11 64 04; Bäderwetterbericht: 0 49 32/ 87 42 30.

Literaturempfehlungen

Boehncke, Heiner/Sarkowicz, Hans: Mit Totenkopf und Enterhaken, Frankfurt 1994.

Childers, Erskine: Das Rätsel der Sandbank, Zürich 1975 (Titel der englischen Originalausgabe von 1903: The Riddles of the Sands). Ein fesselnder Spionage- und Abenteuerroman, der u. a. auf den Ostfriesischen Inseln spielt.

Das Ende der Juden in Ostfriesland, Ausstellung der Ostfriesischen Landschaft aus Anlaß des 50. Jahrestags der Kristallnacht; Katalogbearbeitung Reyer, Herbert/Tielke, Martin, Aurich 1988.

Deeters, Walter: Kleine Geschichte Ostfrieslands, Leer, 2. Aufl. 1992.

Haddinga, Johann: Das Buch vom ostfriesischen Tee, Leer 1979.

Heine, Heinrich: Reisebilder, Bremen 1981.

Heinzel, Hermann/Fitter, Richard/ Parslow, John: Pareys Vogelbuch, 5. Aufl. 1988

Janke, Klaus/Kremer, Bruno: Düne, Strand und Wattenmeer, Tiere und Pflanzen unserer Küsten, Stuttgart, 2. Aufl. 1993. Dies.: Das Watt, Stuttgart 1990.

Jürgens, Hans-Jürgen: Zeugnisse aus unheilvoller Zeit. Ein Kriegstagebuch über die Ereignisse 1939–1945 im Bereich Wangerooge-Spiekeroog-Langeoog.

Kramer, Johann.: Kein Deich – kein Land – kein Leben. Geschichte des Küstenschutzes an der Nordsee, Leer 1989.

Krawitz, Rainer: Ostfriesland mit Jever- und Wangerland, Köln, 8. Aufl. 1995.

Kurowski, Franz: Die Friesen. Das Volk am Meer, Dortmund 1984.

Mac Garvin, M.: Das Greenpeace-Buch der Nordsee, Stuttgart 1991

Ohling, Jannes: Ostfriesland im Schutze des Deiches: Bd. 2: Deichwesen; Bd. 3: Ostfrieslands Tier- und Pflanzenwelt; Bd. 4: Baukunst, Pla-

stik; Malerei; Bd. 5: Politische Geschichte Ostfrieslands; alle Leer
1975–1978; Bd. 10 u. 11: Geschichte der Stadt Emden, Leer 1994.
Pott, Richard: Farbatlas Nordseeküste
und Nordseeinseln, Stuttgart 1995
Quedens, Georg: Vögel der Nordsee,
Breklum 1989.

Quedens, Georg: Orkanfluten, Ham-
burg 1995.
Rack, Eberhard: Richtig Wandern:
Ostfriesland, Köln 1992.
Zimmerling, Dieter: Störtebeker &
Co, Berlin 1983.

Abbildungs- und Quellennachweis

Register

Personen

Emden